智能系统与技术丛书

Vulkan图形编程

构建渲染引擎的技术、实现和算法优化

Mastering Graphics Programming with Vulkan

[美] 马可·卡斯托瑞纳（Marco Castorina） 著
加布里埃尔·萨松（Gabriel Sassone）

王锐 冷林霞 译

机械工业出版社
CHINA MACHINE PRESS

Marco Castorina, Gabriel Sassone: *Mastering Graphics Programming with Vulkan* (ISBN: 978-1-80324-479-2).

Copyright © 2023 Packt Publishing. First published in the English language under the title "Mastering Graphics Programming with Vulkan".

All rights reserved.

Chinese simplified language edition published by China Machine Press.

Copyright © 2025 by China Machine Press.

本书中文简体字版由 Packt Publishing 授权机械工业出版社独家出版。未经出版者书面许可，不得以任何方式复制或抄录本书内容。

北京市版权局著作权合同登记　图字：01-2023-3276 号。

图书在版编目（CIP）数据

Vulkan 图形编程：构建渲染引擎的技术、实现和算法优化 /（美）马可·卡斯托瑞纳（Marco Castorina），（美）加布里埃尔·萨松（Gabriel Sassone）著；王锐，冷林霞译 . -- 北京：机械工业出版社，2025.8.
（智能系统与技术丛书）. -- ISBN 978-7-111-78866-9

I. TP391.41

中国国家版本馆 CIP 数据核字第 2025M5L261 号

机械工业出版社（北京市百万庄大街 22 号　邮政编码 100037）
策划编辑：王春华　　　　　　　　　责任编辑：王春华
责任校对：王文凭　李可意　景　飞　责任印制：任维东
北京科信印刷有限公司印刷
2025 年 9 月第 1 版第 1 次印刷
186mm×240mm・17.5 印张・396 千字
标准书号：ISBN 978-7-111-78866-9
定价：99.00 元

电话服务　　　　　　　　　　　　网络服务
客服电话：010-88361066　　　　　机　工　官　网：www.cmpbook.com
　　　　　010-88379833　　　　　机　工　官　博：weibo.com/cmp1952
　　　　　010-68326294　　　　　金　书　网：www.golden-book.com
封底无防伪标均为盗版　　　　　　机工教育服务网：www.cmpedu.com

致我的父母和祖母，是他们教会了我努力工作，永不放弃。致我的孩子们，是他们每天都提醒我要用不同的视角看待事物，还总是质疑我的设想。致我的妻子，没有她多年来的支持，这本书不可能问世。

——Marco Castorina

致我的妈妈、爸爸和姐姐，感谢他们一直相信我，并教会我如何以开放、真诚的心态去努力变得更好。

致我的朋友 Enrico，感谢他在我的所有冒险中始终给予我灵感。

致 Gianluca、Piero、Mauro、Roberto、Stefano、Riccardo、Emiliano、Stuart、Federico 和 Luca，感谢他们多年来在我生活中的陪伴和支持。

致 Belluno 团队的同事和朋友们：Carlo Mangani、Fabio Pagetti、Mattia Poderi、Vittorio Conti、Flavio Bortot 和 Luca Marchetti。

致所有 Blacksand 团队的成员：Marco、Alessandro、Andrea、Gianluca、Alessandra、Elisa、Cinzia 等人，感谢他们让我在地球的另一端也能感受到家的温暖。

致在我写书的过程中帮助我的所有同事：Tiziano Lena、Gabriele Barlocci、Alessandro Monopoli、Daniele Pieroni、Francesco Antolini、Andrea Pessino、Simone Kulczycki、Marco Vallario、Nicholas Rathbone、Peter Asberg、Dave Barrett、David Grijns、Christofer Sundberg、David Smethurst、Engin Cilasun 和 Gennadiy Korol，他们都让我学到了很多。

致出色的渲染社区成员：Matt Pettineo、Natalya Tatarchuk、Inigo Quilez、Jorge Jimenez、Bart Wronski、Alan Wolfe 等人。

最后，致所有在我生命中出现过的人：无论以何种方式，他们都改变了我的生活。

——Gabriel Sassone

译 者 序

Vulkan 是由 Khronos Group 推出的跨平台图形 API，它为开发者提供了直接控制硬件的能力，从而能够最大限度地发挥现代 GPU 的性能。与传统的 OpenGL 等图形 API 相比，Vulkan 只需要更低的开销就能提供更高的效率，使得开发者能够构建出更加复杂和高质量的图形应用。Vulkan 的设计哲学是提供更细粒度的控制和更高的灵活性，这使得它在高性能计算（HPC）和实时渲染领域具有无可比拟的优势。

随着硬件的不断进步，传统的图形 API 已经无法满足现代应用的需求。Vulkan 的出现正是为了应对这些挑战。学习 Vulkan，意味着读者将掌握一种能够充分利用现代硬件潜力的技术。无论你是游戏开发者、图形工程师还是科研人员，Vulkan 都是一种强大的工具，足以实现各种奇思妙想的创意和研究。

Vulkan 与 Unity 和 Unreal 等商业引擎的关系密切。对于开发者而言，这意味着他们可以在这些熟悉的平台上利用 Vulkan 的优势，而无须从头开始学习新的 API。同时，Vulkan 的引入也为这些引擎带来了新的生命力，使得它们能够在竞争激烈的市场中脱颖而出。

随着我国对技术自主可控的需求日益增长，Vulkan 的重要性更加不言而喻。国产化系统和三维引擎的发展需要强大的图形技术支持，而 Vulkan 正是理想的选择。它不仅能够帮助国内的开发者构建高性能的应用，还能够促进国内图形软硬件的发展，减少对外部技术的依赖。通过掌握 Vulkan，国内的企业和开发者也可以在全球图形技术的竞争中占据有利地位。

本书深入探讨了 Vulkan 的各种高级特性，为已经有 Vulkan 图形 API 基础的读者提供了一个更加全面的学习路径。无论你是刚开始了解 Vulkan 的新手，还是希望进行深度应用的资深开发者，本书都将是你宝贵的资源。希望本书能够帮助你解锁 Vulkan 的潜力，并将你的图形编程技能提升到新的高度。

本书的翻译工作由我和冷林霞共同完成。我负责第一部分和第二部分的翻译工作；冷林霞负责第三部分的翻译工作，并对全书的专有名词、代码格式等进行整理，对全书的语言风格进行统一。

祝你在探索 Vulkan 的旅程中有所收获，期待你在未来的图形技术领域大放异彩。

王锐

2024 年 12 月

ACKNOWLEDGEMENTS

致　　谢

　　与所有已出版的作品一样，本书是许多敬业人士共同努力的成果。感谢 Chayan Majumdar 和 Nitin Nainani，他们最先与我们联系并提出了这个项目，并且帮助我们构建了本书的结构。感谢我们的编辑 Abhishek Jadhav 和 Aamir Ahmed，他们帮助我们明确了思路，并确保本书的内容清晰有序。

　　感谢项目经理 Ajesh Devavaram 和 Aishwarya Mohan，他们帮助我们把握进度，并在我们需要更多时间时给予理解。我们还要感谢技术审校者，他提供了宝贵的反馈，使每一章都更加清晰易懂。

　　如果没有世界各地许多敬业的图形和渲染工程师不断分享他们的成果并推动该领域向前发展，本书就不会存在。书中许多想法都来源于他们，我们希望自己能做到公正。图形社区的支持是非常宝贵的，为我们提供了极大的帮助，并且在整个写作过程中都激励着我们。

　　Marco 想要感谢以下各位。

　　感谢 AMD 公司和 7th Sense 公司，它们允许我在业余时间参与这本书的写作。Samsung 公司的 Andy Poole 最初帮助我深入了解了 Vulkan 规范。他的见解和方法至今仍每天都帮助着我。感谢都柏林理工学院的 Hugh McAtamney 和 Bryan Duggan，他们激励我投身图形领域的职业生涯。

　　感谢来自伯恩茅斯大学的 Eike Anderson，他帮助我提升了技术写作能力，并教导我从第一性原理出发来处理问题。感谢 7th Sense 公司的 Richard Brown 和 Alex Hughes，与他们的讨论帮助我将 Vulkan 推向极限，也让我对改进代码架构有了新的见解。

　　最后，如果没有 Gabriel，我无法完成这本书。他丰富的经验和持续的反馈给予了我很大的支持。与他合作是一种乐趣，我很幸运现在可以称他为朋友。

　　Gabriel 想要感谢以下各位。

　　感谢 The Multiplayer Group 公司，它允许我参与这本书的写作并给予相应支持。

　　感谢 ReadyAtDawn 的 Matt Pettineo 在渲染和编码方面给予我启发。没有他的指导和教导，我无法完成这本书。

　　感谢 Engin Cilasun 作为我的渲染和引擎设计伙伴，他教会我以不同的方式思考，不断挑战并寻找新方法。

感谢 Codemasters、ReadyAtDawn、Moon Studios 和 Avalanche Studios 在我的职业生涯中提供的所有经验和教导。

最后，感谢 Marco，是他让我有机会参与写作本书。他在渲染技术和 GPU 方面的深厚知识和理解至关重要。他解决复杂问题的能力以及阅读 Vulkan 规范的技巧使我们在最新技术上占据了优势。我从他那里学到了很多，在此对他深表感激。

与他一起工作真是太棒了，更棒的是，我交到了一个新朋友。

PREFACE

前　言

Vulkan 现已成为一个成熟且灵活的多平台图形 API（应用程序接口）。它已被许多行业采用，包括游戏开发、医学成像、电影制作和媒体播放。

学习 Vulkan 是理解现代图形 API 在桌面和移动设备上如何工作的基础步骤。

在本书中，你将从开发渲染框架的基础开始。你将学习如何利用 Vulkan 的高级功能来编写现代渲染引擎，了解如何自动化资源绑定和依赖管理。然后，你将利用 GPU 驱动的渲染技术来扩展场景规模，最后，你将熟悉光线追踪技术，该技术能显著提升你所渲染图像的视觉质量。

在本书的最后，你将全面了解现代渲染引擎的内部工作原理，以及用于实现最先进效果的图形技术。本书中开发的框架将成为你未来所有实践的起点。

本书适用对象

本书适合所有图形和游戏开发者阅读，尤其是那些希望深入了解如何使用 Vulkan 编写高性能现代渲染引擎的人。

读者应熟悉图形编程的基本概念（即矩阵和向量），并且具有 Vulkan 的基础知识。

本书内容介绍

第 1 章介绍框架的结构，提供主要组件的概览。接着，我们将看到如何为 Windows 和 Linux 编译代码。

第 2 章通过将渲染器转向使用无绑定纹理（bindless texture）来简化渲染纹理的管理。我们还将通过解析生成的 SPIR-V 来自动化流水线布局（pipeline layout）的生成，并展示如何实现流水线缓存（pipeline caching）。

第 3 章详细介绍基于任务的并行执行（task-based parallelism）概念，这将帮助我们利用多核心。我们将利用这种技术异步加载资源，并且并行记录多个命令缓冲区（command buffer）。

第 4 章帮助我们开发帧图（frame graph），这是一种数据结构，用于存储我们的渲染通道（render pass）及其相互依赖关系。我们将利用这种数据结构来自动化资源屏障（resource barrier）的放置，并通过资源别名（resource aliasing）提高内存使用率。

第 5 章展示如何在 Vulkan 中利用异步计算队列。我们介绍时间线信号量（timeline semaphore），这会使队列同步管理变得更加简单。最后，我们实现一个简单的布料模拟，它将在一个单独的队列上运行。

第 6 章将渲染器从网格（mesh）转换为网格单元（meshlet），网格单元是用于实现 GPU 剔除的小块三角形。我们将介绍网格着色器（mesh shader）并解释如何利用它们来实现现代剔除技术。

第 7 章描述 G-Buffer 实现，然后转向集群光源渲染。我们将展示如何利用屏幕瓦片和深度分桶（depth binning）来实现高效的渲染。

第 8 章提供阴影技术的简要历史，然后介绍我们选择的方法。我们利用自己的网格单元和网格着色器支持来高效地渲染立方体贴图阴影图（cubemap shadowmap）。我们还将展示如何使用稀疏资源（sparse resource）来减少内存使用。

第 9 章提供可变速率着色的概述，并解释它为什么有用。接着，我们将描述如何使用 Vulkan 扩展将这项技术添加到渲染器中。

第 10 章从第一性原理实现了一个体积雾效果。然后，我们将讨论空间和时间滤波（spatial and temporal filtering）技术以提高最终效果的质量。

第 11 章简要回顾抗锯齿技术的发展历史。接着，我们将描述实现一个稳健的时间性抗锯齿解决方案所需的所有步骤。

第 12 章概述使用 Vulkan 中的光线追踪（ray tracing）技术扩展所需的关键概念。然后，我们将提供创建光线追踪流水线、着色器绑定表和加速结构的实现细节。

第 13 章提供一个使用光线追踪的阴影实现替代方案。我们将描述一个算法，该算法利用每个光源的动态光线数量，配合空间和时间滤波器产生稳定的效果。

第 14 章涉及在场景中添加全局照明。我们将描述如何使用光线追踪生成探针数据，并提供一个最小化光泄漏的解决方案。

第 15 章简要介绍屏幕空间反射及其不足之处。然后，我们将描述实现的光线追踪反射（ray-traced reflection）。最后，我们将实现一个去噪器，使结果可用于最终的光照计算。

如何充分利用本书

本书假定读者熟悉 Vulkan 或其他现代渲染 API（如 DirectX 12 或 Metal）的基本概念，能够熟练编辑和编译 C 或 C++ 代码以及 GLSL（OpenGL Shading Language）着色器代码。

本书使用的软件版本	本书使用的操作系统
Vulkan 1.2	Windows 或 Linux

你需要一个支持 C++17 的 C++ 编译器。系统上还需要安装最新版本的 Vulkan SDK。我

们会提供 Visual Studio 解决方案以及用于编译项目的 CMake 文件。

如果你正在使用本书的数字版本，我们建议你自己输入代码或从本书的 GitHub 仓库（下一小节有链接）获取代码。这样做可以帮助你避免复制和粘贴代码时可能出现的错误。

对于每一章，我们建议你运行代码并确保自己理解其工作原理。每一章都在前一章概念的基础上进行构建，重要的是要在继续之前消化这些概念。我们还建议你自己进行修改，以尝试不同的方法。

下载示例代码文件

你可以从 GitHub 上下载本书的示例代码文件，网址为 https://github.com/PacktPublishing/Mastering-Graphics-Programming-with-Vulkan。如果代码有更新，GitHub 仓库也会同步更新。

下载彩色图片

我们还提供了一个包含本书彩色截图和图表的 PDF 文件。你可以在此处下载：https://packt.link/ht2jV。

排版约定

本书中使用了以下排版约定。

代码体：表示文本中的代码、数据库表名、文件夹名、文件名、文件扩展名、路径名、虚拟网址、用户输入和 Twitter 用户名。这里有一个例子："针对每种资源类型，我们在 `DescriptorSetCreation` 对象上调用相应的方法。"

代码块如下所示：

```
export VULKAN_SDK=~/vulkan/1.2.198.1/x86_64
export PATH=$VULKAN_SDK/bin:$PATH
export LD_LIBRARY_PATH=$VULKAN_SDK/lib:$LD_LIBRARY_PATH
export VK_LAYER_PATH=$VULKAN_SDK/etc/vulkan/explicit_layer.d
```

当我们希望你关注代码块某个特定部分时，相关的行或项会被设置为粗体：

```
VkPhysicalDeviceFeatures2 device_features{ VK_STRUCTURE_TYPE_PHYSICAL_DEVICE_FEATURES_2, &indexing_features };

    vkGetPhysicalDeviceFeatures2( vulkan_physical_device,
    &device_features );
```

```
    bindless_supported = indexing_features.
    descriptorBindingPartiallyBound && indexing_features.
    runtimeDescriptorArray;
```

任何命令行输入或输出都如下所示：

```
$ tar -xvf vulkansdk-linux-x86_64-1.2.198.1.tar.gz
```

加粗：表示新术语、重要词汇或屏幕上显示的词语。例如，菜单或对话框中的词语会以加粗形式出现。这里有一个例子："我们通过单击 **Launch**（启动）来启动应用程序，然后我们会看到一个覆盖页面，其中会显示帧时间和渲染的帧数。"

提示或重要说明

提示内容。

关于作者

Marco Castorina 最初在 Samsung 担任驱动开发人员时，开始熟悉 Vulkan。后来，他为一家领先的媒体服务器公司从零开始开发了一个 2D 和 3D 渲染器。他最近加入了 AMD 的游戏图形性能团队。在业余时间，他会关注实时图形领域的最新技术。他还喜欢烹饪和弹吉他。

Gabriel Sassone 是一位渲染技术爱好者，目前在 The Multiplayer Group 担任首席渲染工程师。他之前在 Avalanche Studios 工作时首次接触 Vulkan，并为专有的 Apex 引擎及其 Google Stadia 端口开发了 Vulkan 层。他曾在 ReadyAtDawn、Codemasters、FrameStudios 以及一些其他非游戏技术公司工作过。他的业余时间充满了音乐、渲染、游戏和户外活动。

ABOUT THE COPY EDITOR

关于审校者

Victor Blanco Ruiz 是一位经验丰富的程序员,专注于图形、底层编程和游戏引擎架构。他曾在多家国际知名公司担任引擎程序员,参与了 *PUBG: Battlegrounds*(《绝地求生》)的开发,并且作为自由职业者将多款游戏移植到了 PSVR、PS4 和任天堂 Switch 平台,同时还自行发布了游戏 *DWVR* 和 *rRootage Reloaded*。他是 Vulkan 学习网站 VkGuide 的作者。

目　录

译者序
致谢
前言
关于作者
关于审校者

第一部分　现代渲染引擎的基础知识

第1章　Raptor 引擎和 Hydra 工程概述 ………… 2
1.1 技术要求 ………… 2
　1.1.1 Windows ………… 3
　1.1.2 Linux ………… 3
　1.1.3 macOS ………… 4
1.2 如何阅读本书 ………… 5
1.3 理解代码结构 ………… 5
1.4 理解 glTF 场景格式 ………… 12
1.5 PBR 技术简介 ………… 18
1.6 关于 GPU 调试的说明 ………… 20
1.7 总结 ………… 22
1.8 扩展阅读 ………… 23

第2章　优化资源管理 ………… 24
2.1 技术要求 ………… 24
2.2 解锁和实现无绑定渲染 ………… 24
　2.2.1 检查支持情况 ………… 25
　2.2.2 创建描述符池 ………… 26
　2.2.3 更新描述符集 ………… 28
　2.2.4 更新着色器代码 ………… 30
2.3 自动化流水线布局生成 ………… 31
　2.3.1 将 GLSL 编译为 SPIR-V ………… 31
　2.3.2 理解 SPIR-V 的输出内容 ………… 33
　2.3.3 从 SPIR-V 到流水线布局 ………… 35
2.4 通过流水线缓冲区减少加载时间 ………… 39
2.5 总结 ………… 42
2.6 扩展阅读 ………… 42

第3章　解锁多线程技术 ………… 43
3.1 技术要求 ………… 44
3.2 使用 enkiTS 实现基于任务的多线程 ………… 44
　3.2.1 为什么使用基于任务的并行机制 ………… 44
　3.2.2 使用 enkiTS（任务调度器）库 ………… 45
3.3 异步加载 ………… 46
　3.3.1 创建 I/O 线程和任务 ………… 47
　3.3.2 Vulkan 队列及第一条并行指令生成 ………… 49
　3.3.3 AsynchronousLoader 类 ………… 52
3.4 在多个线程上记录命令 ………… 57
　3.4.1 分配策略 ………… 58
　3.4.2 命令缓冲区回收 ………… 58
　3.4.3 主命令缓冲区与次命令缓冲区 ………… 59

3.4.4 使用主命令缓冲区进行绘制 …… 59
3.4.5 使用次命令缓冲区进行绘制 …… 60
3.4.6 生成多个任务以记录命令缓冲区 …… 61
3.5 总结 …… 62
3.6 扩展阅读 …… 63

第4章 实现帧图 …… 64
4.1 技术要求 …… 64
4.2 理解帧图 …… 64
 4.2.1 构建图 …… 65
 4.2.2 数据驱动的方法 …… 66
 4.2.3 实现帧图 …… 68
 4.2.4 实现拓扑排序 …… 70
 4.2.5 通过帧图驱动渲染 …… 77
4.3 总结 …… 79
4.4 扩展阅读 …… 80

第5章 解锁异步计算技术 …… 81
5.1 技术要求 …… 81
5.2 用单一时间线信号量替换多栅栏 …… 81
 5.2.1 启用时间线信号量扩展 …… 82
 5.2.2 创建时间线信号量 …… 84
 5.2.3 在CPU上等待时间线信号量 …… 84
 5.2.4 在GPU上使用时间线信号量 …… 85
5.3 添加一个用于异步计算的单独队列 …… 86
5.4 通过异步计算实现布料模拟 …… 89
 5.4.1 使用计算着色器的好处 …… 89
 5.4.2 计算着色器概述 …… 89
 5.4.3 编写计算着色器 …… 90

5.5 总结 …… 95
5.6 扩展阅读 …… 95

第二部分 GPU 驱动的渲染

第6章 GPU 驱动的渲染 …… 98
6.1 技术要求 …… 99
6.2 将大型几何体网格分解成网格单元 …… 99
6.3 了解任务着色器和网格着色器 …… 103
 6.3.1 实现任务着色器 …… 104
 6.3.2 实现网格着色器 …… 107
6.4 使用计算着色器进行 GPU 端的剔除 …… 109
 6.4.1 深度金字塔生成 …… 110
 6.4.2 遮挡剔除 …… 111
6.5 总结 …… 114
6.6 扩展阅读 …… 114

第7章 使用集群延迟渲染技术处理多光源 …… 116
7.1 技术要求 …… 116
7.2 集群照明方案的简要历史 …… 116
7.3 实现一个 G-Buffer 缓冲区 …… 120
7.4 实现光照集群 …… 125
 7.4.1 CPU 端的光源分配 …… 125
 7.4.2 GPU 端的光源处理 …… 130
7.5 总结 …… 131
7.6 扩展阅读 …… 132

第8章 使用网格着色器添加阴影 …… 133
8.1 技术要求 …… 133
8.2 阴影技术的简要历史 …… 133
 8.2.1 阴影体积法 …… 134
 8.2.2 阴影映射法 …… 134

		8.2.3 光线追踪阴影 ············ 134
8.3	使用网格着色器实现阴影映射 ···· 135
	8.3.1	概述 ······················· 135
	8.3.2	立方体贴图阴影 ············· 136
	8.3.3	关于多视图渲染的说明 ······ 137
	8.3.4	逐光源进行网格实例剔除 ···· 137
	8.3.5	间接绘制命令的生成 ········ 139
	8.3.6	阴影立方体贴图面的剔除 ···· 140
	8.3.7	网格单元阴影渲染：任务着色器 ····················· 141
	8.3.8	网格单元阴影渲染：网格着色器 ····················· 144
	8.3.9	阴影图采样 ················· 145
8.4	利用 Vulkan 的稀疏资源机制优化阴影内存 ····················· 146
	8.4.1	创建和分配稀疏纹理 ········ 147
	8.4.2	选择每个光源的阴影内存使用方案 ····················· 149
	8.4.3	渲染到稀疏阴影图 ··········· 152
8.5	总结 ······························· 154
8.6	扩展阅读 ··························· 154

第 9 章　实现可变速率着色 ······ 156
9.1	技术要求 ··························· 156
9.2	介绍可变速率着色技术 ··········· 156
9.3	使用 Vulkan API 集成可变速率着色 ······························· 158
9.4	利用特化常量 ······················ 161
9.5	总结 ······························· 164
9.6	扩展阅读 ··························· 164

第 10 章　添加体积雾效果 ······ 165
10.1	技术要求 ·························· 166
10.2	介绍体积雾渲染 ··················· 166
	10.2.1 体积渲染 ··················· 166

	10.2.2 体积雾 ······················· 167
10.3	实现体积雾渲染 ····················· 170
	10.3.1 数据注入 ··················· 170
	10.3.2 计算光照贡献 ··············· 171
	10.3.3 集成散射和消光效果 ······ 173
	10.3.4 将体积雾应用到场景 ······ 174
	10.3.5 添加滤波器 ·················· 175
	10.3.6 体积噪声生成 ··············· 178
	10.3.7 蓝噪声 ······················· 178
10.4	总结 ······························· 179
10.5	扩展阅读 ··························· 180

第三部分　高级渲染技术

第 11 章　时间抗锯齿技术 ······ 182
11.1	技术要求 ·························· 183
11.2	概述 ······························· 183
11.3	最简单的时间抗锯齿实现 ········ 185
	11.3.1 相机抖动 ··················· 185
	11.3.2 选择抖动序列 ··············· 186
	11.3.3 添加运动向量 ··············· 187
	11.3.4 初步的实现代码 ··········· 188
11.4	改进时间抗锯齿技术 ··············· 189
	11.4.1 重投影 ······················· 189
	11.4.2 历史采样 ··················· 190
	11.4.3 场景采样 ··················· 191
	11.4.4 历史约束 ··················· 192
	11.4.5 解析 ························· 193
11.5	锐化图像 ··························· 195
	11.5.1 后处理的图像锐化 ········ 195
	11.5.2 负 MIP 偏差 ················ 196
	11.5.3 消除纹理 UV 的抖动 ······ 196
11.6	改善条带效应 ······················ 196
11.7	总结 ······························· 197
11.8	扩展阅读 ··························· 198

第 12 章　开始使用光线追踪 ·············· 199
- 12.1　技术要求 ································· 199
- 12.2　Vulkan 中光线追踪技术的简介 ···· 199
- 12.3　构建 BLAS 和 TLAS ··················· 201
- 12.4　定义并创建光线追踪流水线 ······ 206
- 12.5　总结 ································· 212
- 12.6　扩展阅读 ····························· 212

第 13 章　基于光线追踪重新审视阴影 ·············· 214
- 13.1　技术要求 ································· 214
- 13.2　实现简单的光线追踪阴影 ·········· 214
- 13.3　改进光线追踪阴影 ···················· 216
  - 13.3.1　运动向量 ····················· 216
  - 13.3.2　计算可见性方差 ············ 217
  - 13.3.3　计算可见性 ··················· 218
  - 13.3.4　计算滤波后的可见性 ····· 223
  - 13.3.5　使用滤波后的可见性 ····· 224
- 13.4　总结 ································· 225
- 13.5　扩展阅读 ····························· 225

第 14 章　基于光线追踪增加动态漫反射全局照明 ·············· 226
- 14.1　技术要求 ································· 227
- 14.2　间接照明简介 ··························· 227
- 14.3　动态漫反射全局照明简介 ·········· 228
  - 14.3.1　对每个探针执行光线追踪 ····· 229
  - 14.3.2　探针偏移 ····················· 230
  - 14.3.3　探针辐照度和可见性更新 ····· 230
  - 14.3.4　探针采样 ····················· 232
- 14.4　实现动态漫反射全局照明 ·········· 232
  - 14.4.1　光线生成着色器 ············ 232
  - 14.4.2　光线命中着色器 ············ 233
  - 14.4.3　光线未命中着色器 ········· 235
  - 14.4.4　探针辐照度和可见性更新着色器 ····· 235
  - 14.4.5　间接照明采样 ··············· 239
  - 14.4.6　对 calculate_lighting 方法的修改 ········· 243
  - 14.4.7　探针偏移着色器 ············ 243
- 14.5　总结 ································· 247
- 14.6　扩展阅读 ····························· 247

第 15 章　基于光线追踪增加反射效果 ·············· 249
- 15.1　技术要求 ································· 249
- 15.2　屏幕空间反射的工作原理 ·········· 250
- 15.3　实现基于光线追踪的反射 ·········· 251
- 15.4　实现去噪器 ····························· 255
- 15.5　总结 ································· 260
- 15.6　扩展阅读 ····························· 260

第一部分

现代渲染引擎的基础知识

在这一部分中,我们将学习渲染引擎的基础知识。本部分包括第1～5章。

CHAPTER 1

第 1 章

Raptor 引擎和 Hydra 工程概述

当我们开始撰写本书时,我们的目标是传统 Vulkan 教程不会触及的那些进阶知识。市面上已经有许多优秀的资源,无论是纸质书籍还是网络资源,它们都可以帮助初学者发现并理解 Vulkan API。

我们决定写这本书,是因为我们感觉在各种入门教程和一些高级技术内容之间存在一片空白。这些主题可能在某些文章和博客帖子中有所涉及,但我们找不到一套将它们组织在一起的、统一且格式连贯的资源材质。

虽然我们假设读者对 Vulkan 有一定的了解,但在本章中,我们还是借此机会回顾一些基本概念,这些概念将贯穿本书的剩余部分。我们将介绍代码组织以及在整本书中使用的类和库。

本章讨论以下主题:
- 如何阅读本书。
- 理解代码结构。
- 理解 glTF 场景格式。
- 基于物理的渲染(PBR)技术简介。
- 关于 GPU 调试的说明。

到本章结束时,你将熟悉我们为本书开发的 Raptor 引擎和渲染框架。你还将学习到 glTF 模型格式的结构以及基于物理的渲染背后的基本概念。

1.1 技术要求

你需要一块至少支持 Vulkan 1.1 的 GPU 显卡。在撰写本书时,Vulkan 1.3 刚刚发布,许多供应商(如 AMD 和 Nvidia)已提供了初步的驱动支持。我们保持较低的版本要求,以便尽可能多的人能够跟上学习。

部分后续章节将使用一些旧显卡可能不支持的硬件功能。我们会尽可能提供一个替代的软件解决方案。如果这不可行,我们将更多地关注实现细节的通用方面,而不是 API 的细节。

本章的完整代码可以在 GitHub 上找到,网址为 `https://github.com/PacktPublishing/Mastering-Graphics-Programming-with-Vulkan/tree/main/source/chapter1`。

1.1.1　Windows

代码已在 Windows 操作系统上使用 Visual Studio 2019（16.11）和 Vulkan SDK 版本 1.2.198.1 进行了测试（随着我们编写书籍，这可能会有所变化）。

要在 Windows 上安装 Vulkan SDK，你需要下载并运行以下可执行文件：https://sdk.lunarg.com/sdk/download/1.2.198.1/windows/VulkanSDK-1.2.198.1-Installer.exe。

安装 Vulkan SDK 后，请确保你能在 Bin 文件夹中运行 vulkaninfoSDK.exe 程序，以确认 SDK 已正确安装，且你的图形驱动程序支持 Vulkan。

如需进一步了解安装过程的详细信息，请查阅官方文档：https://vulkan.lunarg.com/doc/sdk/latest/windows/getting_started.html。

我们提供了一个包含全书代码的 Visual Studio 解决方案，你可以轻松构建每一章的可执行文件。

构建解决方案后，将 Chapter1 项目设置为运行目标并运行程序。你应该会看到如图 1-1 所示的内容。

图 1-1　渲染结果

1.1.2　Linux

对于 Linux 系统，我们使用了 Visual Studio Code、GCC 9 或更高版本以及 CMake 3.22.1 来构建工程。Vulkan SDK 的版本与 Windows 上的版本相匹配。我们在 Debian 11 和 Ubuntu 20.04 上进行了测试。

我们使用了 CMake 来支持不同的构建系统，但我们只测试了 Makefile。

要安装 Vulkan SDK，你需要下载此文件：https://sdk.lunarg.com/sdk/download/1.2.198.1/linux/vulkansdk-linux-x86_64-1.2.198.1.tar.gz。

假设你已经将其下载到 ~/Downloads 文件夹中，通过运行以下命令来解压缩该包：

```
$ tar -xvf vulkansdk-linux-x86_64-1.2.198.1.tar.gz
```

这将创建 1.2.198.1 这个顶层文件夹。

有两种方法可以基于 SDK 构建工程代码：

- 你可以将以下环境变量添加到 ~/.bashrc 文件中（如果你没有使用 Bash，那么添加到你的 shell 主配置文件中）。请注意，你可能需要手动创建这个文件：

```
export VULKAN_SDK=~/vulkan/1.2.198.1/x86_64
export PATH=$VULKAN_SDK/bin:$PATH
export LD_LIBRARY_PATH=$VULKAN_SDK/lib:
$LD_LIBRARY_PATH
export VK_LAYER_PATH=$VULKAN_SDK/etc/vulkan/
explicit_layer.d
```

- 另一个选择是将以下内容添加到 ~/.bashrc 文件中：

```
source ~/Downloads/1.2.198.1/setup-env.sh
```

编辑完 ~/.bashrc 文件后，重启你的终端。现在你应该能够运行 vulkaninfo 了。如果还是不行，请尝试重新执行前面的步骤。如果你需要更多关于安装过程的详细信息，请参考官方的 LunarG 指南（https://vulkan.lunarg.com/doc/sdk/latest/linux/getting_started.html）。

要生成构建文件，你需要运行以下命令：

```
$ cmake -B build -DCMAKE_BUILD_TYPE=Debug
```

如果你想创建一个 release 版本的工程，请运行以下命令：

```
$ cmake -B build -DCMAKE_BUILD_TYPE=Release
```

这将在 build 文件夹中创建工程文件。当然，你也可以为文件夹使用不同的名称。

要构建本章的代码，请运行以下命令：

```
$ cmake --build build --target chapter1 -- -j 4
```

参数 -j 后面的数字告诉编译器并行编译代码时应当使用多少线程。这里推荐的值是使用你的处理器的核心数。

在构建完成后，Chapter1 可执行文件已经创建并且可以运行了！

> **注意**
>
> 尽管在撰写本书期间我们的技术审校者和 beta 版读者已经测试了 Windows 和 Linux 的工程构建，但可能还有一些问题并未被注意到。如果你有任何疑问，或者想要报告一个问题，请在 GitHub 上新建一个 issue，或者通过 Twitter 联系我们：@marco_castorina 和 @GabrielSassone。

1.1.3 macOS

Vulkan 在 macOS 上并不是原生支持的，而是通过一个转换层转换成苹果开发的图形

API，即 Metal。这个转换层是由 Vulkan SDK 通过 MoltenVK 库提供的。

由于这种间接性，macOS 并不支持所有功能和扩展，考虑到我们在本书中将使用一些高级功能，如光线追踪，因此我们不想提供一个只能部分工作的 macOS 代码版本。因此，目前不支持 macOS。

1.2 如何阅读本书

我们将本书的内容组织成可以逐步深入高级功能的结构。书中的高级章节将依赖前面章节中介绍的主题。因此，我们建议你按顺序阅读本书。

然而，书中关于光线追踪的一些后续章节可以按任意顺序阅读，因为它们涉及的主题是可以独立实现的。如果你已经熟悉某一章的主题，我们仍然建议你浏览一下，因为你可能会发现一些有价值的信息。

1.3 理解代码结构

在本节中，我们将深入探讨贯穿全书的基础代码，并解释我们做出某些决策的原因。

当我们开始考虑要使用的代码时，目标非常明确：我们需要一些轻量级、简单且基础的东西，以便可以在此基础上进行构建。一个功能齐全的库过于庞大了。

此外，我们需要使用一些熟悉的东西，以使开发过程更加顺畅，并增强我们的信心。

还有许多优秀的图形库，例如 Sokol（`https://github.com/floooh/sokol`）和 BGFX（`https://github.com/bkaradzic/bgfx`），以及其他一些库，但它们都存在一些可能有问题的地方。

以 Sokol 为例，尽管它是一个很棒的库，但它不支持 Vulkan API，并且其接口仍基于较旧的图形 API（如 OpenGL 和 D3D11）。

BGFX 是一个更完整的库，但它过于通用和功能丰富，使我们难以在其基础上进行构建。

经过研究，我们倾向于选择 Hydra 引擎——这是 Gabriel 在过去几年中开发的一个库，用于进行渲染实验和编写相关文章。

我们选择从 Hydra 引擎（`https://github.com/JorenJoestar/DataDrivenRendering`）开始，逐步发展成现在的 Raptor 引擎，它主要有以下一些优势：
- 代码熟悉度
- 小巧简洁的代码库
- 基于 Vulkan 的 API
- 没有高级功能，但具有坚实的构建块

Hydra 引擎看起来很完美，它体积小巧且易用，且让人感到熟悉。从 API 设计的角度来看，与作者过去使用的其他库相比，它具有明显的优势。

Hydra 引擎是由 Gabriel 从零开始开发的，通过本书内容对代码不断完善，我们完全继承了其中的底层架构设计。

从 Hydra 引擎开始，我们修改了一些代码，使其更加专注于 Vulkan，因此诞生了新的 Raptor 引擎。在接下来的小节中，我们将简要介绍其代码架构，以帮助你熟悉这个将在后续所有章节中使用的构建块。

我们还将研究 glTF 数据格式，它被用于将几何体网格、纹理和材质导入 Raptor 引擎中。

代码层次

Raptor 引擎是基于层的概念来构建代码的，其中某个层只能与它的下层进行交互。

为了简化层之间的通信，简化 API 设计以及最终用户的预期行为，我们才做出了这个选择。

在 Raptor 中有三个主要的层：
- 基础层（foundation）
- 图形层（graphic）
- 应用层（application）

基础层和**应用层**在所有章节中都是通用的，可以在源代码的 `source/raptor` 中找到。

每章都有自己**图形层**的独立实现。这样做可以在每章中更容易地引入新功能，而无须担心要维护那些跨越所有章节的代码路径。例如，本章的图形层代码可以在 `source/chapter1/graphics` 中找到。

在开发 Raptor 引擎时，我们根据所处的层来强制定义通信方向，使得一个层只能与同一层内的代码以及更底层的代码进行交互。

在这种情况下，基础层只能与该层内的其他代码进行交互，图形层可以与基础层交互，应用层则可以与所有层进行交互。

在某些情况下，我们需要从底层向上层进行通信，解决这个问题的方法是在上层创建代码来驱动底层之间的通信。

例如，`Camera`（相机）类定义在基础层，它是一个包含驱动渲染相机功能的所有数学函数的类。

如果我们需要用户输入来移动相机，比如使用鼠标或游戏手柄，该怎么办呢？

基于这个想法，我们可以在应用层创建 `GameCamera`（游戏相机），它包含交互输入的代码，接收用户输入，并根据需要来修改相机属性。

这种上层桥接的方式将用于其他的功能代码实现，并在需要时进行解释。

以下小节将向你概述主要层及一些基本代码，以便你熟悉整本书中使用的所有构建块。

基础层

基础层是一组不同的类，它们作为基础模块，为框架中所需的一切提供支持。

这些类是非常定制化的，涵盖了不同类型的需求，但它们是构建本书所写的渲染代码所必需的。它们包括数据结构、文件操作、日志记录和字符串处理等。

虽然 C++ 标准库提供了类似的数据结构，但我们决定自己编写，因为在大多数情况下我们只需要部分功能。这也使我们能够仔细控制和跟踪内存分配。

我们牺牲了一些便利性（在对象销毁时自动释放内存），以换取对内存生命周期的更精细控制和更短的编译时间。这些至关重要的数据结构将用于不同的需求，并将在图形层中大量使用。

我们将简要介绍每个基础模块，以帮助你熟悉它们。

内存管理

首先来看**内存管理**（source/raptor/foundation/memory.hpp）。

这里的一个关键 API 决策是采用显式内存分配模式，因此对于任何动态分配的内存，都需要一个分配器。这一点在代码库的所有类中都有体现。

这个基础模块定义了主要的分配器 API，不同的分配器在代码中可以使用不同 API 实现。

我们有基于 tlsf 分配器的 HeapAllocator（堆分配器）、固定大小的线性分配器、基于 malloc 的分配器、固定大小的栈分配器以及固定大小的双栈分配器。

虽然我们在这里不会涉及内存管理技术，因为它与本书的目的关系不大，但你可以在代码库中窥见更专业的内存管理思维。

数组

接下来，我们将探讨**数组**（source/raptor/foundation/array.hpp）。

数组可能是所有软件工程中最基础的数据结构，它们用于表示连续的、动态分配的数据，其接口类似于更为人熟知的 std::vector（https://en.cppreference.com/w/cpp/container/vector）。

与**标准库**（std）的实现相比，我们的代码更简单，并且需要初始化一个显式的分配器。

我们与 std::vector 唯一显著的不同在于方法。例如，push_use() 方法会扩展数组并返回新分配的元素以供填充；delete_swap() 方法会移除一个元素并将其与最后一个元素交换。

哈希映射

哈希映射（source/raptor/foundation/hash_map.hpp）是另一种基础数据结构，能够提升搜索操作的性能，而且在代码库中被广泛使用：每当我们需要基于一些简单的搜索条件快速找到一个对象时（例如按名称搜索纹理），哈希映射就是最合适的标准数据结构。

关于哈希映射的知识信息量巨大，超出了本书的讨论范围，但最近谷歌在其 Abseil 库中记录并分享了一个很好的哈希映射的全面实现（代码可在此处获取：https://github.com/abseil/abseil-cpp）。

Abseil 哈希映射是 SwissTable 哈希映射的进化版本，它存储了一些额外的元数据以快速排除元素，使用线性探测（linear probing）来插入元素，并最终使用单指令多数据（SIMD）的指令来快速测试更多的条目。

> **重要提示**
> 要了解 Abseil 哈希映射实现背后的思想，有几篇不错的文章可以阅读。文章链接如下：

> 文章 1：`https://gankra.github.io/blah/hashbrown-tldr/`。
> 文章 2：`https://blog.waffles.space/2018/12/07/deep-dive-into-hashbrown/`。
> 文章 1 对这个话题进行了很好的概述，而文章 2 则更深入地探讨了实现细节。

文件操作

接下来，我们将了解**文件操作**（`source/raptor/foundation/file.hpp`）。

在引擎中常见的一组操作是文件处理，例如，从硬盘读取纹理、着色器或文本文件。

这些操作遵循与 C 语言文件 API 类似的模式，比如 `file_open` 与 `fopen` 函数类似（参见 `https://www.cplusplus.com/reference/cstdio/fopen/`）。

在这组函数中，还包括了创建和删除文件夹所需的功能，以及一些实用工具，比如提取路径中的文件名或扩展名。

例如，要创建一个纹理，你需要首先在内存中打开纹理文件，然后将其发送到图形层，以创建一个 Vulkan 对象，从而使其能够被 GPU 正确使用。

序列化

序列化（`source/raptor/foundation/blob_serialization.hpp`）是将人类可读的文件转换为二进制对应文件的过程，在这里也有所体现。

这个话题非常广泛，读者可访问文章：`https://yave.handmade.network/blog/p/2723-how_media_molecule_does_serialization` 或者 `https://jorenjoestar.github.io/post/serialization_for_games` 来了解。

我们将使用序列化来处理一些人类可读的文件（主要是 JSON 文件），将它们转换为根据需要提供的更加定制化的文件。

这个过程是为了提高文件加载速度而进行的，因为人类可读的格式虽然适合表达内容并且可以修改，但我们需要满足应用程序的需求来创建二进制文件。

这是任何与游戏相关的技术中的一个基本步骤，也被称为**资产烘焙**（asset baking）。

在本书的代码中，我们将使用尽量少的序列化实现，但就像内存管理一样，这是在设计任何高性能代码时需要考虑的一个话题。

日志记录

日志记录（`source/raptor/foundation/log.hpp`）是将用户定义的文本写入日志的过程，这有助于理解代码的执行流程并对应用程序进行调试。

它可以用来记录系统的初始化步骤，或者在报告某些错误时提供额外信息，以便用户使用。

我们提供的代码是一个简单的日志服务，它提供了添加用户定义回调和拦截任何消息的选项。

一个日志使用的例子是 Vulkan 调试层，当我们需要时，它会将任何警告或错误输出到日志服务，从而为用户提供关于应用程序行为的即时反馈。

字符串处理

接下来，我们将看一下**字符串**（source/raptor/foundation/string.hpp）。

字符串是用来存储文本的字符数组。在 Raptor 引擎中，为了清晰控制内存和简化接口，需要编写自定义的字符串功能代码。

我们主要提供的类是 StringBuffer（字符串缓冲区）类，它允许用户分配一个固定的最大内存量，并在该内存中执行典型的字符串操作：连接（concatenation）、格式化（formatting）和创建子字符串（substring）。

我们提供的第二个类是 StringArray（字符串数组）类，它允许用户在一个连续的内存块中高效地存储和跟踪不同的字符串。例如，在检索文件和文件夹列表时会使用这个类。

最后一个实用字符串类是 StringView（字符串视图）类，用于对字符串的只读访问。

时间管理

接下来是**时间管理**（source/raptor/foundation/time.hpp）。

在开发自定义引擎时，时间控制非常重要，时间管理功能就是帮助计算不同时间的函数。

例如，任何应用程序都需要计算时间差，这种时间差常被用来推进模拟演算和各种计算，通常被称为**增量时间**（delta time）。

这个计算是在应用层手动完成的，但它使用时间函数来完成。它也可以用来测量 CPU 性能，例如，用来确定代码执行的缓慢之处，或在执行某些操作时收集统计数据。

而计时方法可以方便地允许用户以不同的单位计算持续时间，从秒到毫秒。

进程执行

最后一个实用工具区域是**进程执行**（source/raptor/foundation/process.hpp），可以用来在我们自己的代码中运行任何外部程序。

在 Raptor 引擎中，使用外部进程的一个重要用途是执行 Vulkan 的着色器编译器，将 GLSL 着色器转换为 SPIR-V 格式，如 Khronos 网站上的说明所示：https://www.khronos.org/registry/SPIR-V/specs/1.0/SPIRV.html。为了让着色器能被 Vulkan 使用，我们需要遵循 Khronos 的规范。

我们已经介绍了所有不同的实用工具模块（许多看似无关），这些功能模块涵盖了现代渲染引擎的基础知识。

这些基础知识本身与图形无关，但它们是构建图形应用程序的必要条件，这种应用程序能让最终用户完全掌控正在发生的事情，并体现出现代游戏引擎幕后工作的一些简化思维。

接下来，我们将介绍图形层，其中一些基础模块将在实际中得到广泛应用，并体现出本书代码库中最重要的部分功能。

图形层

最重要的架构层是图形层，这也是本书的主要关注点。图形层将包括所有与 Vulkan 相关的代码和抽象，这些都是使用 GPU 在屏幕上绘制任何内容所必需的。

在源代码的组织上有一个注意事项：由于本书分为不同章节，并且有一个 GitHub 仓库，因此需要为每个章节提供图形代码的快照；因此，图形代码将在整个游戏的每个章节的代码中被反复复制和演化。

随着本书的逐章进展，我们预计这个文件夹中的代码量会增长，不仅仅局限于书中内容，我们还将开发着色器并使用其他数据资源，但最基本的工作是了解我们从哪里开始，以及了解书中特定的章节应该做什么样的工作。

我们需要再次强调，本书的 API 设计源自 Hydra 引擎，具体如下：
- 图形资源是通过一个包含所有必要参数的 creation 结构体来创建的。
- 资源以句柄的形式外部传递，因此它们易于复制且可以安全地传递。

这一层中的主要类是 GpuDevice 类，它负责以下事项：
- Vulkan API 的抽象和使用。
- 图形资源的创建、销毁和更新。
- 交换链的创建、销毁、大小调整和更新。
- 命令缓冲区的请求以及提交到 GPU。
- GPU 时间戳管理。
- GPU-CPU 同步。

我们将图形资源定义为存在于 GPU 上的任何内容，例如以下内容：
- **纹理**：可以读或写的图像。
- **缓冲区**：同质或异质数据的数组。
- **采样器**：将原始 GPU 内存转换为着色器所需的任何内容的转换器。
- **着色器**：SPIR-V 编译的 GPU 可执行代码。
- **流水线**：一个几乎完整的 GPU 状态快照。

图形资源的使用是任何类型的渲染算法的核心。

因此，GpuDevice（source/chapter1/graphics/gpu_device.hpp）就是创建渲染算法的入口。

以下是关于资源管理的 GpuDevice 接口的一段描述：

```
struct GpuDevice {
  BufferHandle create_buffer( const BufferCreation& bc );
  TextureHandle create_texture( const TextureCreation& tc
  );
  ...
  void destroy_buffer( BufferHandle& handle );
  void destroy_texture( TextureHandle& handle );
```

这是一个创建和销毁 VertexBuffer 的例子，摘自 Raptor ImGUI（source/chapter1/graphics/raptor_imgui.hpp）的后端：

```
GpuDevice gpu;
// Create the main ImGUI vertex buffer
BufferCreation bc;
```

```
bc.set( VK_BUFFER_USAGE_VERTEX_BUFFER_BIT,
  ResourceUsageType::Dynamic, 65536 )
  .set_name( "VB_ImGui" );
BufferHandle imgui_vb = gpu.create(bc);
…
// Destroy the main ImGUI vertex buffer
gpu.destroy(imgui_vb);
```

在Raptor引擎中，图形资源（`source/chapter1/graphics/gpu_resources.hpp`）的相关代码与Vulkan API代码具有相同的粒度，但是做了功能增强以帮助用户编写更简单、更安全的代码。

让我们来看看Buffer（缓冲区）类：

```
struct Buffer {
    VkBuffer                    vk_buffer;
    VmaAllocation               vma_allocation;
    VkDeviceMemory              vk_device_memory;
    VkDeviceSize                vk_device_size;
    VkBufferUsageFlags          type_flags        = 0;
    u32                         size              = 0;
    u32                         global_offset     = 0;
    BufferHandle                handle;
    BufferHandle                parent_buffer;

    const char* name                              = nullptr;
}; // struct Buffer
```

显然，Buffer结构包含了相当多的额外信息。

首先，VkBuffer是Vulkan API使用的主要结构。然后，还有一些与GPU上的内存分配相关的成员，如设备内存和大小。

请注意，在Raptor引擎中使用了一个名为**虚拟内存分配器**（Virtual Memory Allocator，VMA）的实用工具类（`https://github.com/GPUOpen-LibrariesAndSDKs/VulkanMemoryAllocator`），这是编写Vulkan代码的事实标准的实用工具库。

这里，它体现在名为vma_allocation的成员变量中。

此外，还有一些使用标志——大小和偏移量，以及全局偏移量——及当前缓冲区句柄和父句柄（我们将在本书后面看到它们的用途），以及一个便于调试的人类可读字符串。这个Buffer类可以被视为一个蓝本，其内容是关于在Raptor引擎中如何创建其他抽象类，以及它们如何帮助用户编写更简单、更安全的代码。

这里仍然尊重Vulkan的设计和理念，但可以隐藏一些实现细节，一旦用户专注于探索渲染算法本身，这些细节就可能变得不那么重要了。

我们简要概述了图形层，这是本书最重要的代码部分。我们将在每一章之后发展和演进其代码，并将在整本书中更深入地探讨设计选择和实现细节。

接下来是应用层，它作为用户和应用程序之间的最终步骤而存在。

应用层

应用层负责处理引擎的实际应用端——从基于操作系统的窗口创建和更新，到收集来自鼠标和键盘的用户输入。

该层还包括一个非常方便的 ImGui（https://github.com/ocornut/imgui）后端，这是一个出色的工具库，用于设计用户界面（UI），以增强用户与应用程序的交互，使控制其行为变得更加容易。

在本书中，我们将创建一个应用程序类，这个类将作为任何演示应用程序的蓝本，使用户能够更多地关注应用程序的图形部分。

基础层和应用层的代码位于 source/raptor 文件夹中。这些代码在书中几乎是不变的，但由于我们主要编写的是图形系统，因此这些代码被放在了所有章节共享的文件夹中。

在本节中，我们解释了代码的结构，并介绍了 Raptor 引擎的三个主要层次：基础层、图形层和应用层。对于每个层次，我们都突出介绍了一些主要的类、如何使用它们，以及我们做出这些选择的理由和灵感。

在接下来的小节，我们将介绍引擎所选用的文件格式，其用于加载 3D 数据，并说明如何将其集成到引擎中。

1.4 理解 glTF 场景格式

多年来，人们开发了许多 3D 文件格式。本书选择使用 glTF。近年来，glTF 变得越来越受欢迎，因为它具有开放的规范，并且默认支持**基于物理的渲染**（PBR）模型。

我们选择了这种格式，因为它的开放规范和易于理解的结构。我们可以使用 Khronos 在 GitHub 上提供的几个模型来测试我们的实现，并与其他框架比较结果。

这是一个基于 JSON 的格式，我们为本书构建了一个自定义解析器。JSON 数据将被反序列化成一个 C++ 类，我们将使用这个类来驱动渲染。

我们现在提供 glTF 格式的主要部分的概述。在其根节点上，我们可以得到一个场景列表，每个场景可以有多个节点。你可以在以下代码中看到这一点：

```
"scene": 0,
"scenes": [
    {
        "nodes": [
            0,
            1,
            2,
            3,
            4,
            5
        ]
    }
],
```

每个节点包含一个索引值,它对应于mesh(网格)数组中的索引位置:
```
"nodes": [
    {
        "mesh": 0,
        "name": "Hose_low"
    },
]
```
场景的数据存储在一个或多个缓冲区中,每个缓冲区的部分都由一个缓冲视图(buffer view)描述:
```
"buffers": [
    {
        "uri": "FlightHelmet.bin",
        "byteLength": 3227148
    }
],
"bufferViews": [
    {

        "buffer": 0,
        "byteLength": 568332,
        "name": "bufferViewScalar"
    },
]
```
每个缓冲视图都指向包含实际数据及其大小的缓冲区。我们通过访问器(accessor)定义数据的类型、偏移量和大小来指向缓冲视图:
```
"accessors": [
    {
        "bufferView": 1,
        "byteOffset": 125664,
        "componentType": 5126,
        "count": 10472,
        "type": "VEC3",
        "name": "accessorNormals"
    }
]
```
mesh数组包含一系列条目,每个条目都由一个或多个网格图元(mesh primitive)组成。网格图元包含一个属性列表,这些属性指向访问器数组、访问器数组的索引以及材质的索引:
```
"meshes": [
    {
        "primitives": [
            {
                "attributes": {
                    "POSITION": 1,
```

```
                "TANGENT": 2,
                "NORMAL": 3,
                "TEXCOORD_0": 4
            },
            "indices": 0,
            "material": 0
        }
    ],
    "name": "Hose_low"
}
]
```

materials(材质)对象定义了使用哪些纹理,如漫反射颜色(diffuse color)、法线贴图(normal map)、粗糙度等,以及其他控制材质渲染的参数:

```
"materials": [
    {
        "pbrMetallicRoughness": {
            "baseColorTexture": {
                "index": 2
            },
            "metallicRoughnessTexture": {
                "index": 1
            }
        },
        "normalTexture": {
            "index": 0
        },
        "occlusionTexture": {
            "index": 1
        },
        "doubleSided": true,
        "name": "HoseMat"
    }
]
```

每个纹理都被指定为图像和采样器的组合:

```
"textures": [
    {
        "sampler": 0,
        "source": 0,
        "name": "FlightHelmet_Materials_RubberWoodMat_Nor
            mal.png"
    },
],
"images": [
    {
        "uri": "FlightHelmet_Materials_RubberWoodMat_Nor
```

```
            mal.png"
        },
    ],
    "samplers": [
        {
            "magFilter": 9729,
            "minFilter": 9987
        }
    ]
```

glTF 格式可以指定许多其他细节，包括动画数据和摄像机。尽管我们在本书中使用的大多数模型都没有使用这些功能，但当使用时我们会特别指出。

JSON 数据被反序列化成一个 C++ 类，然后用于渲染。我们在结果对象中省略了 glTF 扩展，因为本书中没有使用到这些扩展。现在，我们将通过一个代码示例来展示如何使用解析器读取 glTF 文件。第一步是将文件加载到一个 glTF 对象中：

```
char gltf_file[512]{ };
memcpy( gltf_file, argv[ 1 ], strlen( argv[ 1 ] ) );
file_name_from_path( gltf_file );

glTF::glTF scene = gltf_load_file( gltf_file );
```

现在，我们已经将一个 glTF 模型加载到了 scene 变量中。

下一步是将模型的缓冲区（buffer）、纹理（texture）和采样器（sampler）上传到 GPU 以进行渲染。我们首先处理纹理和采样器：

```
Array<TextureResource> images;
images.init( allocator, scene.images_count );

for ( u32 image_index = 0; image_index
  < scene.images_count; ++image_index ) {
    glTF::Image& image = scene.images[ image_index ];
    TextureResource* tr = renderer.create_texture(
        image.uri.data, image.uri.data );

    images.push( *tr );
}

Array<SamplerResource> samplers;
samplers.init( allocator, scene.samplers_count );

for ( u32 sampler_index = 0; sampler_index
  < scene.samplers_count; ++sampler_index ) {
  glTF::Sampler& sampler = scene.samplers[ sampler_index ];

  SamplerCreation creation;
  creation.min_filter = sampler.min_filter == glTF::
      Sampler::Filter::LINEAR ? VK_FILTER_LINEAR :
```

```
            VK_FILTER_NEAREST;
    creation.mag_filter = sampler.mag_filter == glTF::
        Sampler::Filter::LINEAR ? VK_FILTER_LINEAR :
            VK_FILTER_NEAREST;

    SamplerResource* sr = renderer.create_sampler( creation
    );

    samplers.push( *sr );
}
```

每个资源都存储在一个数组中。我们遍历数组中的每个条目,并创建相应的 GPU 资源。然后,我们将刚刚创建的资源存储在另一个数组中,这个数组将在渲染循环中使用。

现在,让我们看看如何处理缓冲区和缓冲视图,具体如下:

```
Array<void*> buffers_data;
buffers_data.init( allocator, scene.buffers_count );

for ( u32 buffer_index = 0; buffer_index
  < scene.buffers_count; ++buffer_index ) {
    glTF::Buffer& buffer = scene.buffers[ buffer_index ];

    FileReadResult buffer_data = file_read_binary(
        buffer.uri.data, allocator );
    buffers_data.push( buffer_data.data );
}

Array<BufferResource> buffers;
buffers.init( allocator, scene.buffer_views_count );

for ( u32 buffer_index = 0; buffer_index
  < scene.buffer_views_count; ++buffer_index ) {
    glTF::BufferView& buffer = scene.buffer_views[
        buffer_index ];

    u8* data = ( u8* )buffers_data[ buffer.buffer ] +
        buffer.byte_offset;

    VkBufferUsageFlags flags =
        VK_BUFFER_USAGE_VERTEX_BUFFER_BIT |
            VK_BUFFER_USAGE_INDEX_BUFFER_BIT;

    BufferResource* br = renderer.create_buffer( flags,
        ResourceUsageType::Immutable, buffer.byte_length,
            data, buffer.name.data );

    buffers.push( *br );
}
```

首先，我们将整个缓冲区数据读入 CPU 内存。然后，我们遍历每个缓冲视图，并为其创建相应的 GPU 资源。我们将新创建的资源存储在一个数组中，该数组将在渲染循环中使用。

最后，我们读取几何体网格定义以创建其对应的绘制数据。以下代码提供了一个读取位置缓冲区的示例。请参考第 1 章的代码文件 chapter1/main.cpp 以获取完整的实现：

```
for ( u32 mesh_index = 0; mesh_index < scene.meshes_count;
  ++mesh_index ) {
    glTF::Mesh& mesh = scene.meshes[ mesh_index ];
    glTF::MeshPrimitive& mesh_primitive = mesh.primitives[
        0 ];

    glTF::Accessor& position_accessor = scene.accessors[
        gltf_get_attribute_accessor_index(
        mesh_primitive.attributes, mesh_primitive.
        attribute_count, "POSITION" ) ];
    glTF::BufferView& position_buffer_view =
        scene.buffer_views[ position_accessor.buffer_view
        ];
    BufferResource& position_buffer_gpu = buffers[
        position_accessor.buffer_view ];

    MeshDraw mesh_draw{ };
    mesh_draw.position_buffer = position_buffer_gpu.handle;
    mesh_draw.position_offset = position_accessor.
                                byte_offset;
}
```

我们将渲染网格所需的所有 GPU 资源组织到一个名为 `MeshDraw` 的数据结构中。我们检索由 `Accessor`（访问器）对象所定义的缓冲区和纹理，并将它们存储在 `MeshDraw` 对象中，以便在渲染循环中使用。

在本章中，我们在应用程序开始时加载了一个模型，并且这个模型不会改变。得益于这个限制，我们可以在开始渲染之前只创建一次所有的描述符集（descriptor set）：

```
DescriptorSetCreation rl_creation{};
rl_creation.set_layout( cube_rll ).buffer( cube_cb, 0 );
rl_creation.texture_sampler( diffuse_texture_gpu.handle,
    diffuse_sampler_gpu.handle, 1 );
rl_creation.texture_sampler( roughness_texture_gpu.handle,
    roughness_sampler_gpu.handle, 2 );
rl_creation.texture_sampler( normal_texture_gpu.handle,
    normal_sampler_gpu.handle, 3 );
rl_creation.texture_sampler( occlusion_texture_gpu.handle,
    occlusion_sampler_gpu.handle, 4 );
 mesh_draw.descriptor_set = gpu.create_descriptor_set(
    rl_creation );
```

对于每一种资源类型，我们在 `DescriptorSetCreation` 对象上调用相应的方法。这个对象存储了将要通过 Vulkan API 创建描述符集所需的数据。

现在，我们已经定义了渲染所需的所有对象。在渲染循环中，我们只需遍历所有几何体网格，绑定每个网格缓冲区和描述符集，然后调用 draw（绘制）命令：

```
for ( u32 mesh_index = 0; mesh_index < mesh_draws.size;
    ++mesh_index ) {
    MeshDraw mesh_draw = mesh_draws[ mesh_index ];

    gpu_commands->bind_vertex_buffer( sort_key++,
        mesh_draw.position_buffer, 0,
            mesh_draw.position_offset );
    gpu_commands->bind_vertex_buffer( sort_key++,
        mesh_draw.tangent_buffer, 1,
            mesh_draw.tangent_offset );
    gpu_commands->bind_vertex_buffer( sort_key++,
        mesh_draw.normal_buffer, 2,
            mesh_draw.normal_offset );
    gpu_commands->bind_vertex_buffer( sort_key++,
        mesh_draw.texcoord_buffer, 3,
            mesh_draw.texcoord_offset );
    gpu_commands->bind_index_buffer( sort_key++,
        mesh_draw.index_buffer, mesh_draw.index_offset );
    gpu_commands->bind_descriptor_set( sort_key++,
        &mesh_draw.descriptor_set, 1, nullptr, 0 );

    gpu_commands->draw_indexed( sort_key++,
        TopologyType::Triangle, mesh_draw.count, 1, 0, 0,
            0 );
}
```

我们将在书中逐步完善这段代码，当然，它已经是一个很好的起点，你可以尝试加载不同的模型或者尝试修改着色器代码（关于这一点我们将在后续章节中详细讨论）。

网上有许多关于 glTF 格式的教程，其中一些链接在"扩展阅读"部分。glTF 规范也是一个非常好的详细信息来源，而且易于理解。如果你在阅读书籍或代码时对格式有不明白的地方，我们建议你参考它。

在本节，我们分析了 glTF 格式，并展示了与渲染器最相关的 JSON 对象示例。然后，我们演示了如何使用添加到框架中的 glTF 解析器，并向你展示了如何将几何和纹理数据上传到 GPU。最后，我们展示了如何使用这些数据来绘制构成模型的网格。

在下一节中，我们将解释刚解析并上传到 GPU 的数据是如何通过 PBR 技术来渲染模型的。

1.5　PBR 技术简介

PBR 是许多渲染引擎的核心。它最初是为离线渲染开发的，但得益于硬件能力的提升和图形社区的研究努力，现在它也可以用于实时渲染。

正如其名称所示，这种技术旨在模拟光与物质的物理交互，并且在某些实现中，确保光照系统中的能量得到保持。

有许多资源可以详细描述 PBR。尽管如此，我们还是想简要介绍一下我们的实现方法以供参考。我们遵循了 glTF 规范中呈现的实现方式。

为了计算表面的最终颜色，我们需要确定漫反射（diffuse）和镜面反射（specular）组件。在现实世界中，表面的粗糙度决定了镜面反射的数量。表面越光滑，反射的光量就越大。例如镜子几乎反射它接收到的所有光。

表面的粗糙度是通过纹理来模拟的。在 glTF 格式中，这个值与金属度（metalness）和遮挡项（occlusion）一起打包在一个纹理中，以优化资源使用。我们将材质区分为导体（或金属）和电介质（非金属）表面。

金属材质只有镜面项，而非金属材质则有漫反射和镜面项。为了模拟同时具有金属和非金属成分的材质，我们使用金属度在两者之间进行插值。

由木头制成的物体金属度可能为 0，塑料会同时具有金属度和粗糙度，而汽车的车身则主要由金属成分构成。

在模拟材质对现实世界的反应时，我们需要一个函数，这个函数能够根据观察方向和光线方向来计算反射光的量。这个函数被称为**双向反射分布函数**（Bi-directional Reflectance Distribution Function，BRDF）。

我们使用 Trowbridge-Reitz/GGX 分布来实现镜面反射的 BRDF。具体实现如下：

```
float NdotH = dot(N, H);
float alpha_squared = alpha * alpha;
float d_denom = ( NdotH * NdotH ) * ( alpha_squared - 1.0 )
    + 1.0;
float distribution = ( alpha_squared * heaviside( NdotH ) )
    / ( PI * d_denom * d_denom );

float NdotL = dot(N, L);
float NdotV = dot(N, V);
float HdotL = dot(H, L);
float HdotV = dot(H, V);

float visibility = ( heaviside( HdotL ) / ( abs( NdotL ) +
  sqrt( alpha_squared + ( 1.0 - alpha_squared ) *
  ( NdotL * NdotL ) ) ) * ( heaviside( HdotV ) /
  ( abs( NdotV ) + sqrt( alpha_squared +
  ( 1.0 - alpha_squared ) *
  ( NdotV * NdotV ) ) ) );

float specular_brdf = visibility * distribution;
```

首先，我们根据 glTF 规范中提供的公式计算分布和可见性项。然后，将它们相乘，得到镜面反射 BRDF 项。

还有其他近似方法可以使用，我们鼓励你尝试并用不同方法替换我们的方法！

接着我们计算漫反射 BRDF，如下：

```
vec3 diffuse_brdf = (1 / PI) * base_colour.rgb;
```

现在我们引入菲涅尔（Fresnel）项。基于观察角度和材质的折射指数，这决定了反射颜色。这里是 Schlick 的近似实现，适用于金属和电介质组件：

```
// f0 in the formula notation refers to the base colour
   here
vec3 conductor_fresnel = specular_brdf * ( base_colour.rgb
  + ( 1.0 - base_colour.rgb ) * pow( 1.0 - abs( HdotV ),
    5 ) );

// f0 in the formula notation refers to the value derived
   from ior = 1.5
float f0 = 0.04; // pow( ( 1 - ior ) / ( 1 + ior ), 2 )
float fr = f0 + ( 1 - f0 ) * pow(1 - abs( HdotV ), 5 );
vec3 fresnel_mix = mix( diffuse_brdf, vec3(
                    specular_brdf ), fr );
```

我们根据 glTF 规范中的公式计算了导体和电介质组件的菲涅尔项。

现在我们已经计算了模型的所有组件，接下来根据材质的金属度进行插值：

```
vec3 material_colour = mix( resnel_mix,
                    conductor_fresnel, metalness );
```

遮挡项没有被使用，因为它只影响间接光，而我们还没有实现这一部分。

我们知道这是一个非常快速的介绍，因此跳过了很多使这些近似方法有效的理论讲解。然而，这些内容应该为进一步学习提供了一个良好的起点。

如果你想要尝试和修改我们的基础实现，可参考"扩展阅读"部分。

下一节将介绍一个我们在遇到各种不常见的渲染问题时依赖的调试工具。在撰写本书的过程中，它已经多次帮助我们了！

1.6 关于 GPU 调试的说明

无论你在图形编程方面有多少经验，总会有需要调试问题的时候。理解 GPU 在执行你的程序时到底在做什么并不像在 CPU 上那样直观。幸运的是，GPU 调试工具已经有了长足的进步，可以帮助我们解决程序表现不如预期的问题。

GPU 供应商提供了很好的工具来调试和分析着色器：Nvidia（英伟达）开发了 Nsight Graphics，而 AMD 则有一套工具，包括 Radeon GPU 分析器（analyzer）和 Radeon GPU 性能分析器（profiler）。

在本书中，我们主要使用 RenderDoc（可在 https://renderdoc.org/ 获取）。它是

图形编程社区的基本工具，因为它允许你捕捉一帧的画面，并记录在该画面期间发出的所有 Vulkan API 接口调用。

使用 RenderDoc 非常简单。你首先需要提供应用程序路径，如图 1-2 所示。

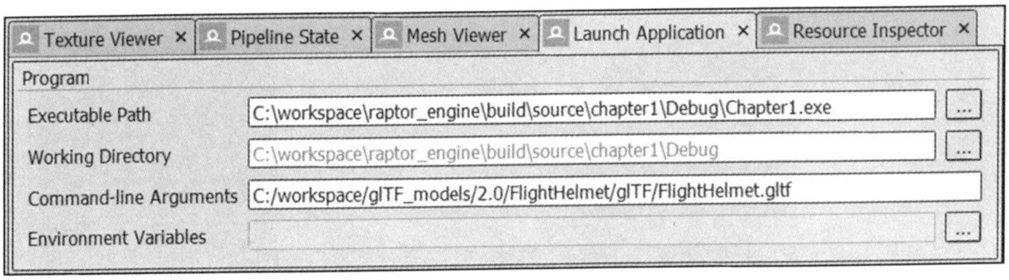

图 1-2　在 RenderDoc 中设置应用程序路径

然后，通过单击 **Launch**（启动）开始执行应用程序，你会看到一个覆盖层显示帧时间和渲染的帧数。如果你按下 F12 键，RenderDoc 将记录当前帧。现在你可以关闭应用程序，记录的帧将自动加载。

在界面左侧可以看到按渲染通道分组的 API 调用列表。这个视图还列出了**事件 ID**（EID），这是 RenderDoc 中定义的一个递增数字。这对于比较多个帧中的事件非常有用，如图 1-3 所示。

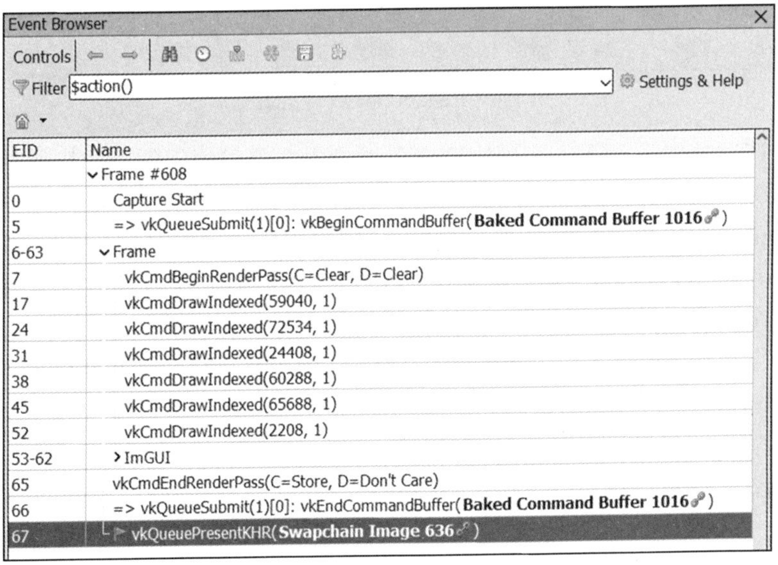

图 1-3　已捕获帧的 Vulkan API 调用列表

在应用程序窗口的右侧有多个标签页，可以查看在进行绘制调用时绑定了哪些纹理，以及缓冲区内容和流水线状态。

图 1-4 显示了 **Texture Viewer**（纹理查看器）标签页。它展示了给定绘制后的渲染输出，以及绑定了哪些输入纹理。

如果你在 **Texture Viewer** 标签页上右键单击一个像素，就可以查看该像素的历史，以了解哪些绘制操作影响了它。

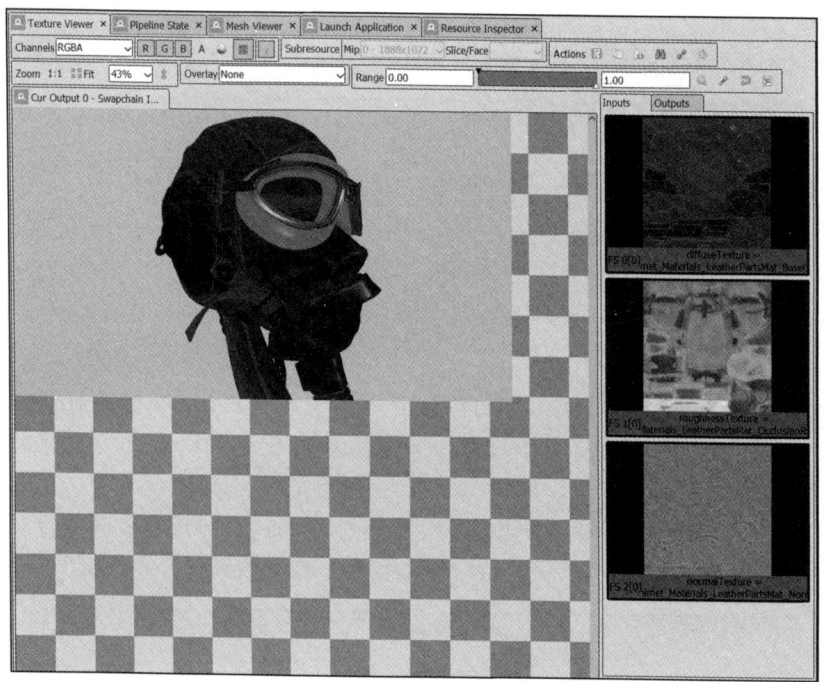

图 1-4 RenderDoc 纹理查看器

还有一个调试功能，允许你逐步执行着色器代码并分析中间值。使用此功能时需小心，因为我们注意到这些值并不总是准确的。

这是对 RenderDoc 及其功能的快速概述。你已经学会了如何在运行图形应用程序时使用 RenderDoc 捕获帧。我们介绍了主要面板的分解、它们的功能，以及如何使用它们来理解最终图像的渲染方式。

我们鼓励你在 RenderDoc 下运行本章的代码，以更好地理解帧的构建过程。

1.7 总结

在本章中，我们为本书其余部分奠定了基础。到目前为止，你应该已经熟悉了代码的结构以及如何使用它。我们介绍了 Raptor 引擎，并且提供了将在全书中使用的主要类和库的概览。

我们展示了 3D 模型的 glTF 格式以及如何将这种格式解析成将用于渲染的对象。我们简要介绍了 PBR 及其实现。最后，我们介绍了 RenderDoc 以及如何使用它来调试渲染问题或了解帧的构建方式。

在下一章中，我们将探讨如何改进资源管理！

1.8 扩展阅读

我们只是简要介绍了本章所涉及的主题。在这里，我们提供了一些资源链接，你可以通过这些资源了解更多关于本章中介绍的概念的信息，这些信息在书中非常有用。

虽然我们编写了自己的标准库替代品，但如果你正在启动自己的项目，那么还有其他选择。我们强烈推荐你查看由 Electronic Arts 开发的库（https://github.com/electronicarts/EASTL）。

- **Vulkan 规范**：https://www.khronos.org/registry/vulkan/specs/1.3-extensions/html/vkspec.html
- **glTF 格式**：
  - https://www.khronos.org/registry/glTF/specs/2.0/glTF-2.0.html
  - https://github.com/KhronosGroup/glTF-Sample-Viewer
- **glTF 库**：我们出于教育目的编写了自己的解析器。如果你正在启动自己的项目，我们建议评估这些库：
  - https://github.com/jkuhlmann/cgltf
  - https://github.com/code4game/libgltf
  - https://github.com/syoyo/tinygltfloader
- **关于 PBR 的资源**：
  - https://google.github.io/filament/Filament.html
  - https://blog.selfshadow.com/publications/s2012-shading-course/
  - https://pbr-book.org/

CHAPTER 2

第 2 章

优化资源管理

在本章中，我们将改进资源管理的方式，以便更容易处理可能具有不同数量纹理的材质。这种技术通常被称为无绑定（bindless），尽管这个说法并不完全准确。我们仍然需要绑定一个资源列表；然而，我们可以通过使用索引来访问它们，而不必具体指定在特定绘制过程中将使用哪些资源。

我们将要进行的第二项改进是自动化生成流水线布局（pipeline layout）。大型项目可能有数百甚至数千个着色器，这些着色器根据特定应用使用的材质组合编译出许多不同的变体。如果开发者在每次发生变化时都必须手动更新他们的流水线布局定义，那么很少有应用能够正常上市。本章介绍的实现依赖于 SPIR-V 二进制格式提供的信息。

最后，我们将在自己的 GPU 设备实现中添加流水线缓冲区（pipeline caching）。这种解决方案可以减少首次运行后流水线对象的创建时间，并且可以显著减少应用程序的加载时间。

本章讨论以下主题：
- 解锁和实现无绑定渲染
- 自动化流水线布局生成
- 通过流水线缓冲区减少加载时间

在本章结尾，你将了解如何在 Vulkan 中启用和使用无绑定资源。你还将能够解析 SPIR-V 二进制数据，以自动生成流水线布局。最后，你将能通过使用流水线缓冲区来加速你应用程序的加载时间。

2.1 技术要求

本章的代码可以在以下网址找到：https://github.com/PacktPublishing/Mastering-Graphics-Programming-with-Vulkan/tree/main/source/chapter2。

2.2 解锁和实现无绑定渲染

在前一章中，我们需要手动为每种材质绑定纹理。这也意味着，如果我们想支持需要不同数量纹理的不同类型材质，我们需要使用不同的着色器和流水线。

Vulkan 提供了一种机制，可以绑定一个纹理数组，这些纹理可以在多个着色器中使用。每个纹理都可以通过索引进行访问。在后续内容中，我们将突出展示我们对 GPU 设备实现所做的更改，以启用此功能，并描述如何使用它。

在接下来的小节中，我们首先将检查启用无绑定资源所需的扩展是否在给定 GPU 上可用。然后，我们将展示需要对描述符池（descriptor pool）创建和描述符集（descriptor set）更新所做的更改，以利用无绑定资源。最后一步是更新我们的着色器，以便在渲染中使用我们纹理数组的索引。

2.2.1 检查支持情况

即使是相对较旧的桌面 GPU，只要你的驱动程序是最新的，通常也应该支持 VK_EXT_descriptor_indexing 扩展。不过，验证扩展是否可用仍是一个好习惯，对于产品级别的实现，如果扩展不可用，提供一个使用标准绑定模型的备用代码路径也是必要的。

要验证你的设备是否支持此扩展，你可以使用以下代码，或者运行 Vulkan SDK 提供的 vulkaninfo 应用程序。有关如何安装 SDK 的详细信息，请参阅第 1 章。

首先，查询物理设备以确定 GPU 是否支持此扩展。以下代码部分完成了这一任务：

```
VkPhysicalDeviceDescriptorIndexingFeatures indexing
_features{ VK_STRUCTURE_TYPE_PHYSICAL_DEVICE_DESCRIPTOR
        _INDEXING_FEATURES, nullptr };
    VkPhysicalDeviceFeatures2 device_features{
        VK_STRUCTURE_TYPE_PHYSICAL_DEVICE_FEATURES_2,
            &indexing_features };
    vkGetPhysicalDeviceFeatures2( vulkan_physical_device,
                                 &device_features );

    bindless_supported = indexing_features.
                         descriptorBindingPartiallyBound &&
                         indexing_features.
                         runtimeDescriptorArray;
```

我们需要填充 VkPhysicalDeviceDescriptorIndexingFeatures 结构体，并将其链接到 VkPhysicalDeviceFeatures2 结构。当调用 vkGetPhysicalDeviceFeatures2 时，驱动程序将填充 indexing_features 变量的成员。为了检查描述符索引扩展是否得到支持，我们需要验证 descriptorBindingPartiallyBound 和 runtimeDescriptorArray 的值是否为真。

一旦确认扩展得到支持，我们就可以在创建设备时启用它：

```
VkPhysicalDeviceFeatures2 physical_features2 = {
    VK_STRUCTURE_TYPE_PHYSICAL_DEVICE_FEATURES_2 };
vkGetPhysicalDeviceFeatures2( vulkan_physical_device,
                             &physical_features2 );
```

```
VkDeviceCreateInfo device_create_info = {};
// same code as chapter 1
device_create_info.pNext = &physical_features2;

if ( bindless_supported ) {
    physical_features2.pNext = &indexing_features;
}

vkCreateDevice( vulkan_physical_device,
                &device_create_info,
                vulkan_allocation_callbacks,
                &vulkan_device );
```

我们需要将 `indexing_features` 变量链接到创建设备时使用的 `physical_features2` 变量。代码的其余部分与第 1 章的内容无异。

2.2.2 创建描述符池

下一步是创建一个描述符池，我们可以从中分配描述符集，这些描述符集支持在纹理绑定后更新其内容：

```
VkDescriptorPoolSize pool_sizes_bindless[] =
{
    { VK_DESCRIPTOR_TYPE_COMBINED_IMAGE_SAMPLER,
      k_max_bindless_resources },
    { VK_DESCRIPTOR_TYPE_STORAGE_IMAGE,
      k_max_bindless_resources },
};

pool_info.flags = VK_DESCRIPTOR_POOL_CREATE_UPDATE
                  _AFTER_BIND_BIT_EXT;
pool_info.maxSets = k_max_bindless_resources * ArraySize(
                    pool_sizes_bindless );
pool_info.poolSizeCount = ( u32 )ArraySize(
                          pool_sizes_bindless );
pool_info.pPoolSizes = pool_sizes_bindless;
vkCreateDescriptorPool( vulkan_device, &pool_info,
                        vulkan_allocation_callbacks,
                        &vulkan_bindless_descriptor_pool);
```

这里与第 1 章代码的主要区别是增加了 `VK_DESCRIPTOR_POOL_CREATE_UPDATE_AFTER_BIND_BIT_EXT` 标志。这个标志是必需的，以允许创建在绑定后可以更新的描述符集。

接下来，我们需要定义描述符集布局绑定：

```
const u32 pool_count = ( u32 )ArraySize(
                       pool_sizes_bindless );
VkDescriptorSetLayoutBinding vk_binding[ 4 ];

VkDescriptorSetLayoutBinding& image_sampler_binding =
```

```
    vk_binding[ 0 ];
image_sampler_binding.descriptorType = VK_DESCRIPTOR
                                      _TYPE_COMBINED
                                      _IMAGE_SAMPLER;
image_sampler_binding.descriptorCount =
    k_max_bindless_resources;
image_sampler_binding.binding = k_bindless_texture_binding;

VkDescriptorSetLayoutBinding& storage_image_binding =
    vk_binding[ 1 ];
storage_image_binding.descriptorType = VK_DESCRIPTOR
                                      _TYPE_STORAGE_IMAGE;
storage_image_binding.descriptorCount =
    k_max_bindless_resources;
storage_image_binding.binding = k_bindless_texture_binding
                                + 1;
```

请注意，`descriptorCount` 的值不再是 1，其需要适应我们可以使用的最大纹理数量。现在我们可以使用这些数据来创建一个描述符集布局：

```
VkDescriptorSetLayoutCreateInfo layout_info = {
    VK_STRUCTURE_TYPE_DESCRIPTOR_SET_LAYOUT_CREATE_INFO };
layout_info.bindingCount = pool_count;
layout_info.pBindings = vk_binding;
layout_info.flags = VK_DESCRIPTOR_SET_LAYOUT_CREATE
                    _UPDATE_AFTER_BIND_POOL_BIT_EXT;

VkDescriptorBindingFlags bindless_flags =
    VK_DESCRIPTOR_BINDING_PARTIALLY_BOUND_BIT_EXT |
        VK_DESCRIPTOR_BINDING_UPDATE_AFTER_BIND_BIT_EXT;
VkDescriptorBindingFlags binding_flags[ 4 ];

binding_flags[ 0 ] = bindless_flags;
binding_flags[ 1 ] = bindless_flags;

VkDescriptorSetLayoutBindingFlagsCreateInfoEXT
extended_info{
    VK_STRUCTURE_TYPE_DESCRIPTOR_SET_LAYOUT
        _BINDING_FLAGS_CREATE_INFO_EXT, nullptr };
extended_info.bindingCount = pool_count;
extended_info.pBindingFlags = binding_flags;

layout_info.pNext = &extended_info;

vkCreateDescriptorSetLayout( vulkan_device, &layout_info,
                             vulkan_allocation_callbacks,
                             &vulkan_bindless
                             _descriptor_layout );
```

这段代码与上一章中的版本非常相似；然而，我们增加了`bindless_flags`值，以启用对描述符集的部分更新。我们还需要将`VkDescriptorSetLayoutBindingFlagsCreateInfoEXT`结构体链接到`layout_info`变量中。最后，可以创建描述符集了，我们将在应用程序的整个生命周期中使用它：

```
VkDescriptorSetAllocateInfo alloc_info{
    VK_STRUCTURE_TYPE_DESCRIPTOR_SET_ALLOCATE_INFO };
alloc_info.descriptorPool = vulkan_bindless
                            _descriptor_pool;
alloc_info.descriptorSetCount = 1;
alloc_info.pSetLayouts = &vulkan_bindless_descriptor
                         _layout;

vkAllocateDescriptorSets( vulkan_device, &alloc_info,
                          &vulkan_bindless_descriptor_set
                        );
```

我们只需将迄今为止定义的值填充到`VkDescriptorSetAllocateInfo`结构体中，然后调用`vkAllocateDescriptorSets`。

2.2.3 更新描述符集

到目前为止，我们已经完成了大部分繁重的工作。当我们调用`GpuDevice::create_texture`时，新创建的资源会被添加到`texture_to_update_bindless`数组中：

```
if ( gpu.bindless_supported ) {
    ResourceUpdate resource_update{
        ResourceDeletionType::Texture,
            texture->handle.index, gpu.current_frame };
    gpu.texture_to_update_bindless.push( resource_update );
}
```

我们还可以将特定的采样器与给定的纹理关联起来。例如，当为特定材质加载纹理时，我们添加以下代码：

```
gpu.link_texture_sampler( diffuse_texture_gpu.handle,
                          diffuse_sampler_gpu.handle );
```

这将漫反射纹理与其采样器链接起来。这些信息将在下一段代码中使用，以确定我们是使用默认采样器，还是使用刚分配给纹理的采样器。

在处理下一帧之前，我们会更新前一节中创建的描述符集，加入任何新上传的纹理：

```
for ( i32 it = texture_to_update_bindless.size - 1;
      it >= 0; it-- ) {
    ResourceUpdate& texture_to_update =
        texture_to_update_bindless[ it ];

    Texture* texture = access_texture( {
```

```
                            texture_to_update.handle } );
    VkWriteDescriptorSet& descriptor_write =
        bindless_descriptor_writes[ current_write_index ];
    descriptor_write = {
        VK_STRUCTURE_TYPE_WRITE_DESCRIPTOR_SET };
    descriptor_write.descriptorCount = 1;
    descriptor_write.dstArrayElement =
        texture_to_update.handle;
    descriptor_write.descriptorType =
        VK_DESCRIPTOR_TYPE_COMBINED_IMAGE_SAMPLER;
    descriptor_write.dstSet =
        vulkan_bindless_descriptor_set;
    descriptor_write.dstBinding =
        k_bindless_texture_binding;

    Sampler* vk_default_sampler = access_sampler(
                                    default_sampler );
    VkDescriptorImageInfo& descriptor_image_info =
        bindless_image_info[ current_write_index ];

    if ( texture->sampler != nullptr ) {
        descriptor_image_info.sampler =
        texture->sampler->vk_sampler;
    }
    else {
        descriptor_image_info.sampler =
        vk_default_sampler->vk_sampler;
    }

    descriptor_image_info.imageView =
        texture->vk_format != VK_FORMAT_UNDEFINED ?
        texture->vk_image_view : vk_dummy_texture->
        vk_image_view;
    descriptor_image_info.imageLayout =
        VK_IMAGE_LAYOUT_SHADER_READ_ONLY_OPTIMAL;
    descriptor_write.pImageInfo = &descriptor_image_info;

    texture_to_update.current_frame = u32_max;

    texture_to_update_bindless.delete_swap( it );

    ++current_write_index;
}
```

前面的代码与之前的版本非常相似。我们强调了主要的不同点：采样器的选择（正如前面所提到的），以及如果槽位为空则使用虚拟纹理（dummy texture）。我们仍然需要为每个槽位分配一个纹理，因此如果没有指定纹理，就使用虚拟纹理。这也有助于发现场景中缺失的纹理。

如果你更喜欢拥有一个紧凑的纹理数组，另一个选项是启用VK_DESCRIPTOR_BINDING_VARIABLE_DESCRIPTOR_COUNT_BIT_EXT标志，并在创建描述符集时链接一个VkDescriptorSetVariableDescriptorCountAllocateInfoEXT结构体。我们已经有了一些初步的代码来启用这个功能，我们鼓励你完成实现！

2.2.4　更新着色器代码

使用无绑定渲染的最后一部分是在着色器代码中，因为它需要以不同的方式编写。

所有使用无绑定资源的着色器的步骤都是相似的，将它们定义在一个公共头文件中会很有帮助。不幸的是，这并不完全被 **OpenGL 着色语言**（OpenGL Shading Language，GLSL）支持。

我们建议在引擎代码中编译着色器时自动化这一步骤。

首先需要在 GLSL 代码中启用非统一限定符：

```
#extension GL_EXT_nonuniform_qualifier : enable
```

这将在当前着色器中启用扩展，而不是全局启用；因此，它必须在每个着色器中都编写一次。

以下代码声明了正确的无绑定纹理，但有一个技巧：

```
layout ( set = 1, binding = 10 ) uniform sampler2D global_textures[];
layout ( set = 1, binding = 10 ) uniform sampler3D global_textures_3d[];
```

这是一个已知的技巧，用于将纹理声明别名到相同的绑定点。这使我们只需要一个全局无绑定纹理数组，但同时支持各种类型的纹理（一维、二维、三维及其数组对应物）！

这简化了在整个引擎和着色器中使用无绑定纹理的过程。

最后，为了读取纹理，需要按照以下步骤修改着色器中的代码：

```
texture(global_textures[nonuniformEXT(texture_index)],
        vTexcoord0)
```

我们将遵循以下顺序：

1. 首先，我们需要一个来自常量的整数索引。在这种情况下，`texture_index`将包含与无绑定数组中纹理位置相同的数字。

2. 其次，这是一个关键的变化，我们需要使用`nonuniform EXT`限定符（https://github.com/KhronosGroup/GLSL/blob/master/extensions/ext/GL_EXT_nonuniform_qualifier.txt）来包装索引；这实际上是为了在不同执行线程中同步程序，以便在同一着色器调用的不同线程中索引不同时，能够正确读取纹理索引。

这可能一开始听起来很复杂，但可以将其视为一个需要同步的多线程问题，以确保每个线程中都能读取正确的纹理索引，从而使用正确的纹理。

3. 最后，使用我们从全局纹理数组（`global_textures`）中读取的同步索引，我们终于得到了想要的纹理样本！

我们现在已经在 Raptor 引擎中增加了无绑定纹理的支持！首先，我们检查了 GPU 是否支持这一功能。接着，我们详细介绍了对描述符池和描述符集的创建过程所做的更改。

最后，我们展示了随着新纹理上传到 GPU，描述符集是如何更新的，以及为使用无绑定纹理而进行的必要着色器修改。从现在开始，所有的渲染都将使用这一功能；因此，这个概念将变得越来越熟悉。

接下来，我们将通过解析着色器的二进制数据来增加自动流水线生成，继而提升我们引擎的能力。

2.3 自动化流水线布局生成

在本节中，我们将利用 SPIR-V 二进制格式提供的数据来提取创建流水线布局所需的信息。SPIR-V 是着色器源代码在传递给 GPU 之前编译成的**中间表示层**（Intermediate Representation，IR）。

标准的 GLSL 着色器源代码是纯文本格式，SPIR-V 则是一种二进制格式。这意味着在分发应用程序时，使用 SPIR-V 是一种更紧凑的格式。更重要的是，开发者不必担心他们的着色器会因为其代码运行时所在的 GPU 和驱动程序的不同而被编译成不同的高级指令集。

然而，SPIR-V 的二进制文件并不包含 GPU 最终执行的指令。每个 GPU 都会接收一个 SPIR-V 的数据块，并最终编译成 GPU 指令。这一步骤仍然是必需的，因为不同的 GPU 和驱动程序的版本可能会为同一个 SPIR-V 二进制文件生成不同的汇编代码。

将 SPIR-V 作为中间步骤仍然是一个很大的进步。着色器代码的验证和解析可以离线完成，开发者可以与他们的应用程序代码一起编译他们的着色器。这使我们能够在尝试真正运行着色器代码之前，发现任何语法错误。

拥有中间表示层的另一个好处是能够将用不同语言编写的着色器编译成 SPIR-V，以便它们可以与 Vulkan 一起使用。例如，我们可以将 HLSL 编写的着色器编译成 SPIR-V，并在 Vulkan 渲染器中重复使用。

在这个选项出现之前，开发者要么需要手动移植代码，要么必须依赖于将着色器从一种语言重写到另一种语言的工具。

到目前为止，引入 SPIR-V 所带来的优势以及对 Vulkan API 的帮助，已经足够让大家信服了。

在接下来的内容中，我们将使用一个着色器来展示如何将其编译为 SPIR-V，并解释如何使用二进制数据中的信息来自动生成一个流水线布局。

2.3.1 将 GLSL 编译为 SPIR-V

我们将使用第 1 章中开发的顶点（vertex）着色器代码。在此之前，我们将着色器代码字符串存储在 `main.cpp` 文件中，在将它传递给 Vulkan API 以创建流水线时，我们没有将其编译为 SPIR-V。

从本章开始,我们将所有着色器代码存储在每个章节的 shaders 文件夹中。对于第 2 章,你将找到两个文件:main.vert 用于顶点着色器,main.frag 用于片段着色器。以下是 main.vert 的内容:

```
#version 450

layout ( std140, binding = 0 ) uniform LocalConstants {
    mat4        model;
    mat4        view_projection;
    mat4        model_inverse;
    vec4        eye;
    vec4        light;
};

layout(location=0) in vec3 position;
layout(location=1) in vec4 tangent;
layout(location=2) in vec3 normal;
layout(location=3) in vec2 texCoord0;

layout (location = 0) out vec2 vTexcoord0;
layout (location = 1) out vec3 vNormal;
layout (location = 2) out vec4 vTangent;
layout (location = 3) out vec4 vPosition;

void main() {
    gl_Position = view_projection * model * vec4(position, 1);
    vPosition = model * vec4(position, 1.0);
    vTexcoord0 = texCoord0;
    vNormal = mat3(model_inverse) * normal;
    vTangent = tangent;
}
```

这段代码对于顶点着色器来说相当标准。我们有四个数据流,分别是位置(position)、切线(tangent)、法线(normal)和纹理坐标(texture coordinate)。我们还定义了 LocalConstants 这个统一缓冲区变量,用于存储所有顶点共有的数据。最后,我们定义了将要传递给片段着色器的输出(out)变量。

Vulkan SDK 提供了将 GLSL 编译成 SPIR-V,以及将生成的 SPIR-V 反汇编成人类可读形式的工具。这在调试表现不如预期的着色器时非常有用。

要编译我们的顶点着色器,可以运行以下命令:

glslangValidator -V main.vert -o main.vert.spv

这将生成一个包含二进制数据的 main.vert.spv 文件。要以人类可读的格式查看此文件的内容,我们运行以下命令:

```
spirv-dis main.vert.spv
```

这个命令将在终端上打印出反汇编的 SPIR-V。我们现在将检查输出的相关部分。

2.3.2 理解 SPIR-V 的输出内容

从输出的最顶部开始，我们首先得到的信息如下：

```
       OpCapability Shader
%1 =   OpExtInstImport "GLSL.std.450"
       OpMemoryModel Logical GLSL450
       OpEntryPoint Vertex %main "main" %_ %position
       %vPosition %vTexcoord0 %texCoord0 %vNormal %normal
       %vTangent %tangent
       OpSource GLSL 450
       OpName %main "main"
```

这段前言定义了用于编写着色器的 GLSL 版本。`OpEntryPoint` 指令引用了主函数，并列出了着色器的输入和输出。按照惯例，变量前会加上前缀 `%`，并且可以预先声明变量，之后再进行定义。

接下来将定义这个着色器中可用的输出变量：

```
OpName %gl_PerVertex "gl_PerVertex"
OpMemberName %gl_PerVertex 0 "gl_Position"
OpMemberName %gl_PerVertex 1 "gl_PointSize"
OpMemberName %gl_PerVertex 2 "gl_ClipDistance"
OpMemberName %gl_PerVertex 3 "gl_CullDistance"
OpName %_ ""
```

这些变量是由编译器自动注入的，由 GLSL 规范定义。可以看到我们有一个名为 `gl_PerVertex` 的结构体，它包含四个成员：`gl_Position`（位置）、`gl_PointSize`（点大小）、`gl_ClipDistance`（裁剪距离）和 `gl_CullDistance`（剔除距离）。此外，还有一个未命名的变量被定义为 `%_`。我们很快就会发现它指的是什么。

现在来看看我们定义的结构体：

```
OpName %LocalConstants "LocalConstants"
OpMemberName %LocalConstants 0 "model"
OpMemberName %LocalConstants 1 "view_projection"
OpMemberName %LocalConstants 2 "model_inverse"
OpMemberName %LocalConstants 3 "eye"
OpMemberName %LocalConstants 4 "light"
OpName %__0 ""
```

这里，可以看到我们的 `LocalConstants` 变量的入口，它的成员，以及它们在结构体中的位置。我们也再次看到了一个未命名的 `%__0` 变量。我们很快就会讲到这个。SPIR-V 允许你定义成员装饰（member decoration），以提供有助于确定数据布局和结构体内位置的附加信息：

```
OpMemberDecorate %LocalConstants 0 ColMajor
OpMemberDecorate %LocalConstants 0 Offset 0
OpMemberDecorate %LocalConstants 0 MatrixStride 16
OpMemberDecorate %LocalConstants 1 ColMajor
OpMemberDecorate %LocalConstants 1 Offset 64
OpMemberDecorate %LocalConstants 1 MatrixStride 16
OpMemberDecorate %LocalConstants 2 ColMajor
OpMemberDecorate %LocalConstants 2 Offset 128
OpMemberDecorate %LocalConstants 2 MatrixStride 16
OpMemberDecorate %LocalConstants 3 Offset 192
OpMemberDecorate %LocalConstants 4 Offset 208
OpDecorate %LocalConstants Block
```

通过这些入口数据，我们可以开始对结构体中每个成员的类型进行一些推断。比如，我们可以确定前三个条目是矩阵。而最后一个条目则只包含一个偏移。

偏移值对我们来说是最重要的值，因为它让我们知道每个成员的确切起始位置。这在数据从 CPU 传输到 GPU 时至关重要，因为每个成员的对齐规则可能不同。

接下来两行定义了我们结构体的描述符集和绑定信息：

```
OpDecorate %__0 DescriptorSet 0
OpDecorate %__0 Binding 0
```

如你所见，这些修饰符指向了未命名的 %__0 变量。现在我们来到了定义变量类型的部分：

```
%float = OpTypeFloat 32
%v4float = OpTypeVector %float 4
%uint = OpTypeInt 32 0
%uint_1 = OpConstant %uint 1
%_arr_float_uint_1 = OpTypeArray %float %uint_1
%gl_PerVertex = OpTypeStruct %v4float %float
                %_arr_float_uint_1 %_arr_float_uint_1
%_ptr_Output_gl_PerVertex = OpTypePointer Output
                            %gl_PerVertex
%_ = OpVariable %_ptr_Output_gl_PerVertex Output
```

对于每个变量，我们都有其类型，并且根据类型还有一些相关的附加信息。例如，变量 %float 是 32 位浮点数（float）类型；变量 %v4float 是向量（vector）类型，并且包含 4 个 %float 的值。

它对应于 GLSL 中的 vec4。接下来，我们定义一个无符号、值为 1 的常量，以及一个长度为 1 且固定大小的浮点数类型数组。

接着是 %gl_PerVertex 变量的定义。它是结构体（struct）类型，并且如我们之前所见，它有四个成员。它们的类型分别是 vec4（用于 gl_Position），浮点数（用于 gl_PointSize），以及 float[1] 浮点数组（用于 gl_ClipDistance 和 gl_CullDistance）。

SPIR-V 规范要求每个可读写的变量都必须通过指针来引用。这正是我们在 %_ptr_Output_gl_PerVertex 中看到的情况：它是指向 gl_PerVertex 结构体的指针。最后，我们可以看到未命名的 %_ 变量的类型也是指向 gl_PerVertex 结构体的指针。

最后，我们有了自己的统一数据类型定义：

```
%LocalConstants = OpTypeStruct %mat4v4float %mat4v4float
                  %mat4v4float %v4float %v4float
%_ptr_Uniform_LocalConstants = OpTypePointer Uniform
                                %LocalConstants
%__0 = OpVariable %_ptr_Uniform_LocalConstants
       Uniform
```

如前所述，我们可以看到 `%LocalConstants` 是一个结构体，包含五个成员，其中三个是 `mat4` 类型，两个是 `vec4` 类型。接着是对我们的统一结构体指针的类型定义，最后是这种类型的 `%__0` 变量。请注意，这个变量具有 `Uniform` 属性。这意味着它是只读的，我们稍后将利用这一信息来确定要添加到流水线布局中的描述符的类型。

其余的反汇编内容中包含输入和输出变量的定义。它们的定义的结构与我们迄今为止看到的变量相同，因此我们不打算在这里分析所有内容。

反汇编过程还包含着色器主体的指令。虽然学习 GLSL 代码如何被翻译成 SPIR-V 指令是有趣的，但这一细节与流水线创建无关，我们不打算在这里讨论。

接下来，我们将展示如何利用所有这些数据来自动化流水线的创建。

2.3.3 从 SPIR-V 到流水线布局

Khronos 已经提供了相应功能，可以解析 SPIR-V 数据以创建流水线布局。你可以在下面的地址中找到实现代码：https://github.com/KhronosGroup/SPIRV-Reflect。在本书中，我们决定编写一个简化版本的解析器，我们认为这个版本更容易理解，因为我们只关注少数几个条目。

你可以在源代码的 source/chapter2/graphics/spirv_parser.cpp 中找到实现。让我们看看使用这个 API 的方法以及它的内部工作原理：

```
spirv::ParseResult parse_result{ };
spirv::parse_binary( ( u32* )spv_vert_data,
                     spv_vert_data_size, name_buffer,
                     &parse_result );
spirv::parse_binary( ( u32* )spv_frag_data,
                     spv_frag_data_size, name_buffer,
                     &parse_result );
```

这里，我们假设顶点和片段着色器的二进制数据已经被读入变量 `spv_vert_data` 和 `spv_frag_data` 中。我们需要定义一个空的 `spirv::ParseResult` 结构体，这个结构体将包含解析的结果。它的定义非常简单：

```
struct ParseResult {
    u32 set_count;
    DescriptorSetLayoutCreation sets[MAX_SET_COUNT];
};
```

它包含了我们从二进制数据中识别出的所有描述符集的数量以及每个集合的条目列表。

解析的第一步是，确保我们读取的是有效的 SPIR-V 数据：

```
u32 spv_word_count = safe_cast<u32>( data_size / 4 );

u32 magic_number = data[ 0 ];
RASSERT( magic_number == 0x07230203 );

u32 id_bound = data[3];
```

首先，我们计算二进制文件中包含的 32 位字词（word）数据的数量。然后，我们验证前四个字节是否与用来标识 SPIR-V 二进制文件的魔数匹配。最后，我们检索二进制文件中定义的 ID 数量。

接着，我们遍历二进制文件中的所有字词，以检索我们需要的信息。每个 ID 定义都以 Op（操作）类型，以及它所包含的字词数量开始：

```
SpvOp op = ( SpvOp )( data[ word_index ] & 0xFF );
u16 word_count = ( u16 )( data[ word_index ] >> 16 );
```

Op 类型存储在字词数据的底部 16 位，而字词数则存储在顶部 16 位。接下来，我们解析自己感兴趣的 Op 类型的数据。本节不会涵盖所有 Op 类型，因为每个类型的结构是相同的。我们建议你参考 SPIR-V 规范（相应链接参见 2.6 节）以获取每种 Op 类型的更多细节。

我们从当前正在解析的着色器类型开始：

```
case ( SpvOpEntryPoint ):
{
    SpvExecutionModel model = ( SpvExecutionModel )data[
                                word_index + 1 ];

    stage = parse_execution_model( model );

    break;
}
```

我们提取其中的执行模型，将其转换为 `VkShaderStageFlags` 值，并将其存储在 `stage` 变量中。

接下来，我们解析描述符集索引和绑定：

```
case ( SpvOpDecorate ):
{
    u32 id_index = data[ word_index + 1 ];

    Id& id= ids[ id_index ];

    SpvDecoration decoration = ( SpvDecoration )data[
                                word_index + 2 ];
    switch ( decoration )
    {
        case ( SpvDecorationBinding ):
```

```
            {
                id.binding = data[ word_index + 3 ];
                break;
            }

            case ( SpvDecorationDescriptorSet ):
            {
                id.set = data[ word_index + 3 ];
                break;
            }
        }

        break;
    }
```

首先，我们检索 ID 的索引。如前所述，变量可以提前声明，我们可能需要多次更新同一个 ID 的值。接着，我们获取 decoration 的值。这里我们只关心描述符集索引（SpvDecoration DescriptorSet）和绑定（SpvDecorationBinding），并将它们的值存储在此 ID 的条目中。

我们将举一个变量类型的例子：

```
case ( SpvOpTypeVector ):
{
    u32 id_index = data[ word_index + 1 ];

    Id& id = ids[ id_index ];
    id.op = op;
    id.type_index = data[ word_index + 2 ];
    id.count = data[ word_index + 3 ];

    break;
}
```

在反汇编内容中可以看到，向量是由其条目类型和数量定义的。我们将它们存储在 ID 结构的 `type_index` 和 `count` 成员中。在这里，我们还可以看到一个 ID 如何在需要时引用另一个 ID。`type_index` 成员存储了 ids 数组中另一个条目的索引，稍后可以用来检索额外的类型信息。

接下来，我们有一个采样器的定义：

```
case ( SpvOpTypeSampler ):
{
    u32 id_index = data[ word_index + 1 ];
    RASSERT( id_index < id_bound );

    Id& id = ids[ id_index ];
    id.op = op;

    break;
}
```

我们只需要为这个条目存储 Op 类型。最后，我们有一个变量类型的条目（SpvOpVariable）：
```
case ( SpvOpVariable ):
{
    u32 id_index = data[ word_index + 2 ];

    Id& id= ids[ id_index ];
    id.op = op;
    id.type_index = data[ word_index + 1 ];
    id.storage_class = ( SpvStorageClass )data[
                        word_index + 3 ];

    break;
}
```
此条目的相关信息包括类型索引（type_index），它总是指向一个指针（pointer）类型的条目，以及存储类（storage_class）。该存储类告诉我们哪些条目是我们感兴趣的变量，哪些是我们可以跳过的。

这正是代码下一部分正在做的事情。在解析完所有的 ID 后，我们遍历每一个 ID 条目并识别出感兴趣的那些对象。我们首先识别出所有的变量：
```
for ( u32 id_index = 0; id_index < ids.size; ++id_index ) {
    Id& id= ids[ id_index ];

    if ( id.op == SpvOpVariable ) {
```
接着，我们使用变量存储类来确定它是不是一个统一变量：
```
switch ( id.storage_class ) {
    case ( SpvStorageClassUniform ):
    case ( SpvStorageClassUniformConstant ):
    {
```
我们只关注 Uniform 变量和 UniformConstant 变量。接着，我们会检索 uniform 类型。请记住，检索变量的实际类型需要双重间接操作：首先，我们获取指针类型，然后从指针类型中得到变量的真实类型。我们已经重点显示了执行此操作的代码：
```
Id& uniform_type = ids[ ids[ id.type_index ].type_index ];

DescriptorSetLayoutCreation& setLayout =
parse_result->sets[ id.set ];
setLayout.set_set_index( id.set );

DescriptorSetLayoutCreation::Binding binding{ };
binding.start = id.binding;
binding.count = 1;
```
在获取类型之后，我们会为这个变量所属的集合获取 DescriptorSetLayoutCreation （描述符集布局创建）条目。然后，我们创建一个新的 binding 条目并存储 binding 值。我们总是假设每个资源的 `count` 为 1。

在最后一步中，我们确定这个绑定的资源类型，并将其条目添加到集合布局中：

```
switch ( uniform_type.op ) {
    case (SpvOpTypeStruct):
    {
        binding.type = VK_DESCRIPTOR_TYPE_UNIFORM_BUFFER;
        binding.name = uniform_type.name.text;
        break;
    }

    case (SpvOpTypeSampledImage):
    {
        binding.type = VK_DESCRIPTOR_TYPE_COMBINED
        _IMAGE_SAMPLER;
        binding.name = id.name.text;
        break;
    }
}

setLayout.add_binding_at_index( binding, id.binding );
```

我们使用 `Op` 类型来确定我们找到的资源的类型。到目前为止，我们只关注统一缓冲区的结构体（`struct`）和用于纹理的采样图像（`SampledImage`）。我们将在本书剩余部分根据需要添加对更多类型的支持。

虽然我们可以区分统一缓冲区和存储缓冲区，但二进制数据中无法确定缓冲区是否是动态的。在我们的实现中，应用程序代码需要指定这一细节。

另一种方法是使用命名约定（例如，使用 `dyn_` 前缀表示动态缓冲区），这样动态缓冲区就可以被自动识别。

到这里，已经标志着我们结束了对 SPIR-V 二进制格式的介绍。可能你需要多读几遍才能完全理解它的工作原理，但不用担心，我们也是经过了几次迭代才完全理解它！

了解如何解析 SPIR-V 数据是自动化图形开发其他方面的重要工具。例如，它可以用来自动生成 C++ 头文件，以保持 CPU 和 GPU 结构体的同步。我们鼓励你扩展我们的实现，以添加你可能需要的功能支持！

在本节中，我们解释了如何将着色器源代码编译成 SPIR-V。我们也展示了 SPIR-V 二进制格式的组织方式以及如何解析这些数据，以帮助我们自动创建流水线布局。

下一节，我们将为我们的 GPU 设备实现添加流水线缓冲区。

2.4 通过流水线缓冲区减少加载时间

每次我们创建一个图形流水线，或者在较小程度上，创建一个计算流水线时，驱动程序都需要分析并编译我们提供的着色器。它还需要检查我们在创建结构中定义的状态，并将其转换为指令来编程 GPU 的不同单元。这个过程相当耗时，这也是在 Vulkan 中我们必须提前定义大部分流水线状态的原因之一。

本节我们将在 GPU 设备实现中添加流水线缓冲区，以减少加载时间。如果你的应用程序需要创建数千个流水线，可能会导致显著的启动时间，或者游戏中关卡之间的长时间加载。

本节描述的技术将有助于减少创建流水线所花费的时间。你首先会注意到的变化是，GpuDevice::create_pipeline 方法会接受一个新的可选参数，该参数定义了流水线缓冲区文件的路径：

```
GpuDevice::create_pipeline( const PipelineCreation&
                            creation, const char*
                            cache_path )
```

接着，我们需要定义 VkPipelineCache 结构：

```
VkPipelineCache pipeline_cache = VK_NULL_HANDLE;
VkPipelineCacheCreateInfo pipeline_cache_create_info {
    VK_STRUCTURE_TYPE_PIPELINE_CACHE_CREATE_INFO };
```

下一步是检查流水线缓冲区文件是否已经存在。如果存在，我们加载文件数据并将其添加到流水线缓冲区的创建中：

```
FileReadResult read_result = file_read_binary( cache_path,
                                               allocator );

pipeline_cache_create_info.initialDataSize =
    read_result.size;
pipeline_cache_create_info.pInitialData = read_result.data;
```

如果文件不存在，我们无须对创建结构进行任何进一步的修改。现在我们可以调用 vkCreatePipelineCache：

```
vkCreatePipelineCache( vulkan_device,
                       &pipeline_cache_create_info,
                       vulkan_allocation_callbacks,
                       &pipeline_cache );
```

这将返回一个 VkPipelineCache 对象的句柄，我们将在创建流水线对象时使用它：

```
vkCreateGraphicsPipelines( vulkan_device, pipeline_cache,
                           1, &pipeline_info,
                           vulkan_allocation_callbacks,
                           &pipeline->vk_pipeline );
```

我们也可以对计算流水线执行相同的操作：

```
vkCreateComputePipelines( vulkan_device, pipeline_cache, 1,
                          &pipeline_info,
                          vulkan_allocation_callbacks,
                          &pipeline->vk_pipeline );
```

如果我们已经加载了一个流水线缓冲区文件，那么驱动程序将使用这些数据来加速流水线的创建。另一方面，如果这是我们第一次创建指定的流水线，那么现在可以查询并存储流水线缓冲区数据，以便日后复用：

```
sizet cache_data_size = 0;
vkGetPipelineCacheData( vulkan_device, pipeline_cache,
                       &cache_data_size, nullptr );
void* cache_data = allocator->allocate( cache_data_size, 64 );
vkGetPipelineCacheData( vulkan_device, pipeline_cache,
                       &cache_data_size, cache_data );

file_write_binary( cache_path, cache_data, cache_data_size );
```

首先，我们调用vkGetPipelineCacheData函数，数据成员处传入nullptr，以获取缓冲区数据大小。然后，我们分配必要的内存来存储缓冲区数据，并再次调用vkGetPipelineCacheData，这次传入一个指向存储缓冲区数据的内存的指针。最后，我们将这些数据写入调用GpuDevice::create_pipeline时指定的文件中。

我们已经完成了流水线缓冲区数据结构体的相关工作，现在可以将其销毁了：

```
vkDestroyPipelineCache( vulkan_device, pipeline_cache,
                        vulkan_allocation_callbacks );
```

在总结之前，我们想提及流水线缓冲区的一个缺点。缓冲区中的数据由每个供应商的驱动程序实现来控制。当发布新的驱动程序版本时，缓冲区的数据格式可能会改变，与之前存储在缓冲区文件中的数据不兼容。在这种情况下，拥有一个缓冲区文件可能没有任何好处，因为驱动程序无法使用它。

因此，每个驱动程序都必须在缓冲区数据前加上以下标题：

```
struct VkPipelineCacheHeaderVersionOne {
    uint32_t                      headerSize;
    VkPipelineCacheHeaderVersion  headerVersion;
    uint32_t                      vendorID;
    uint32_t                      deviceID;
    uint8_t                       pipeline
                                  CacheUUID[VK_UUID_SIZE];
}
```

当我们从磁盘加载缓冲区数据时，可以将头部的值与运行时所在的驱动程序和GPU返回的值进行比较：

```
VkPipelineCacheHeaderVersionOne* cache_header =
    (VkPipelineCacheHeaderVersionOne*)read_result.data;

if ( cache_header->deviceID == vulkan_physical
    _properties.deviceID && cache_header->vendorID ==
    vulkan_physical_properties.vendorID &&
    memcmp( cache_header->pipelineCacheUUID,
    vulkan_physical_properties.pipelineCacheUUID,
    VK_UUID_SIZE ) == 0 ) {
    pipeline_cache_create_info.initialDataSize =
```

```
        read_result.size;
    pipeline_cache_create_info.pInitialData =
        read_result.data;
}
else
{
    cache_exists = false;
}
```

如果头部的值与运行时所使用的设备的值匹配，我们会像以前一样使用缓冲区数据。如果不匹配，我们就当作缓冲区不存在，等到流水线创建后再存储一个新版本。

在本节，我们展示了如何利用流水线缓冲区来加速运行时的流水线创建。我们强调了对 GPU 设备实现所做的更改，以利用这一功能，以及它在本章代码中的应用方式。

2.5 总结

在本章中，我们改进了 GPU 设备的实现，使其更容易管理大量的纹理和无绑定资源。我们解释了需要哪些扩展，并详细说明了在创建描述符集布局时需要做哪些更改，以便使用无绑定资源。接着，我们展示了在创建描述符集以更新使用中的纹理数组时需要做的更改。

随后，通过解析由 glslang 编译器为我们的着色器生成的 SPIR-V 二进制文件，我们添加了自动化流水线布局生成。我们提供了对 SPIR-V 二进制数据格式的概述，并解释了如何解析它以提取绑定到着色器的资源，以及如何使用这些信息来创建流水线布局。

最终，我们通过添加流水线缓冲区来增强我们的流水线创建 API 函数，继而改进应用程序首次运行后的加载时间。我们介绍了生成或加载流水线缓冲区数据所需的 Vulkan API。我们还解释了流水线缓冲区的一些限制以及如何处理这些限制。

本章介绍的所有技术都有一个共同的目标，那就是使处理大型项目变得更加容易，并且在对我们的着色器或材质进行更改时将手动代码更改量降到最低。

在下一章中，我们将继续扩展自己的引擎，通过添加多线程来记录多个命令缓冲区或并行提交多个工作负载到 GPU。

2.6 扩展阅读

我们只涵盖了 SPIR-V 规范的一小部分。如果你想根据自己的需求扩展我们的解析器实现，我们强烈推荐你参考官方规范：https://www.khronos.org/registry/SPIR-V/specs/unified1/SPIRV.html。

我们为本章编写了一个自定义的 SPIR-V 解析器，主要是出于教育目的。对于你自己的项目，我们推荐使用 Khronos 提供的现有反射库：https://github.com/KhronosGroup/SPIRV-Reflect。

它提供了本章描述的功能，可以推断出着色器二进制文件的流水线布局，以及许多其他特性。

第 3 章

解锁多线程技术

在本章中，我们将讨论如何为 Raptor 引擎添加多线程功能。

这需要对底层架构进行重大更改，并进行一些特定于 Vulkan 的更改和同步工作，以便 CPU 和 GPU 的不同核心能以最正确和最快的方式协同工作。

多线程渲染是多年来多次讨论的话题，自从多核架构时代爆发以来，大多数游戏引擎都需要这一功能。像 PlayStation 2 和 Sega Saturn（世嘉土星）这样的游戏机已经提供了多线程支持，后续世代提供了越来越多的核心，而开发者能够充分利用这些核心。

游戏引擎中多线程渲染的最初迹象可以追溯到 2008 年，当时 Christer Ericson 在博客文章（https://realtimecollisiondetection.net/blog/?p=86）中介绍了这个功能，并展示了如何并行化和优化用于在屏幕上渲染对象的命令生成过程。

早期的 API 如 OpenGL 和 DirectX（截至版本 11）并没有提供适当的多线程支持，主要是因为它们是大型状态机，通过全局上下文追踪每个命令后的每次变更。尽管如此，不同对象间的命令生成可能只需要几毫秒，因此多线程已经在性能上带来了很大的提升。

幸运的是，Vulkan 完全支持多线程命令缓冲区。从 Vulkan API 的架构角度来看，这里要特别提到 VkCommandBuffer 类的创建。

到目前为止，Raptor 引擎还是一个单线程应用，因此需要进行一些架构更改以完全支持多线程。在本章中，我们将看到这些变化，学习如何使用一个基于任务的多线程库 enkiTS，然后实现异步资源加载和多线程命令记录。

本章讨论以下主题：

❑ 如何使用基于任务的多线程库。
❑ 如何异步加载资源。
❑ 如何在并行线程中绘制。

到本章结束时，我们将学会如何同时运行用于加载资源和在屏幕上绘制对象的并发任务。通过学习如何使用基于任务的多线程系统，我们将能够在未来的章节中执行其他并行任务。

3.1 技术要求

本章的代码可以在以下网址找到：https://github.com/PacktPublishing/Mastering-Graphics-Programming-with-Vulkan/tree/main/source/chapter3。

3.2 使用 enkiTS 实现基于任务的多线程

为了实现并行性，我们需要理解一些基本概念，以及关于本章架构发展的选择。首先，我们应该注意，当在软件工程中谈论并行性时，我们指的是同时执行代码块的行为。

这是因为现代硬件拥有可以独立操作的不同单元，而操作系统则配备了称为**线程**（thread）的专用执行单元。

实现并行性的一种常见方法是通过任务来进行思考——这些小型独立的执行单元可以在任何线程上运行。

3.2.1 为什么使用基于任务的并行机制

多线程并不是一个新话题，自从它早年被添加到各种游戏引擎中以来，实现它的方法也有所不同。游戏引擎是一种软件，它以最高效的方式使用所有可用的硬件，从而为更优化的软件架构铺平了道路。

因此，我们将借鉴一些来自游戏引擎和与游戏相关的演示的想法。最初的实现是通过添加一个只做一件工作的线程开始的——比如一个单独的渲染线程，一个异步**输入/输出**（I/O）线程等。

这增加了并行执行任务的细粒度，并且非常适合早期的 CPU（只有两个核心），但很快这种方式就显得作用有限了。

为了让几乎任何核心都能完成任何类型的工作并提高性能，我们需要以更加不可知的方式使用核心。这促使了两种新架构的出现：**基于任务的架构**和**基于纤程的架构**。

基于任务的并行机制（task-based parallelism）是通过向多个线程提供不同的任务并通过依赖关系协调它们来实现的。任务本质上是平台不可知的，并且不能被中断，这使得安排和组织代码的执行变得更加直接。

纤程（fiber）是类似于任务的软件构造方式，但它们严重依赖调度器来中断其流程并在需要时恢复。这一主要差异使得编写一个合适的纤程系统变得困难，并且通常会导致许多微妙的错误。

为了简化使用任务而非纤程的操作，并且为了让实现基于任务的并行机制的库更加丰富，我们选择了 enkiTS 库来处理所有相关事务。对于那些对更深入的解释感兴趣的人来说，这里有几个关于这些架构的精彩演示可以参考。

一个很好的基于任务的引擎示例是 *Destiny* 系列游戏背后的引擎（你可以在这里查看其深入的架构：https://www.gdcvault.com/play/1021926/Destiny-s-Multithreaded-

Rendering），而一个基于纤程的引擎则由游戏工作室 Naughty Dog 用在他们的游戏中（相关演讲可以在这里找到：https://www.gdcvault.com/play/1022186/Parallelizing-the-Naughty-Dog-Engine）。

3.2.2　使用 enkiTS（任务调度器）库

基于任务的多线程处理是基于任务概念的，任务被定义为一个可以在 CPU 的任何核心上执行的独立工作单元。

为了实现这一点，需要一个调度器来协调不同的任务，并处理它们之间可能存在的依赖关系。任务的另一个有趣的方面是，它可能有一个或多个依赖关系，只有在某些任务执行完毕后，新的任务才能被安排执行。

这意味着任务可以随时提交给调度器，并且包含适当的依赖关系。我们创建了一个基于图的引擎执行。如果处理得当，每个核心都可以被充分利用，从而为引擎带来最佳性能。

调度器是所有任务背后的大脑：它检查依赖关系和优先级，并根据需要安排或移除任务，这是加入 Raptor 引擎中的一个新系统。

在初始化调度器时，这个库会生成多个线程，每个线程都在等待执行一个任务。向调度器添加任务时，这些任务会被插入一个队列中。当调度器被指示执行待处理任务时，每个线程都会根据依赖关系和优先级从队列中获取下一个可用的任务并执行它。

值得注意的是，正在运行的任务可以生成其他任务。这些任务将被添加到线程的本地队列中，但如果另一个线程处于空闲状态，这些任务就可以被抢占。这种实现被称为**工作窃取队列**（work-stealing queue）。

初始化调度器非常简单，只需创建一个配置并调用初始化方法 Initialize：

```
enki::TaskSchedulerConfig config;
config.numTaskThreadsToCreate = 4;

enki::TaskScheduler task_scheduler;
task_scheduler.Initialize( config );
```

通过这段代码，我们指示任务调度器生成四个线程来执行其职责。enkiTS 使用 TaskSet（任务集）类作为工作单元，并且它结合使用继承和 lambda 函数来驱动调度器中任务的执行：

```
Struct ParallelTaskSet : enki::ItaskSet {
    void ExecuteRange(  enki::TaskSetPartition range_,
                        uint32_t threadnum_ ) override {
        // do something here, can issue tasks with
            task_scheduler
    }
};

int main(int argc, const char * argv[]) {
    enki::TaskScheduler task_scheduler;
    task_scheduler.Initialize( config );
```

```
    ParallelTaskSet task; // default constructor has a set
                            size of 1
    task_scheduler.AddTaskSetToPipe( &task );

    // wait for task set (running tasks if they exist)
    // since we've just added it and it has no range we'll
       likely run it.
    Task_scheduler.WaitforTask( &task );
    return 0;
}
```

在这个简单的代码片段中，我们看到如何创建一个空的 Taskset，它定义了任务执行代码的方式，留给调度器决定需要多少任务以及使用哪个线程。

这个更简洁的代码版本使用了 lambda 函数：

```
enki::TaskSet task( 1, []( enki::TaskSetPartition range_,
    uint32_t threadnum_ ) {
        // do something here
    } );
task_scheduler.AddTaskSetToPipe( &task );
```

在阅读代码时这个版本可能更容易理解，因为它不会中断流程，但功能上与之前的版本相同。

enkiTS 调度器的另一个特性是可以添加固定任务——这些特殊的任务将绑定到一个线程，并且总是在那里执行。我们将在下一节看到使用固定任务执行异步 I/O 操作的例子。

在本节，我们简要讨论了多线程的不同类型，以说明选择使用基于任务的多线程的原因。接着，我们展示了一些使用 enkiTS 库的简单示例，以及如何将多线程功能添加到 Raptor 引擎中。

下一节，我们将最终看到引擎中的一个真实用例，即资源的异步加载。

3.3 异步加载

资源加载是任何框架中可能进行的最慢操作之一。这是因为需要加载的文件很大，而且这些文件可能来源不同，如光学单元（DVD 和蓝光）、硬盘以及网络。

这是另一个重要的话题，但最重要的概念是理解读取内存所需的固有速度，相关内容如图 3-1 所示。

由图可知，最快的存储器是寄存器内存。寄存器之后是缓冲区，它们具有不同的级别和访问速度：寄存器和缓冲区都直接位于处理单元内（CPU 和 GPU 都有寄存器和缓冲区，尽管底层架构不同）。

主内存指的是随机存取内存（RAM），通常存放应用程序使用的数据。它比缓冲区慢，但它是加载操作的目标，因为它是代码直接可访问的唯一存储区域。然后是磁盘（硬盘）和光驱——这些速度更慢但容量更大。它们通常包含将要加载到主内存中的资产数据。

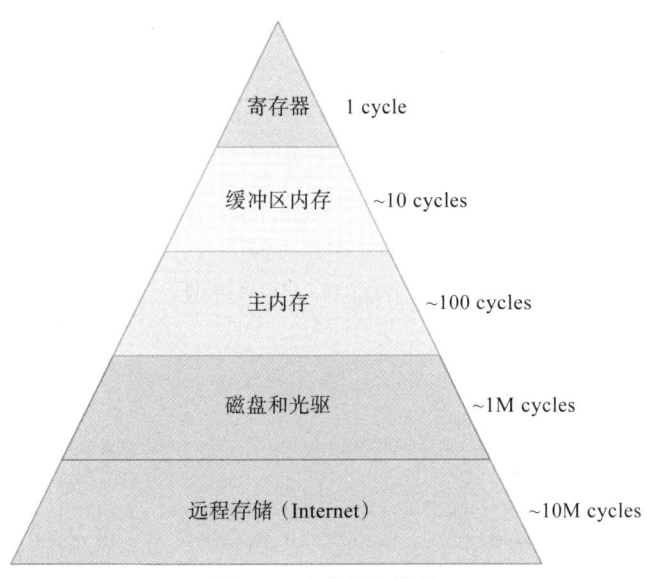

图 3-1 内存层次结构

最后的存储器位于远程存储中，例如某些服务器，这是最慢的。我们在这里不讨论它，但在处理具有某种在线服务的应用程序（例如多人游戏）时可以使用它。

为了优化应用程序中的读取访问速度，我们计划将所有需要的数据传输到主内存中，因为我们无法与缓冲区和寄存器进行交互。为了掩盖磁盘和光盘的低速度，一个非常重要的做法是并行加载来自任何介质的资源，以保证应用程序的流畅性不会受到影响。

最常见的方法，也是我们之前简要讨论过的线程专用架构的一个例子，是设置一个单独的线程来专门处理资源加载，并与其他系统交互以更新引擎中使用的资源。

在接下来的内容中，我们将讨论如何设置 enkiTS 并为 Raptor 引擎创建任务以实现并行化，同时还会讨论 Vulkan 队列，这对于并行命令提交是必需的。最后，我们将详细介绍用于异步加载的实际代码。

3.3.1 创建 I/O 线程和任务

在 enkiTS 库中，有一个名为**固定任务**（pinned-task）的功能，它将一个任务关联到特定线程上，使其在那里持续运行，除非用户停止或有更高优先级的任务被安排在该线程上。

为了简化问题，我们将添加一个新线程，并避免应用程序使用它。这个线程将在大多数时间内处于空闲状态，因此它的上下文切换频率应该很低：

```
config.numTaskThreadsToCreate = 4;
```

然后，我们创建一个固定任务并将其与一个线程 ID 关联：

```
// Create IO threads at the end
RunPinnedTaskLoopTask run_pinned_task;
run_pinned_task.threadNum = task_scheduler.
```

```
                        GetNumTaskThreads() - 1;
task_scheduler.AddPinnedTask( &run_pinned_task );
```

此时,我们可以创建实际负责异步加载的任务,并将其与固定任务关联到同一线程:

```
// Send async load task to external thread
AsynchronousLoadTask async_load_task;
async_load_task.threadNum = run_pinned_task.threadNum;
task_scheduler.AddPinnedTask( &async_load_task );
```

这两个任务的实际代码是解决问题的最后一块"拼图"。首先,让我们看看第一个固定任务:

```
struct RunPinnedTaskLoopTask : enki::IPinnedTask {
    void Execute() override {
        while ( task_scheduler->GetIsRunning() && execute )
        {
            task_scheduler->WaitForNewPinnedTasks();
            // this thread will 'sleep' until there are new
               pinned tasks
            task_scheduler->RunPinnedTasks();
        }
    }

    enki::TaskScheduler*task_scheduler;
    bool execute = true;
}; // struct RunPinnedTaskLoopTask
```

这项任务将等待任何其他固定任务,并在可能时运行它们。我们添加了一个 execute(执行)标志,以便在需要时停止执行(例如在退出应用程序时),但它通常也可以用于在其他情况下暂停执行(例如当应用程序最小化时)。

另一个任务是使用 AsynchronousLoader(异步加载器)类来执行异步加载的任务:

```
struct AsynchronousLoadTask : enki::IPinnedTask {
    void Execute() override {
        while ( execute ) {
            async_loader->update();
        }
    }
    AsynchronousLoader*async_loader;
    enki::TaskScheduler*task_scheduler;
    bool execute = true;
}; // struct AsynchronousLoadTask
```

这项任务的理念是始终保持活跃并等待资源加载的请求。while 循环确保固定任务的根节点永远不会在这个线程上调度其他任务,如预期那样将其锁定到 I/O 操作。

在继续探讨 AsynchronousLoader 类之前,我们需要了解 Vulkan 中的一个重要概念,即队列,以及它们为什么是异步加载的一个重大增强。

3.3.2　Vulkan 队列及第一条并行指令生成

队列（queue）——可以定义为将记录在 VkCommandBuffers 中的命令提交到 GPU 的入口点——是 Vulkan 相比于 OpenGL 的一个新增功能，需要被重视。

使用队列的提交是一个单线程操作，并且是一个成本较高的操作，其作为 CPU 和 GPU 之间的同步点，需要特别注意。通常我们有一个主队列，引擎在展示帧之前向其提交命令缓冲区。它负责把工作发送到 GPU 并创建预期的渲染图像。

但是，存在一个队列的地方，就可能有更多队列。为了增强并行执行，我们可以创建不同的队列，并在不同的线程中使用它们，而不是主线程。

关于队列的更深入探讨可以在 https://github.com/KhronosGroup/Vulkan-Guide/blob/master/chapters/queues.adoc 处找到，但我们需要知道的是，每个队列都可以提交某些类型的命令，这可以通过队列的标志看出。

- VK_QUEUE_GRAPHICS_BIT 可以提交所有 vkCmdDraw 命令
- VK_QUEUE_COMPUTE 可以提交所有 vkCmdDispatch 和 vkCmdTraceRays（用于光线追踪）命令
- VK_QUEUE_TRANSFER 可以提交复制命令，例如 vkCmdCopyBuffer、vkCmdCopyBufferToImage 和 vkCmdCopyImageToBuffer

每个可用的队列都通过一个队列族来暴露。每个队列族都可以具有多种能力，并且可以暴露多个队列。这里有一个例子来说明：

```
{
    "VkQueueFamilyProperties": {
        "queueFlags": [
            "VK_QUEUE_GRAPHICS_BIT",
            "VK_QUEUE_COMPUTE_BIT",
            "VK_QUEUE_TRANSFER_BIT",
            "VK_QUEUE_SPARSE_BINDING_BIT"
        ],
        "queueCount": 1,
    }
},
{
    "VkQueueFamilyProperties": {
        "queueFlags": [
            "VK_QUEUE_COMPUTE_BIT",
            "VK_QUEUE_TRANSFER_BIT",
            "VK_QUEUE_SPARSE_BINDING_BIT"
        ],
        "queueCount": 2,
    }
},
{
```

```
    "VkQueueFamilyProperties": {
        "queueFlags": [
            "VK_QUEUE_TRANSFER_BIT",
            "VK_QUEUE_SPARSE_BINDING_BIT"
        ],
        "queueCount": 2,
    }
}
```

第一个队列可以暴露所有能力，我们只有一个这样的队列。下一个队列可以用于计算和传输，第三个队列也用于传输（我们现在忽略稀疏的特性）。每个队列族都有两个队列。

在 GPU 上，保证至少会有一个队列可以提交所有类型的命令，这将是我们的主队列。

在一些 GPU 中，存在一些专门的队列，这些队列只激活了 VK_QUEUE_TRANSFER 标志，这意味着它们可以使用**直接内存访问**（Direct Memory Access，DMA）来加速 CPU 和 GPU 之间的数据传输。

最后一点：Vulkan 逻辑设备负责创建和销毁队列——这通常在应用程序的启动/关闭时进行。让我们简要查看一下用于查询不同队列支持的代码：

```
u32 queue_family_count = 0;
    vkGetPhysicalDeviceQueueFamilyProperties(
    vulkan_physical_device, &queue_family_count, nullptr );

    VkQueueFamilyProperties*queue_families = (
        VkQueueFamilyProperties* )ralloca( sizeof(
            VkQueueFamilyProperties ) * queue_family_count,
            temp_allocator );
        vkGetPhysicalDeviceQueueFamilyProperties(
            vulkan_physical_device, &queue_family_count,
            queue_families );

    u32 main_queue_index = u32_max, transfer_queue_index =
    u32_max;
    for ( u32 fi = 0; fi < queue_family_count; ++fi) {
        VkQueueFamilyProperties queue_family =
            queue_families[ fi ];

        if ( queue_family.queueCount == 0 ) {
            continue;
        }
        // Search for main queue that should be able to do
            all work (graphics, compute and transfer)
        if ( (queue_family.queueFlags & (
            VK_QUEUE_GRAPHICS_BIT | VK_QUEUE_COMPUTE_BIT |
            VK_QUEUE_TRANSFER_BIT )) == (
            VK_QUEUE_GRAPHICS_BIT | VK_QUEUE_COMPUTE_BIT |
            VK_QUEUE_TRANSFER_BIT ) ) {
```

```
                main_queue_index = fi;
        }
        // Search for transfer queue
        if ( ( queue_family.queueFlags &
              VK_QUEUE_COMPUTE_BIT ) == 0 &&
              (queue_family.queueFlags &
              VK_QUEUE_TRANSFER_BIT) ) {
            transfer_queue_index = fi;
        }
    }
```

如前面的代码所示,我们获取了选定GPU的所有队列的列表,并检查了可以执行的命令类型的不同位。

在我们的案例中,我们将保存主队列和传输队列,还将保存队列的索引,如果它存在于GPU上的话,这样便于在设备创建后检索VkQueue。有些设备没有单独的传输队列。在这种情况下,我们将使用主队列来执行传输操作,并且我们需要确保对队列的访问在上传和图形提交时能够正确同步。

让我们看看如何创建队列:

```
// Queue creation
VkDeviceQueueCreateInfo queue_info[ 2 ] = {};
VkDeviceQueueCreateInfo& main_queue = queue_info[ 0 ];
main_queue.sType = VK_STRUCTURE_TYPE_DEVICE_QUEUE
                   _CREATE_INFO;
main_queue.queueFamilyIndex = main_queue_index;
main_queue.queueCount = 1;
main_queue.pQueuePriorities = queue_priority;

if ( vulkan_transfer_queue_family < queue_family_count ) {
    VkDeviceQueueCreateInfo& transfer_queue_info =
        queue_info[ 1 ];
    transfer_queue_info.sType = VK_STRUCTURE_TYPE
                                _DEVICE_QUEUE_CREATE_INFO;
    transfer_queue_info.queueFamilyIndex = transfer_queue
                                           _index;
    transfer_queue_info.queueCount = 1;
    transfer_queue_info.pQueuePriorities = queue_priority;
}
VkDeviceCreateInfo device_create_info {
    VK_STRUCTURE_TYPE_DEVICE_CREATE_INFO };
device_create_info.queueCreateInfoCount = vulkan_transfer
    _queue_family < queue_family_count ? 2 : 1;
device_create_info.pQueueCreateInfos = queue_info;
...
result = vkCreateDevice( vulkan_physical_device,
                         &device_create_info,
```

```
                    vulkan_allocation_callbacks,
                    &vulkan_device );
```

如前所述,vkCreateDevice 是一个命令,通过在 VkDeviceCreateInfo 结构体中添加 pQueueCreateInfos 来创建队列。

一旦设备创建完成,我们就可以按照以下方式查询所有队列:

```
// Queue retrieval
// Get main queue
vkGetDeviceQueue( vulkan_device, main_queue_index, 0,
                  &vulkan_main_queue );
// Get transfer queue if present
if ( vulkan_transfer_queue_family < queue_family_count ) {
    vkGetDeviceQueue( vulkan_device, transfer_queue_index,
                      0, &vulkan_transfer_queue );
}
```

此时,我们已经准备好主队列和传输队列,可以并行提交工作。

我们研究了如何提交并行工作,以在不阻塞 GPU 或 CPU 的情况下复制内存,并且我们创建了一个专门的类来完成这项工作,即 AsynchronousLoader 类(我们将在下一节详细介绍)。

3.3.3 AsynchronousLoader 类

在这里,我们最终将看到实现异步加载的类的代码。

AsynchronousLoader(异步加载器)类承担以下职责:

- 处理从文件中加载请求
- 处理 GPU 上传和传输
- 管理暂存缓冲区以处理数据副本
- 将带有复制命令的命令缓冲区加入队列
- 向渲染器发出信号,表示纹理已完成传输

在关注上传数据到 GPU 的代码之前,有一些特定的 Vulkan 代码需要理解,这些代码与命令池、传输队列和使用暂存缓冲区有关。

为传输队列创建命令池

为了向传输队列提交命令,我们需要创建与该队列相关联的命令池:

```
for ( u32 i = 0; i < GpuDevice::k_max_frames; ++i) {
VkCommandPoolCreateInfo cmd_pool_info = {
    VK_STRUCTURE_TYPE_COMMAND_POOL_CREATE_INFO, nullptr };
cmd_pool_info.queueFamilyIndex = gpu->vulkan
                                 _transfer_queue_family;
cmd_pool_info.flags = VK_COMMAND_POOL_CREATE_RESET
                      _COMMAND_BUFFER_BIT;
vkCreateCommandPool( gpu->vulkan_device, &cmd_pool_info,
```

```
                        gpu->vulkan_allocation_callbacks,
                        &command_pools[i] );
}
```

这里的关键部分是 queueFamilyIndex（队列族的索引），用以将 CommandPool（命令池）链接到传输队列，确保从这个池中分配的每一个命令缓冲区都能正确提交到传输队列。

接下来，我们将简单地分配与新创建的池关联的命令缓冲区：

```
for ( u32 i = 0; i < GpuDevice::k_max_frames; ++i ) {
    VkCommandBufferAllocateInfo cmd = {
        VK_STRUCTURE_TYPE_COMMAND_BUFFER_ALLOCATE_INFO,
            nullptr };
        cmd.commandPool = command_pools[i];
cmd.level = VK_COMMAND_BUFFER_LEVEL_PRIMARY;
cmd.commandBufferCount = 1;
vkAllocateCommandBuffers( renderer->gpu->vulkan_device,
                          &cmd, &command_buffers[i].
                          vk_command_buffer );
```

通过这种设置，我们现在可以使用命令缓冲区向传输队列提交命令。

接下来，我们将查看暂存缓冲区——这是一个额外的设置，确保从 CPU 到 GPU 的传输尽可能快。

创建暂存缓冲区

为了在 CPU 和 GPU 之间最优地传输数据，需要创建一个内存区域，用作可发出与复制数据到 GPU 相关的命令的来源。

为此，我们将创建一个暂存缓冲区（staging buffer），这是一个持久的缓冲区，专用于此目的。我们将看到如何使用 Raptor 包装器和特定 Vulkan 代码来创建一个持久的暂存缓冲区。

在下面的代码中，我们将分配一个 64 MB 的持久映射缓冲区：

```
BufferCreation bc;
bc.reset().set( VK_BUFFER_USAGE_TRANSFER_SRC_BIT,
            ResourceUsageType::Stream, rmega( 64 )
            ).set_name( "staging_buffer" ).
            set_persistent( true );
BufferHandle staging_buffer_handle = gpu->create_buffer
                                    ( bc );
```

其与以下代码相当：

```
VkBufferCreateInfo buffer_info{
    VK_STRUCTURE_TYPE_BUFFER_CREATE_INFO };
buffer_info.usage = VK_BUFFER_USAGE_TRANSFER_SRC_BIT;
buffer_info.size = 64 * 1024 * 1024; // 64 MB

VmaAllocationCreateInfo allocation_create_info{};
allocation_create_info.flags = VMA_ALLOCATION_CREATE
_STRATEGY_BEST_FIT_BIT | VMA_ALLOCATION_CREATE_MAPPED_BIT;
```

```
VmaAllocationInfo allocation_info{};
check( vmaCreateBuffer( vma_allocator, &buffer_info,
        &allocation_create_info, &buffer->vk_buffer,
        &buffer->vma_allocation, &allocation_info ) );
```

这个缓冲区将作为内存传输的来源，而 `VMA_ALLOCATION_CREATE_MAPPED_BIT` 标志确保它将始终被映射。

我们可以从由 `vmaCreateBuffer` 填充的 `allocation_info` 结构体中检索并使用指向分配数据的指针：

```
buffer->mapped_data = static_cast<u8*>(allocation_info.
                                            pMappedData);
```

现在，我们可以使用暂存缓冲区进行任何操作以将数据发送到 GPU，如果需要更大的分配，我们可以重新创建一个更大尺寸的新暂存缓冲区。

接下来，我们需要查看可创建信号量（semaphore）和栅栏（fence）的代码，这些用于提交和同步 CPU 与 GPU 命令的执行。

创建信号量和栅栏以实现 GPU 同步

这里的代码很直接；唯一重要的部分是创建一个已标记的栅栏，因为它将允许代码开始处理上传：

```
VkSemaphoreCreateInfo semaphore_info{
    VK_STRUCTURE_TYPE_SEMAPHORE_CREATE_INFO };
vkCreateSemaphore( gpu->vulkan_device, &semaphore_info,
                   gpu->vulkan_allocation_callbacks,
                   &transfer_complete_semaphore );

VkFenceCreateInfo fence_info{
    VK_STRUCTURE_TYPE_FENCE_CREATE_INFO };
fence_info.flags = VK_FENCE_CREATE_SIGNALED_BIT;
vkCreateFence( gpu->vulkan_device, &fence_info,
               gpu->vulkan_allocation_callbacks,
               &transfer_fence );
```

最后，我们开始处理请求了。

处理文件请求

文件请求并不特别与 Vulkan 相关，但了解它们的处理方式很有用。

我们使用 STB 图像库（https://github.com/nothings/stb）来将纹理加载到内存中，然后简单地添加已加载内存和相关纹理来创建一个上传请求。这将使用传输队列将数据从内存复制到 GPU：

```
FileLoadRequest load_request = file_load_requests.back();
// Process request
int x, y, comp;
u8* texture_data = stbi_load( load_request.path, &x, &y,
```

```
                              &comp, 4 );
// Signal the loader that an upload data is ready to be
   transferred to the GPU
UploadRequest& upload_request = upload_requests.push_use();
upload_request.data = texture_data;
upload_request.texture = load_request.texture;
```

接下来,我们将了解如何处理一个上传请求。

处理上传请求

这部分内容最终将数据上传到 GPU。首先,我们需要确保栅栏已经发出信号,可以继续进行,这也是我们在创建时就已经将其设置为已发出信号的原因。

如果它被触发,我们可以重置它,这样就可以让 API 在提交完成时再触发它:

```
// Wait for transfer fence to be finished
if ( vkGetFenceStatus( gpu->vulkan_device, transfer_fence )
       != VK_SUCCESS ) {
return;
}
// Reset if file requests are present.
vkResetFences( gpu->vulkan_device, 1, &transfer_fence );
```

然后,我们继续接收一个请求,从暂存缓冲区分配内存,并使用命令缓冲区上传到 GPU:

```
// Get last request
UploadRequest request = upload_requests.back();
const sizet aligned_image_size = memory_align(
                                 texture->width *
                                 texture->height *
                                 k_texture_channels,
                                 k_texture_alignment );
// Request place in buffer
const sizet current_offset = staging_buffer_offset +
                             aligned_image_size;

CommandBuffer* cb = &command_buffers[ gpu->current_frame ];
cb->begin();
cb->upload_texture_data( texture->handle, request.data,
                         staging_buffer->handle,
                         current_offset );
free( request.data );
cb->end();
```

upload_texture_data 方法负责上传数据并添加所需的屏障。这可能有些复杂,因此我们包含了代码来展示如何完成这一操作。

首先,我们需要将数据复制到暂存缓冲区:

```
// Copy buffer_data to staging buffer
memcpy( staging_buffer->mapped_data +
```

```
                staging_buffer_offset, texture_data,
                static_cast< size_t >( image_size ) );
```

然后我们可以准备复制,这次是从暂存缓冲区到图像。在这里,指定暂存缓冲区中的偏移量是很重要的:

```
VkBufferImageCopy region = {};
region.bufferOffset = staging_buffer_offset;
region.bufferRowLength = 0;
region.bufferImageHeight = 0;
```

接下来,我们继续添加一个预复制的内存屏障(memory barrier),以执行布局转换,并指定数据使用传输队列。

这使用了 Khronos Group 提供的同步示例中建议的代码(https://github.com/KhronosGroup/Vulkan-Docs/wiki/Synchronization-Examples)。

我们再次展示简化一些实用功能的原始 Vulkan 代码:

```
// Pre copy memory barrier to perform layout transition
VkImageMemoryBarrier preCopyMemoryBarrier;
...
.srcAccessMask = 0,
.dstAccessMask = VK_ACCESS_TRANSFER_WRITE_BIT,
.oldLayout = VK_IMAGE_LAYOUT_UNDEFINED,
.newLayout = VK_IMAGE_LAYOUT_TRANSFER_DST_OPTIMAL,
.srcQueueFamilyIndex = VK_QUEUE_FAMILY_IGNORED,
.dstQueueFamilyIndex = VK_QUEUE_FAMILY_IGNORED,
.image = image,
.subresourceRange = ... };
...
```

纹理现已准备好被复制到 GPU:

```
// Copy from the staging buffer to the image
vkCmdCopyBufferToImage( vk_command_buffer,
                        staging_buffer->vk_buffer,
                        texture->vk_image,
                        VK_IMAGE_LAYOUT_TRANSFER_DST
                        _OPTIMAL, 1, &region );
```

纹理现在已经在 GPU 上了,但它仍然不能在主队列中使用。这就是为什么我们需要另一个内存屏障来转移所有权:

```
// Post copy memory barrier
VkImageMemoryBarrier postCopyTransferMemoryBarrier = {
...
.srcAccessMask = VK_ACCESS_TRANFER_WRITE_BIT,
.dstAccessMask = 0,
.oldLayout = VK_IMAGE_LAYOUT_TRANSFER_DST_OPTIMAL,
.newLayout = VK_IMAGE_LAYOUT_SHADER_READ_ONLY_OPTIMAL,
```

```
.srcQueueFamilyIndex = transferQueueFamilyIndex,
.dstQueueFamilyIndex = graphicsQueueFamilyIndex,
.image = image,
.subresourceRange = ... };
```

一旦所有权转移完成，就需要一个最终的屏障来确保传输完整，这样纹理就可以从着色器中读取了，但这个操作将由渲染器完成，因为它需要使用主队列。

向渲染器发出传输完成的信号

这种信号的实现方式非常简单，只需将纹理添加到一个互斥的纹理更新列表中，以确保线程安全。

在这一点上，我们需要对每个已传输的纹理执行最终的屏障。我们选择在所有渲染完成后和呈现步骤之前添加这些屏障，但也可以在帧的开头进行。

如前所述，我们需要一个最后的屏障来表示更新的图像已经准备好被着色器读取，且所有的写操作都已完成：

```
VkImageMemoryBarrier postCopyGraphicsMemoryBarrier = {
...
.srcAccessMask = 0,
.dstAccessMask = VK_ACCESS_SHADER_READ_BIT,
.oldLayout = VK_IMAGE_LAYOUT_TRANSFER_DST_OPTIMAL,
.newLayout = VK_IMAGE_LAYOUT_SHADER_READ_ONLY_OPTIMAL,
.srcQueueFamilyIndex = transferQueueFamilyIndex,
.dstQueueFamilyIndex = graphicsQueueFamilyIndex,
.image = image,
.subresourceRange = ... };
```

现在，我们已经准备好在着色器中使用 GPU 上的纹理，异步加载也在工作中。上传缓冲区的代码路径与前文非常相似，因此不会在书中详细介绍，但会在代码中出现。

在本节，我们了解了如何通过使用传输队列和不同的命令缓冲区来解锁资源到 GPU 的异步加载。我们还展示了如何管理队列之间的所有权转移。然后，我们终于看到了使用任务调度器设置任务的第一步，任务调度器用于为 Raptor 引擎添加多线程功能。

下一节，我们将利用已获得的知识，添加命令的并行记录以实现在屏幕上绘制对象的功能。

3.4 在多个线程上记录命令

要使用多个线程来记录命令，需要使用不同的命令缓冲区，每个线程至少有一个，以记录命令然后提交给主队列。更准确地说，在 Vulkan 中，任何类型的池都需要由用户进行外部同步；因此，最佳选择是在每个线程与每个池之间建立关联。

对于命令缓冲区的情况，它们是从相关的池中分配的，并在其中注册命令。池可以是命令池（CommandPool）、描述符集池（DescriptorSetPool）和查询池（QueryPool，用于时间和遮挡查询），一旦与一个线程关联，就可以在该执行线程中自由使用。

命令缓冲区的执行顺序基于提交到主队列的数组的顺序，因此，从 Vulkan 的角度看，可以在命令缓冲区级别进行排序。

我们将看到命令缓冲区的分配策略有多重要，以及一旦分配到位，进行并行绘制有多容易。我们还将讨论 Vulkan 的不同类型的命令缓冲区，这是 Vulkan 的一个独特功能。

3.4.1 分配策略

成功并行记录命令的关键在于同时考虑线程访问和帧访问。在创建命令池时，不仅每个线程都需要一个独特的池来分配命令缓冲区和命令，而且这些命令池还不能在 GPU 中处于执行状态。

一个简单的分配策略是确定将记录命令的最大线程数（我们称之为 T）和可以处于执行状态的最大帧数（我们称之为 F），然后分配命令池（我们称之为 F*T）。

对于每个想要渲染的任务，我们都将使用帧－线程的 ID 对，确保没有任何池处于执行状态或被其他线程使用。

这是一种非常保守的方法，可能会导致命令生成不平衡，但它可以作为一个很好的起点，在我们的案例中，它足以为 Raptor 引擎提供并行渲染支持。

此外，我们将分配最多五个空命令缓冲区，两个主要的和三个次要的，以便更多任务可以并行执行渲染任务。

负责此功能的类是 `CommandBufferManager`（命令缓冲区管理器）类，可以通过设备访问，它允许用户通过 `get_command_buffer` 方法请求一个命令缓冲区。

在后续内容中，我们将看到主命令缓冲区和次命令缓冲区之间的区别，这对于决定并行绘制帧的任务的粒度是必要的。

3.4.2 命令缓冲区回收

与分配策略相关的是缓冲区的回收利用。当一个缓冲区执行完毕后，可以复用它来记录新的命令，而不是一直分配新的缓冲区。

多亏了我们选择的分配策略，我们为每一帧分配了固定数量的 `CommandPool`（命令池），因此为了复用命令缓冲区，我们将重置相应的 `CommandPool`，而不是手动释放缓冲区：这在 CPU 时间上被证明是更高效的。

请注意，我们没有释放与缓冲区相关联的内存，而是给予 `CommandPool` 自由去复用要记录的命令缓冲区中分配的总内存，并且它将重置其所有命令缓冲区的所有状态到初始状态。

在每个帧的开始，我们调用一个简单的方法来重置池：

```
void CommandBufferManager::reset_pools( u32 frame_index ) {
    for ( u32 i = 0; i < num_pools_per_frame; i++ ) {
        const u32 pool_index = pool_from_indices(
                               frame_index, i );
        vkResetCommandPool( gpu->vulkan_device,
                            vulkan_command_pools[
```

```
                            pool_index ], 0 );
    }
}
```

有一个实用方法可用来根据线程和帧计算池索引。

在重置池之后，我们可以复用命令缓冲区来记录命令，而无须为每个命令显式地这样做。

我们终于可以看看不同类型的命令缓冲区了。

3.4.3 主命令缓冲区与次命令缓冲区

Vulkan API 在命令缓冲区的功能上有一个独特的区别：命令缓冲区可以是主要的或次要的。

主命令缓冲区是使用最广泛的缓冲区，它们可以执行任何命令——绘制、计算或复制命令，但它们的粒度相对较粗——至少需要使用一个渲染通道（render pass），且无法进一步并行化该通道。

次命令缓冲区的功能则受到更多限制——它们实际上只能在渲染通道内执行绘制命令——但可以用来并行化包含许多绘制调用的渲染通道（例如 G-Buffer 渲染通道）的渲染过程。

因此，做出关于任务粒度的明智决策至关重要，特别是需要理解何时使用主命令缓冲区或次命令缓冲区进行记录。

在第 4 章中，我们将了解如何通过帧的图形来获取足够的信息，以决定使用哪种类型的命令缓冲区，以及在一个任务中应使用多少对象和渲染通道。

在后续内容中，我们将探讨如何同时使用主命令缓冲区和次命令缓冲区。

3.4.4 使用主命令缓冲区进行绘制

使用主命令缓冲区进行绘制是使用 Vulkan 最常见也是最简单的方式。如前所述，主命令缓冲区可以执行任何类型的命令，没有限制，并且它是唯一可以提交到队列中以在 GPU 上执行的命令缓冲区。

创建一个主命令缓冲区只需要在传递给 `vkAllocateCommandBuffers` 函数的 `VkCommandBufferAllocateInfo` 结构体中使用 `VK_COMMAND_BUFFER_LEVEL_PRIMARY`。

一旦创建，我们就可以随时开始记录命令（使用 `vkBeginCommandBuffer` 函数），绑定通道和流水线，并发出绘制命令、复制命令和计算命令。

一旦记录完成，必须使用 `vkEndCommandBuffer` 函数来表明记录结束，并准备缓冲区以便提交到队列：

```
VkSubmitInfo submit_info = {
    VK_STRUCTURE_TYPE_SUBMIT_INFO };
submit_info.commandBufferCount = num_queued_command
                                 _buffers;
submit_info.pCommandBuffers = enqueued_command_buffers;
...
vkQueueSubmit( vulkan_main_queue, 1, &submit_info,
               *render_complete_fence );
```

要并行记录命令，记录线程需遵守两个条件：
- 禁止在同一个 CommandPool（命令池）上同时记录
- 只能在一个线程中执行与 RenderPass（渲染通道）相关的命令

如果一个通道（例如前向通道或 G-Buffer 通道）包含大量的绘制调用，因此需要并行渲染怎么办？这时候，次命令缓冲区就显得非常有用了。

3.4.5 使用次命令缓冲区进行绘制

次命令缓冲区有一套非常具体的使用条件——它们只能记录与单一渲染通道相关的命令。

这就是允许用户记录不止一个次命令缓冲区很重要的原因：可能存在多个通道，需要各通道并行处理，因此需要多个次命令缓冲区。

次缓冲区总是需要一个主缓冲区，并且不能直接提交到任何队列：它们必须被复制到主缓冲区中，并且只继承在开始记录命令时设置的 RenderPass 和 FrameBuffer(帧缓冲区)。

让我们来看看使用次命令缓冲区涉及的不同步骤。首先，我们需要有一个主命令缓冲区，这个缓冲区需要设置一个渲染通道和帧缓冲区，以便进行渲染，这是绝对必要的，因为没有任何次命令缓冲区可以提交到队列中，或者设置 RenderPass 或 FrameBuffer。

这些将是唯一从主命令缓冲区继承的状态，因此，即使在开始记录命令时，视口（viewport）和模板状态（stencil state）也必须重新设置。

让我们从展示一个主命令缓冲区的设置开始：

```
VkClearValue clearValues[2];
VkRenderPassBeginInfo renderPassBeginInfo {};
renderPassBeginInfo.renderPass = renderPass;
renderPassBeginInfo.framebuffer = frameBuffer;

vkBeginCommandBuffer(primaryCommandBuffer, &cmdBufInfo);
```

在开始使用这个被分配到一个或多个次命令缓冲区的渲染通道时，我们需要添加 VK_SUBPASS_CONTENTS_SECONDARY_COMMAND_BUFFERS（次命令缓冲区子通道内容）标志：

```
vkCmdBeginRenderPass(primaryCommandBuffer,
&renderPassBeginInfo, VK_SUBPASS_CONTENTS_SECONDARY_COMMAND_
BUFFERS);
```

接着我们可以将 inheritanceInfo 结构体传递给次缓冲区：

```
VkCommandBufferInheritanceInfo inheritanceInfo {};
inheritanceInfo.renderPass = renderPass;
inheritanceInfo.framebuffer = frameBuffer;
```

然后我们可以开始准备次命令缓冲区：

```
VkCommandBufferBeginInfo commandBufferBeginInfo {};
commandBufferBeginInfo.flags =
VK_COMMAND_BUFFER_USAGE_RENDER_PASS_CONTINUE_BIT;
commandBufferBeginInfo.pInheritanceInfo = &inheritanceInfo;
```

```
VkBeginCommandBuffer(secondaryCommandBuffer,
                     &commandBufferBeginInfo);
```

次命令缓冲区现在已经准备好开始发出绘制命令：

```
vkCmdSetViewport(secondaryCommandBuffers.background, 0, 1,
                 &viewport);
vkCmdSetScissor(secondaryCommandBuffers.background, 0, 1,
                &scissor);
vkCmdBindPipeline(secondaryCommandBuffers.background,
                  VK_PIPELINE_BIND_POINT_GRAPHICS,
                  pipelines.starsphere);
VkDrawIndexed(…)
```

请注意，剪切（scissor）和视口必须始终在开始时设置，因为在绑定的渲染通道和帧缓冲区之外没有状态继承。

一旦完成了命令的记录，我们就可以调用 VkEndCommandBuffer 函数，并将缓冲区置于主命令缓冲区中的可复制状态。要将次命令缓冲区复制到主命令缓冲区中，需要调用一个特定的函数 vkCmdExecuteCommands：

```
vkCmdExecuteCommands(primaryCommandBuffer,
                     commandBuffers.size(),
                     commandBuffers.data());
```

这个函数接受一个次命令缓冲区的数组，这些缓冲区将会依次被复制到主命令缓冲区中。

由于多线程可能导致完成顺序不一致（线程可以以任何顺序结束），为了确保记录的命令顺序正确，我们可以给每个命令缓冲区一个执行索引，将它们全部放入一个数组中，对它们进行排序，然后在 vkCmdExecuteCommands 函数中使用这个排序后的数组。

此时，主命令缓冲区可以记录其他命令或提交到队列中，因为它包含了从次命令缓冲区复制的所有命令。

3.4.6 生成多个任务以记录命令缓冲区

最后一步是创建多个任务，以并行记录命令缓冲区。我们决定以多个几何体网格为例，将它们分组到一个命令缓冲区中，但通常情况下，你会为每个渲染通道记录单独的命令缓冲区。

让我们来看看代码：

```
SecondaryDrawTask secondary_tasks[ parallel_recordings ]{ };

u32 start = 0;
for ( u32 secondary_index = 0;
      secondary_index < parallel_recordings;
      ++secondary_index ) {
    SecondaryDrawTask& task = secondary_tasks[
                              secondary_index ];

    task.init( scene, renderer, gpu_commands, start,
```

```
                    start + draws_per_secondary );
    start += draws_per_secondary;

    task_scheduler->AddTaskSetToPipe( &task );
}
```

我们为每个几何体网格单元添加一个任务到调度器中。每个任务都将为一系列网格记录一个命令缓冲区。

一旦添加了所有任务，我们就必须等待它们完成，然后再添加次命令缓冲区到主命令缓冲区中执行：

```
for ( u32 secondary_index = 0;
      secondary_index < parallel_recordings;
      ++secondary_index ) {
    SecondaryDrawTask& task = secondary_tasks[
                              secondary_index ];
    task_scheduler->WaitforTask( &task );

    vkCmdExecuteCommands( gpu_commands->vk_command_buffer,
                          1, &task.cb->vk_command_buffer );
}
```

我们建议阅读本章代码以获取更多关于实现的细节。

在本节中，我们描述了如何并行记录多个命令缓冲区以优化 CPU 上的操作。我们详细介绍了命令缓冲区的分配策略以及它们如何在帧之间被复用。

我们强调了主缓冲区和次缓冲区之间的差异以及它们在渲染器中的使用方式。最后，我们展示了如何并行记录多个命令缓冲区。

在下一章中，我们将介绍帧图，这是一个允许我们定义多个渲染通道的系统，并且可以利用我们之前描述的任务系统来并行记录每个渲染通道的命令缓冲区。

3.5　总结

在本章中，我们了解了基于任务的并行机制的概念，并且看到了如何使用像 enkiTS 这样的库来为 Raptor 引擎迅速增加多线程功能。

我们学习了如何使用异步加载器将数据从文件加载到 GPU 上。我们还专注于与 Vulkan 相关的代码，以便建立一个可以与负责绘图的执行队列并行运行的第二执行队列。我们观察了主命令缓冲区和次命令缓冲区之间的区别。

我们讨论了缓冲区分配策略的重要性，以确保在并行记录命令时的安全性，特别是要考虑帧之间命令的复用。

最后，我们逐步展示了如何使用这两种类型的命令缓冲区，这应该足以帮助任何决定使用 Vulkan 作为其图形 API 的应用程序增加所需的并行级别。

在下一章中，我们将研究一种名为**帧图**的数据结构，它将为我们提供足够的信息来自动化一些记录过程，包括线程屏障，并将简化关于并行渲染任务的粒度决策。

3.6 扩展阅读

基于任务的系统已经使用了许多年。这里提供了一个很好的概述：https://www.gdcvault.com/play/1012321/Task-based-Multithreading-How-to。

许多文章都在讨论工作窃取队列，一个很好的入门资源可以在这里找到：https://blog.molecularmatters.com/2015/09/08/job-system-2-0-lock-free-work-stealing-part-2-a-specialized-allocator/。

PlayStation 3 和 Xbox 360 使用了 IBM 的 Cell 处理器，通过多核技术为开发者提供了更高的性能。特别是，PlayStation 3 配备了多个**协同处理单元**（SPU），开发者可以利用这些单元来减轻主处理器的工作负担。

有许多演讲和文章详细介绍了开发者如何巧妙地使用这些处理器，相关示例可以在以下链接查看：https://www.gdcvault.com/play/1331/The-Playstation-3-s-SPU 和 https://gdcvault.com/play/1014356/Practical-Occlusion-Culling-on。

CHAPTER 4

第 4 章

实现帧图

在本章中,我们将介绍**帧图**(frame graph),这是一种控制给定帧的渲染步骤的新系统。顾名思义,我们将把渲染帧所需的步骤(通道)组织在一个**有向无环图**(Directed Acyclic Graph,DAG)中。这将使我们能够确定每个通道的执行顺序以及哪些通道可以并行执行。

帧图还为我们提供了许多其他好处,例如以下几点:

- 它允许我们自动化渲染通道和帧缓冲区的创建和管理,因为每个通道都会定义它将从哪些资源读取以及将写入哪些资源。
- 它通过一种称为**内存别名**(memory aliasing)的技术帮助我们减少一帧所需的内存。我们可以通过分析图来确定资源的使用时长。资源不再被需要后,我们可以将其内存用于新资源。
- 最后,我们将能够让图在执行期间管理内存屏障的插入和布局转换。每个输入和输出资源都会定义其使用方式(例如纹理与附件),我们可以根据这些信息推断出它的下一个布局。

本章讨论以下主题:

- 理解帧图的结构以及我们实现的细节。
- 实现拓扑排序(topological sort)以确保各个通道(过程)按正确顺序执行。
- 使用图来驱动渲染并自动化资源管理和布局转换。

4.1 技术要求

本章代码可以在以下网址找到:https://github.com/PacktPublishing/Mastering-Graphics-Programming-with-Vulkan/tree/main/source/chapter4。

4.2 理解帧图

到目前为止,Raptor 引擎的渲染只包含了一个通道。虽然这种方法对我们已经讨论的主题来说足够了,但对于后续章节,这种方法不会有扩展性。更重要的是,它不能表现出现代渲染引擎是如何组织自己的工作的。一些游戏和引擎实现了数百个通道，手动管理这些通道可能会变得烦琐且容易出错。

因此，我们认为这是在书中介绍帧图的好时机。在本节，我们将展示帧图的结构和在代码中操纵它的主要接口。

让我们从图的基本概念开始讲起。

4.2.1 构建图

在介绍帧图的解决方案和实现之前，我们想先介绍一些将在本章中使用的基本构建块。如果你已经熟悉帧图或者图的一般概念，可以略读此部分内容。

图由两个元素定义：**节点**（或顶点）和**边**。每个节点都可以与一个或多个节点相连，每个连接则都由一条边定义，如图 4-1 所示。

在本章开头，我们提到了帧图是一个有向无环图（DAG）。帧图具有以下这些属性非常重要，否则我们将无法执行它：

- **有向**：这意味着边具有方向。例如，如果我们定义一条边从节点 A 指向节点 B，那么便不能使用同一条边表示从节点 B 指向节点 A。我们需要一条不同的边表示从节点 B 指向节点 A，如图 4-2 所示。

图 4-1　从节点 A 到节点 B 的一条边

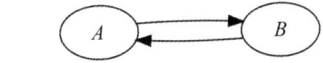
图 4-2　有向图中从 A 到 B 以及从 B 到 A 的边

- **无环**：这意味着图中不能有任何循环。当我们沿着某个节点的子节点的路径回到该节点时，就引入了一个循环，如图 4-3 所示。如果发生这种情况，我们的帧图将进入无限循环。

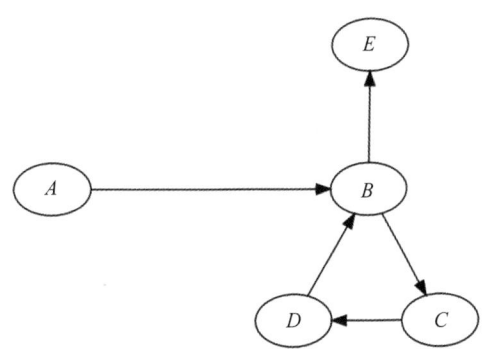
图 4-3　包含循环的图的示例

在帧图中，每个节点都代表一个渲染通道：深度预处理、G-Buffer、照明等。我们不明确定义边。相反，每个节点都将定义一些输出，如果需要，还会定义一些输入，如图 4-4 所示。当一个通道的输出被用作另一个通道的输入时，就隐含了一条边。

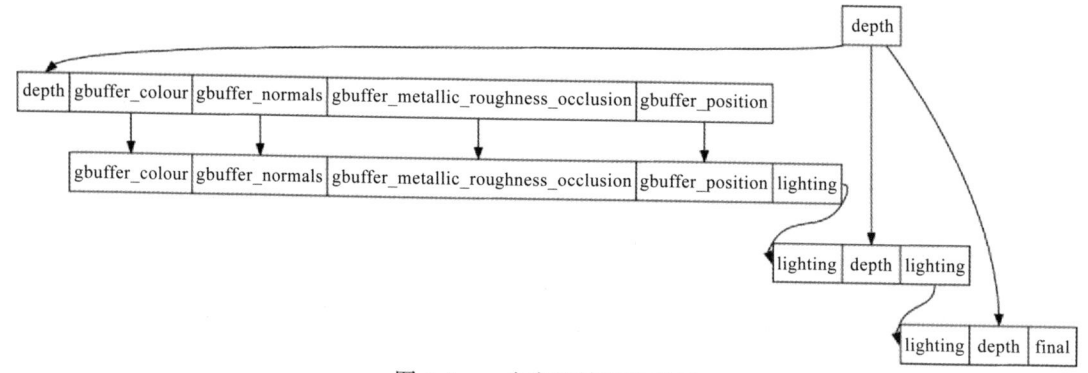

图 4-4 一个完整帧图的示例

节点和边这两个概念是理解帧图所需的全部元素。接下来,我们将展示如何编码这种数据结构。

4.2.2 数据驱动的方法

一些引擎仅提供代码接口来构建帧图,而其他引擎则允许开发者以人类可读的格式(例如JSON)来设置图,这样对图的修改就不会引起代码的改动。

经过一番考虑,我们决定用JSON定义帧图,并实现一个解析器来实例化所需的类。我们选择这种方法有几个原因:

- 它允许我们在不重新编译代码的情况下对图进行一些更改。例如,如果想改变渲染目标的大小或格式,我们只需在图的JSON定义中进行更改,然后重新运行程序。
- 我们还可以重新组织图并移除一些节点,而无须更改代码。
- 理解图的流程会更加容易。根据实现的不同,图的定义在代码中可能分布于不同的位置甚至是不同的文件中。这使得确定图结构变得更加困难。
- 对于非技术人员来说,进行更改会更容易。图的定义也可以通过可视化工具完成,并转换成JSON格式。如果图的定义完全在代码中完成,那么同样的方法就不可行。

现在可以看看我们帧图中的一个节点:

```
{
    "inputs":
    [
        {
            "type": "attachment",
            "name": "depth"
        }
    ],
    "name": "gbuffer_pass",
    "outputs":
    [
        {
```

```
            "type": "attachment",
            "name": "gbuffer_colour",
            "format": "VK_FORMAT_B8G8R8A8_UNORM",
            "resolution": [ 1280, 800 ],
            "op": "VK_ATTACHMENT_LOAD_OP_CLEAR"
        },
        {
            "type": "attachment",
            "name": "gbuffer_normals",
            "format": "VK_FORMAT_R16G16B16A16_SFLOAT",
            "resolution": [ 1280, 800 ],
            "op": "VK_ATTACHMENT_LOAD_OP_CLEAR"
        },
        ...
    ]
}
```

节点由三个变量定义:

- 名称(name):这有助于我们在执行过程中识别节点,并且还为其他元素(例如与此节点相关的渲染通道)提供了有意义的名称。
- 输入(inputs):这列出了该节点的输入。这些是由另一个节点生成的资源。请注意,定义一个未由图中其他节点生成的输入将是一个错误。唯一的例外是外部资源,这些资源在渲染图外部管理,用户必须在运行时将其提供给图。
- 输出(outputs):这些是由特定节点产生的资源。

我们根据资源的用途定义了四种不同类型的资源:

- 附件(attachment):附件列表用于确定给定节点的渲染通道和帧缓冲区成分。正如你在前面的例子中注意到的,可以同时为输入和输出定义附件。这是因为我们需要在多个节点中继续处理一个资源。例如,在进行深度预处理之后,我们希望加载深度数据,并在G-Buffer通道中使用它,以避免为被其他对象遮挡的对象着色像素。
- 纹理(texture):这种类型用于区分图像和附件。附件必须是节点的渲染通道和帧缓冲区的定义的一部分,而纹理则在通道中被读取,并且是着色器数据定义的一部分。

  这种区分对于确定哪些图像需要转换到不同的布局并且需要使用图像屏障也很重要。我们将在本章后面更详细地讨论这一点。

  在这里,无须指定纹理的大小和格式,因为我们在首次定义资源为输出时已经做过了。
- 缓冲区(buffer):这种类型代表一个存储缓冲区,我们可以向其写入数据或从中读取数据。与纹理一样,我们需要插入内存屏障,以确保在另一个通道中访问缓冲区数据之前,先前通道的写入已经完成。
- 引用(reference):这种类型专门用于确保正确计算节点之间的连接边,而无须创建新的资源。

所有类型都相当直观,但我们认为对于引用类型,需要用一个例子来更好地解释为什么需要这种类型：
```
{
    "inputs":
    [
        {
            "type": "attachment",
            "name": "lighting"
        },
        {
            "type": "attachment",
            "name": "depth"
        }
    ],
    "name": "transparent_pass",
    "outputs":
    [
        {
            "type": "reference",
            "name": "lighting"
        }
    ]
}
```

在此示例中，`lighting` 是一种 `attachment` 类型的输入资源。在处理图时，我们正确地将生成照明资源的节点与此节点连接起来。然而，我们还需要确保使用照明资源的下一个节点与此节点建立连接，否则节点的顺序将会错误。

出于这个原因，我们在 `transparent_pass` 的输出中添加了对照明资源的引用。我们不能在这里使用 `attachment` 类型，否则我们会在渲染通道和帧缓冲区的创建过程中对照明资源进行重复计算。

现在你已经对帧图结构有了很好的理解，是时候看一些代码了！

4.2.3 实现帧图

在本节中，我们将定义会在全章中使用的数据结构，即资源和节点。接着，我们将解析图的 JSON 定义，以创建将用于后续步骤的资源和节点。

让我们从定义数据结构开始。

资源

资源定义了节点的输入或输出。它们决定了给定节点对资源的使用，并且，它们用于定义帧图节点之间的连接边。资源的结构如下：

```
struct FrameGraphResource {
    FrameGraphResourceType type;
    FrameGraphResourceInfo resource_info;

    FrameGraphNodeHandle producer;
```

```
    FrameGraphResourceHandle output_handle;

    i32 ref_count = 0;

    const char* name = nullptr;
};
```

资源是节点的输入或输出。请逐一查看以下列表中的每个字段：
- `type`：定义我们正在处理的是图像还是缓冲区。
- `resource_info`：根据 `type` 给出有关资源的详细信息（如大小、格式等）。
- `producer`：存储对输出资源的节点的引用。这将用于确定图的连接边。
- `output_handle`：存储父资源。稍后将解释为什么需要这个字段。
- `ref_count`：在计算哪些资源可以别名化时使用。别名（aliasing）是一种允许多个资源共享同一内存的技术。我们将在本章后面提供更多关于这种技术的细节。
- `name`：JSON 中定义的资源名称。这对于调试非常有用，也可以通过名称检索资源。

接下来，我们将探讨图节点：

```
struct FrameGraphNode {
    RenderPassHandle render_pass;
    FramebufferHandle framebuffer;

    FrameGraphRenderPass* graph_render_pass;

    Array<FrameGraphResourceHandle> inputs;
    Array<FrameGraphResourceHandle> outputs;

    Array<FrameGraphNodeHandle> edges;

    const char* name = nullptr;
};
```

一个节点会存储它在执行过程中使用的输入列表和它将产生的输出。每个输入和输出都是 `FrameGraphResource`（帧图资源）的不同实例。`output_handle`（输出句柄）字段用于将输入链接到其输出资源。我们需要区别对待不同的资源，因为它们的类型可能不同；例如，一个图像可能被用作输出附件，然后又作为输入纹理使用。这是一个重要的细节，将用于自动放置内存屏障。

节点还存储了它所连接的节点列表、它的名称、帧缓冲区以及根据其输入和输出的定义创建的渲染通道。与资源一样，节点也会按照 JSON 定义存储其名称。

最后，一个节点包含一个指向渲染实现的指针。我们稍后将讨论如何将节点链接到其渲染通道。

这些是用来定义我们的帧图的主要数据结构。我们还创建了一个名为 `FrameGraphBuilder`（帧图构建器）的辅助类，该类将被 `FrameGraph`（帧图）类使用。`FrameGraphBuilder` 类包含创建节点和资源的功能。

让我们看看这些构建块是如何被用来定义我们的帧图的!

解析图

现在我们已经定义了构成图的数据结构,接下来需要解析图的 JSON 定义,以填充这些结构并创建我们的帧图定义。以下是解析帧图需要执行的步骤:

1. 首先初始化一个 `FrameGraphBuilder` 类和 `FrameGraph` 类:

```
FrameGraphBuilder frame_graph_builder;
frame_graph_builder.init( &gpu );

FrameGraph frame_graph;
frame_graph.init( &frame_graph_builder );
```

2. 接着调用 `parse`(解析)方法来读取图的 JSON 定义,并为其创建资源和节点:

```
frame_graph.parse( frame_graph_path,
                   &scratch_allocator );
```

3. 一旦有了图定义,就进入了编译步骤:

```
frame_graph.compile();
```

这个步骤是关键所在。我们分析图来计算节点之间的连接边,为每个类创建帧缓冲区和渲染通道,并确定哪些资源可以别名化。我们将在下一节详细解释这些步骤。

4. 一旦编译了图结构,就需要注册我们的渲染通道:

```
frame_graph->builder->register_render_pass(
    "depth_pre_pass", &depth_pre_pass );
frame_graph->builder->register_render_pass(
    "gbuffer_pass", &gbuffer_pass );
frame_graph->builder->register_render_pass(
    "lighting_pass", &light_pass );
frame_graph->builder->register_render_pass(
    "transparent_pass", &transparent_pass );
frame_graph->builder->register_render_pass(
    "depth_of_field_pass", &dof_pass );
```

这使我们能够通过简单地更换为特定通道注册的类来测试每个通道的不同实现。甚至可以在运行时交换这些通道。

5. 最后,准备渲染我们的场景:

```
frame_graph->render( gpu_commands, scene );
```

我们现在将详细查看 `compile`(编译)和 `render`(渲染)方法。

4.2.4 实现拓扑排序

正如我们在前一节中提到的,帧图实现中最有趣的部分位于 `compile` 方法内部。为了清晰起见,我们在接下来的内容中简化了一些代码。

请参考 4.1 节提到的 GitHub 链接以获取完整实现。
以下是我们用来计算节点之间边的算法的分解步骤：
1. 首先执行的步骤是在节点之间创建连接边：

```
for ( u32 r = 0; r < node->inputs.size; ++r ) {
    FrameGraphResource* resource = frame_graph->
        get_resource( node->inputs[ r ].index );

    u32 output_index = frame_graph->find_resource(
        hash_calculate( resource->name ) );

    FrameGraphResource* output_resource = frame_graph
        ->get_resource( output_index );
```

我们通过遍历每个输入并检索相应的输出资源来完成这一步。请注意，图在内部将输出存储在按名称键控的映射中。

2. 接着将输出的详细信息保存在输入资源中。这样我们也可以在输入中直接访问这些数据：

```
resource->producer = output_resource->producer;
resource->resource_info = output_resource->
                          resource_info;
resource->output_handle = output_resource->
                          output_handle;
```

3. 最后，我们在生成此输入的节点和我们当前正在处理的节点之间创建一条边：

```
    FrameGraphNode* parent_node = ( FrameGraphNode*)
                                  frame_graph->
                                  get_node(
                                  resource->
                                  producer.index );

    parent_node->edges.push( frame_graph->nodes[
                             node_index ] );
}
```

在这个循环结束时，每个节点都将包含它所连接的节点列表。虽然目前没有这样做，但在这个阶段，我们可以从图中移除没有连接边的节点。

现在我们已经计算出节点之间的连接，可以按照拓扑顺序对它们进行排序。在这一步结束时，我们将获得一个有序节点列表，确保生成输出的节点在使用该输出的节点之前。

这里是对排序算法的解析，我们突出显示了代码中最相关的部分：

1. `sorted_node` 数组将包含以倒序排列的节点：

```
Array<FrameGraphNodeHandle> sorted_nodes;
sorted_nodes.init( &local_allocator, nodes.size );
```

2. `visited` 数组将用来标记我们已经处理过的节点。我们需要记录这些信息以避免无限循环：

```
Array<u8> visited;
visited.init( &local_allocator, nodes.size, nodes.size
);
memset( visited.data, 0, sizeof( bool ) * nodes.size );
```

3. 最后，堆栈数组 `stack` 被用来跟踪我们还需要处理的节点。我们需要这种数据结构，因为我们的实现没有使用递归机制：

```
Array<FrameGraphNodeHandle> stack;
stack.init( &local_allocator, nodes.size );
```

4. 图是通过**深度优先搜索**（Depth-First Search，DFS）来遍历的。接下来的代码执行这个任务：

```
for ( u32 n = 0; n < nodes.size; ++n ) {
    stack.push( nodes[ n ] );
```

5. 我们遍历每个节点并将其添加到栈中。这样做是为了确保能够处理图中的所有节点：

```
    while ( stack.size > 0 ) {
        FrameGraphNodeHandle node_handle =
            stack.back();
```

6. 然后我们开启第二个循环，这个循环会一直进行，直到处理完所有与我们刚加入栈中的节点相连的节点：

```
        if (visited[ node_handle.index ] == 2) {
            stack.pop();

            continue;
        }
```

如果一个节点已经被访问过并且被添加到有序节点列表中，我们只需将其从栈中移除，并继续处理其他节点。传统的图处理实现中没有这一步。

我们不得不添加这一步，因为一个节点可能会产生多个输出。这些输出反过来可能会连接到多个节点，我们不希望将生成节点多次添加到有序节点列表中。

7. 如果我们当前处理的节点已经被访问过，并且在栈中被找到，这意味着我们已经处理了它的所有子节点，可以将它添加到有序节点列表中。如下面的代码所示，我们还将其标记为已添加（`added`），以确保不会将它多次添加到列表中：

```
        if ( visited[ node_handle.index ]  == 1) {
            visited[ node_handle.index ] = 2; // added

            sorted_nodes.push( node_handle );

            stack.pop();
            continue;
        }
```

8. 当第一次到达一个节点时，我们将其标记为已访问（`visited`）。如下面的代码块所

示,这是为了确保不会多次处理同一个节点:

```
visited[ node_handle.index ] = 1; // visited
```

9. 如果正在处理的节点没有连接边,我们就继续迭代:

```
FrameGraphNode* node = ( FrameGraphNode* )
                       builder->node_cache.
                       nodes.access_resource
                       ( node_handle.index
                       );

// Leaf node
if ( node->edges.size == 0 ) {
    continue;
}
```

10. 如果节点与其他节点相连,我们将它们添加到栈中以便处理,然后再次迭代。如果这是你第一次看到图遍历的迭代实现,你可能不会立即明白它与递归实现之间的关系。我们建议你多看几遍代码,直到理解为止;这是一种强大的技术,有时会非常方便!

```
for ( u32 r = 0; r < node->edges.size; ++r ) {
    FrameGraphNodeHandle child_handle =
        node->edges[ r ];

    if ( !visited[ child_handle.index ] ) {
        stack.push( child_handle );
    }
}
```

11. 最后一步是遍历排序后的节点数组,并以相反的顺序将它们添加到图的节点列表中:

```
for ( i32 i = sorted_nodes.size - 1; i >= 0; --i ) {
    nodes.push( sorted_nodes[ i ] );
}
```

我们现在已经完成了图的拓扑排序!节点排序后,可以继续分析图,以确定哪些资源可以设置别名。

计算资源别名

大型帧图必须处理数百个节点和资源。这些资源的生命周期可能不会覆盖整个图,这为我们提供了一个机会,即可以复用不再需要的资源的内存(如图4-5所示)。这种技术被称为**内存别名**,因为多个资源可以指向同一内存分配。

在这个例子中,我们可以看到 `gbuffer_colour` 资源无须在整个帧中使用,它的内存可以被复用,例如,用于 `final` 资源。

我们首先需要确定使用给定资源的第一个节点和最后一个节点。一旦有了这些信息,我们就可以确定一个给定的节点是否能复用现有内存来存储其资源。接下来的代码实现了这种技术。

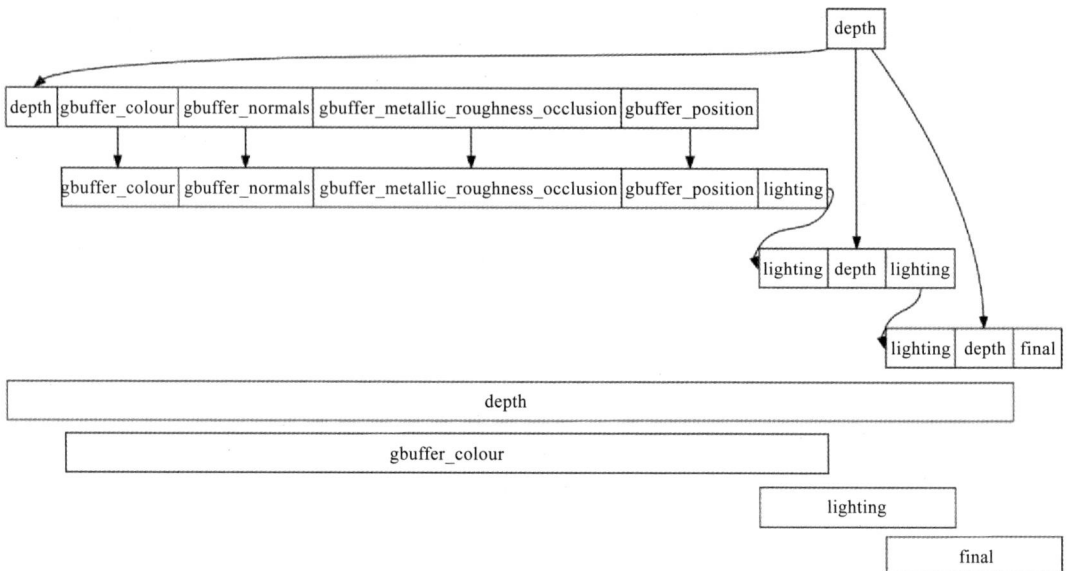

图 4-5 资源在某帧中的生命周期示例

我们首先分配一些辅助数组：

```
sizet resource_count = builder->resource_cache.resources.
                  used_indices;
Array<FrameGraphNodeHandle> allocations;
allocations.init( &local_allocator, resource_count,
             resource_count );
for ( u32 i = 0; i < resource_count; ++i) {
    allocations[ i ].index = k_invalid_index;
}

Array<FrameGraphNodeHandle> deallocations;
deallocations.init( &local_allocator, resource_count,
             resource_count );
for ( u32 i = 0; i < resource_count; ++i) {
    deallocations[ i ].index = k_invalid_index;
}

Array<TextureHandle> free_list;
free_list.init( &local_allocator, resource_count );
```

这些数组并非算法严格所需，但它们有助于调试和确保我们的实现中没有错误。allocations 数组将跟踪给定资源被分配到哪个节点。

类似地，deallocations 数组包含可以释放给定资源的节点。最后，free_list（空闲列表）将包含已被释放且可以复用的资源。

接下来，我们将研究跟踪资源分配和释放的算法：

```
for ( u32 i = 0; i < nodes.size; ++i ) {
    FrameGraphNode* node = ( FrameGraphNode* )builder->
                            node_cache.nodes.access
                            _resource( nodes[ i ].index );

    for ( u32 j = 0; j < node->inputs.size; ++j ) {
        FrameGraphResource* input_resource =
            builder->resource_cache.resources.get(
                node->inputs[ j ].index );
        FrameGraphResource* resource =
            builder->resource_cache.resources.get(
                input_resource->output_handle.index );

        resource->ref_count++;
    }
}
```

首先，我们遍历所有输入资源，并在每次使用时增加它们的引用计数。我们还在 allocations 数组中标记哪个节点分配了资源：

```
for ( u32 i = 0; i < nodes.size; ++i ) {
    FrameGraphNode* node = builder->get_node(
                            nodes[ i ].index );

    for ( u32 j = 0; j < node->outputs.size; ++j ) {
        u32 resource_index = node->outputs[ j ].index;
        FrameGraphResource* resource =
            builder->resource_cache.resources.get(
                resource_index );
```

下一步是遍历所有节点及其输出。接下来的代码负责执行内存分配：

```
if ( !resource->resource_info.external &&
  allocations[ resource_index ].index ==
  k_invalid_index ) {
    allocations[ resource_index ] = nodes[ i ];
}

if ( resource->type ==
  FrameGraphResourceType_Attachment ) {
    FrameGraphResourceInfo& info =
        resource->resource_info;

                if ( free_list.size > 0 ) {
                    TextureHandle alias_texture =
                        free_list.back();
                    free_list.pop();

                    TextureCreation texture_creation{ };
```

```
                TextureHandle handle =
                    builder->device->create_texture(
                        texture_creation );

                info.texture.texture = handle;
            } else {
                TextureCreation texture_creation{ };

                TextureHandle handle =
                    builder->device->create_texture(
                        texture_creation );

                info.texture.texture = handle;
            }
        }
    }
}
```

对于每个输出资源，我们首先检查是否有可复用的资源。如果有，我们就将空闲资源传递给 `TextureCreation`（纹理创建）结构。在内部，`GpuDevice` 将使用这些资源的内存，并将其绑定到新创建的资源上。如果没有空闲资源，我们将创建一个新资源。

循环的最后一部分负责确定哪些资源可以被释放并添加到空闲列表中：

```
        for ( u32 j = 0; j < node->inputs.size; ++j ) {
            FrameGraphResource* input_resource =
                builder->resource_cache.resources.get(
                    node->inputs[ j ].index );

            u32 resource_index = input_resource->
                                output_handle.index;
            FrameGraphResource* resource =
                builder->resource_cache.resources.get(
                    resource_index );

            resource->ref_count--;

if ( !resource->resource_info.external &&
    resource->ref_count == 0 ) {
        deallocations[ resource_index ] = nodes[ i ];

if ( resource->type ==
    FrameGraphResourceType_Attachment ||
    resource->type ==
    FrameGraphResourceType_Texture ) {
        free_list.push( resource->resource_info.
        texture.texture );
            }
```

}
            }
        }

我们最后一次遍历输入,并减少每个资源的引用计数。如果引用计数降到 0,则意味着这是最后一个使用该资源的节点。我们将该节点保存在 deallocations 数组中,并将资源添加到空闲列表中,准备用于我们即将处理的下一个节点。

至此,图分析的实现过程结束。我们创建的资源被用来创建 framebuffer 对象,此时图已经准备好进行渲染了!

我们将在下一节讨论图的执行。

4.2.5 通过帧图驱动渲染

在分析完图之后,我们已经掌握了渲染所需的所有细节。以下代码负责执行每个节点,并确保所有资源都处于正确状态以供该节点使用:

```
for ( u32 n = 0; n < nodes.size; ++n ) {
    FrameGraphNode*node = builder->get_node( nodes
                          [ n ].index );

    gpu_commands->clear( 0.3, 0.3, 0.3, 1 );
    gpu_commands->clear_depth_stencil( 1.0f, 0 );

for ( u32 i = 0; i < node->inputs.size; ++i ) {
    FrameGraphResource* resource =
    builder->get_resource( node->inputs[ i ].index
    );

if ( resource->type ==
  FrameGraphResourceType_Texture ) {
    Texture* texture =
    gpu_commands->device->access_texture(
    resource->resource_info.texture.texture
    );

util_add_image_barrier( gpu_commands->
    vk_command_buffer, texture->vk_image,
    RESOURCE_STATE_RENDER_TARGET,
    RESOURCE_STATE_PIXEL_SHADER_RESOURCE,
    0, 1, resource->resource_info.
    texture.format ==
    VK_FORMAT_D32_SFLOAT );
    } else if ( resource->type ==
                FrameGraphResourceType_Attachment ) {
        Texture*texture = gpu_commands->device->
                         access_texture( resource->
```

```
                        resource_info.texture.texture
                    ); }
    }
```

我们首先遍历节点的所有输入。如果资源是纹理，我们会插入一个屏障，将该资源从附件布局（用于渲染通道中）转换为着色器阶段布局（用于片段着色器中）。

这一步骤非常重要，可确保在我们读取此资源之前，任何之前的写入操作都已完成：

```
for ( u32 o = 0; o < node->outputs.size; ++o ) {
    FrameGraphResource* resource =
        builder->resource_cache.resources.get(
            node->outputs[ o ].index );

    if ( resource->type ==
         FrameGraphResourceType_Attachment ) {
        Texture* texture =
            gpu_commands->device->access_texture(
                resource->resource_info.texture.texture
            );

        width = texture->width;
        height = texture->height;

        if ( texture->vk_format == VK_FORMAT_D32_SFLOAT ) {
            util_add_image_barrier(
            gpu_commands->vk_command_buffer,
            texture->vk_image, RESOURCE_STATE_UNDEFINED,
            RESOURCE_STATE_DEPTH_WRITE, 0, 1, resource->
            resource_info.texture.format ==
            VK_FORMAT_D32_SFLOAT );
        } else {
            util_add_image_barrier( gpu_commands->
            vk_command_buffer, texture->vk_image,
            RESOURCE_STATE_UNDEFINED,
            RESOURCE_STATE_RENDER_TARGET, 0, 1,
            resource->resource_info.texture.format ==
            VK_FORMAT_D32_SFLOAT );
        }
    }
}
```

接下来，我们遍历节点的输出。我们需要再次确保资源处于正确的状态，以便作为附件在渲染通道中使用。完成这一步骤后，我们的资源就准备好进行渲染了。

每个节点的渲染目标可能都有不同的分辨率。以下代码确保我们的剪切和视口大小是正确的：

```
Rect2DInt scissor{ 0, 0,( u16 )width, ( u16 )height };
gpu_commands->set_scissor( &scissor );
```

```
Viewport viewport{ };
viewport.rect = { 0, 0, ( u16 )width, ( u16 )height };
viewport.min_depth = 0.0f;
viewport.max_depth = 1.0f;

gpu_commands->set_viewport( &viewport );
```

一旦视口和剪切设置正确，我们就在每个节点上调用 pre_render（预渲染）方法。这允许每个节点执行渲染通道外进行的操作。例如，景深（depth-of-field）效果的渲染通道会取输入纹理并计算该资源的 MIP 映射：

```
node->graph_render_pass->pre_render( gpu_commands,
                                     render_scene );
```

最后，我们为这个节点绑定渲染通道，调用我们为该节点注册的渲染通道的 render 方法，并通过结束渲染通道来结束循环：

```
gpu_commands->bind_pass( node->render_pass, node->
                         framebuffer, false );

node->graph_render_pass->render( gpu_commands,
                                 render_scene );

gpu_commands->end_current_render_pass();
}
```

至此，本章代码概述结束！我们已经介绍了很多内容，现在是一个很好的时机来简要回顾一下。我们首先介绍了定义帧图实现所使用的主要数据结构。接着，我们解释了如何使用输入和输出来解析图，以计算节点之间的边。

之后，我们就可以按照拓扑顺序对节点进行排序，以确保它们按正确的顺序执行。然后，我们创建执行图所需的资源，并利用内存别名来优化内存使用率。最后，我们遍历每个节点进行渲染，确保所有资源都处于该节点的正确状态。

我们的帧图还有一些功能尚未实现，这些功能可以提高其功能性和稳健性。例如，我们应该确保图中没有循环，且输入不是由使用它的同一个节点产生的。

对于内存别名的实现，我们采用了贪婪算法，简单地选择第一个能够容纳新资源的空闲资源。这可能会导致内存碎片化和内存使用率非最优。

我们鼓励你尝试对代码进行改进！

4.3 总结

在本章中，我们实现了一个帧图，以改善渲染通道的管理，并使后续章节中渲染流水线的扩展更加容易。我们首先介绍了图的基本概念、节点和边。

接着，我们概述了图的结构以及它如何以 JSON 格式编码。我们还提到了为什么选择这种方法而不是在代码中完全定义图。

我们详细介绍了图的处理过程以及准备执行的步骤。我们还概述了用于图的主要数据结构，并介绍了如何解析图以创建节点和资源，以及如何计算连接边。我们解释了节点的拓扑排序，以确保它们按正确的顺序执行。随后介绍了内存分配策略，该策略允许我们复用节点不再需要的特定资源的内存。最后，我们概述了渲染循环以及确保资源处于渲染的正确状态的方法。

在下一章中，我们将利用前两章开发的技术。我们将利用多线程和我们的帧图实现，展示如何并行使用计算流水线和图形流水线进行布料模拟。

4.4 扩展阅读

我们的实现受到了 Frostbite 引擎中帧图实现的极大启发，我们推荐观看这个演讲：`https://www.gdcvault.com/play/1024045/FrameGraph-Extensible-Rendering-Architecture-in`。

许多其他引擎也实现了帧图来组织和优化其渲染流水线。我们鼓励你查看其他实现，并找到最适合你需求的解决方案！

CHAPTER 5

第 5 章

解锁异步计算技术

在本章中，我们将通过允许计算工作与图形任务并行执行来改进我们的渲染器。到目前为止，我们一直在向单一队列记录和提交所有工作。我们仍然可以将计算任务提交到这个队列中，以便与图形工作一起执行。例如，在本章中，我们已经开始使用计算着色器进行全屏光照渲染。在这种情况下，我们不需要单独的队列，因为我们希望减少不同队列之间的同步。

然而，将其他计算工作负载运行在单独的队列上可能会更有益，这样可以让 GPU 充分利用其计算单元。在本章中，我们将使用会在单独计算队列上运行的计算着色器来实现一个简单的布料模拟（cloth simulation）。为了解锁这项新功能，需要对我们的引擎进行一些修改。

本章讨论以下主题：

❑ 使用单一时间线信号量（timeline semaphore）来避免多个栅栏（fence）。
❑ 为异步计算（async compute）添加一个单独的队列。
❑ 使用异步计算实现布料模拟。

5.1 技术要求

本章代码可以在以下网址找到：https://github.com/PacktPublishing/Mastering-Graphics-Programming-with-Vulkan/tree/main/source/chapter5。

5.2 用单一时间线信号量替换多栅栏

在本节中，我们将解释如何在渲染器中使用栅栏和信号量，以及如何通过时间线信号量来减少我们需要使用的对象数量。

我们的引擎已经支持使用栅栏并行渲染多个帧。必须使用栅栏来确保 GPU 已完成对给定帧的资源使用。这是通过在提交新命令批次给 GPU 之前于 CPU 上等待来实现的。相关内容如图 5-1 所示。

然而，这样做有一个缺点；我们需要为每个在处理中的帧创建一个栅栏。这意味着我们至少需要管理两个栅栏用于双缓冲，如果我们想支持三重缓冲，则需要三个。

我们还需要多个信号量来确保 GPU 在继续执行其他操作之前等待某些操作完成。例如，我们需要在渲染完成后发出一个信号量，并将这个信号量传递给呈现（present）命令。这是为了保证在我们尝试呈现交换链图像之前，渲染已经完成。

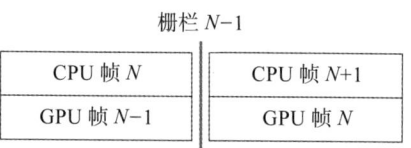

图 5-1　CPU 正在处理当前帧，而 GPU 正在渲染前一个帧

图 5-2 展示了两种情况。在第一种情况中，没有信号量，交换链图像可能在渲染仍进行时就被呈现到屏幕上；在第二种情况中，我们添加了一个信号量，它在渲染提交时被触发，并在呈现前等待。有信号量确保了应用程序的正确行为。如果没有这个信号量，我们将冒着风险呈现一个仍在渲染中的图像，因此可能会显示出损坏的数据。

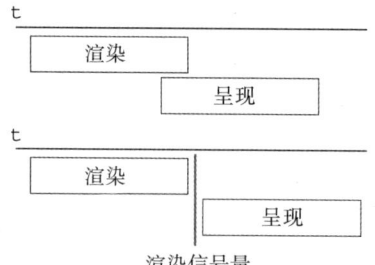

图 5-2　两种情况说明了渲染和呈现之间需要信号量

当我们开始考虑多个队列时，情况会变得更糟。在本章中，我们将添加一个单独的计算队列。这意味着我们需要在 CPU 上添加更多的栅栏，以等待计算工作完成。我们还需要新的信号量来同步计算队列和图形队列，确保计算队列产生的数据已经准备好被图形队列使用。

即使没有使用计算队列，我们可能也想将我们的渲染工作分成多次去提交。每次提交都需要根据每个工作负载的依赖关系，拥有自己的信号并等待信号量。对于需要提交数十次甚至上百次的大场景，这种情况很快就会变得难以控制。

幸运的是，我们有一个解决方案。我们可以仔细想想，栅栏和信号量保存的是相同的信息；它们在提交完成后被触发。如果有一种方法可以在 CPU 和 GPU 上使用同一个对象会怎么样？时间线信号量正好提供了这种功能。

正如其名称所示，时间线信号量持有一个单调递增的值。我们可以定义我们希望信号量被触发的值，以及我们希望等待的值。这个对象可以被 GPU 和 CPU 同时等待，大大减少了实现正确同步所需的对象数量。

现在，我们将展示如何在 Vulkan 中使用时间线信号量。

5.2.1　启用时间线信号量扩展

时间线信号量功能已在 Vulkan 1.2 中成为核心功能。然而，它并非强制性扩展，因此在使用前我们首先需要查询是否支持此功能。通常，这是通过枚举设备公开的扩展并查找扩展名称来完成的：

```
vkEnumerateDeviceExtensionProperties(
    vulkan_physical_device, nullptr,
        &device_extension_count, extensions );
```

```
for ( size_t i = 0; i < device_extension_count; i++ ) {
    if ( !strcmp( extensions[ i ].extensionName,
        VK_KHR_TIMELINE_SEMAPHORE_EXTENSION_NAME ) ) {
            timeline_semaphore_extension_present = true;
            continue;
        }
}
```

如果存在该扩展，我们需要填充一个额外的结构体，该结构将在设备创建时使用，如以下代码所示：

```
VkPhysicalDeviceFeatures2 physical_features2 {
VK_STRUCTURE_TYPE_PHYSICAL_DEVICE_FEATURES_2 };
void* current_pnext = nullptr;

VkPhysicalDeviceTimelineSemaphoreFeatures timeline_sempahore_
features{ VK_STRUCTURE_TYPE_PHYSICAL_DEVICE_TIMELINE_SEMAPHORE_
FEATURES };
if ( timeline_semaphore_extension_present ) {
    timeline_sempahore_features.pNext = current_pnext;
    current_pnext = &timeline_sempahore_features;
}

physical_features2.pNext = current_pnext;
vkGetPhysicalDeviceFeatures2( vulkan_physical_device,
    &physical_features2 );
```

我们还需要将扩展名添加到启用的扩展列表中：

```
if ( timeline_semaphore_extension_present ) {
    device_extensions.push(
        VK_KHR_TIMELINE_SEMAPHORE_EXTENSION_NAME );
}
```

最后，我们在创建设备时使用刚检索的数据：

```
VkDeviceCreateInfo device_create_info {
    VK_STRUCTURE_TYPE_DEVICE_CREATE_INFO };
device_create_info.enabledExtensionCount =
    device_extensions.size;
device_create_info.ppEnabledExtensionNames =
    device_extensions.data;
device_create_info.pNext = &physical_features2;

vkCreateDevice( vulkan_physical_device,
    &device_create_info, vulkan_allocation_callbacks,
        &vulkan_device );
```

现在我们已经准备好在代码中使用时间线信号量了！在下一节中，我们将看到如何创建一个时间线信号量。

5.2.2 创建时间线信号量

创建时间线信号量非常简单。我们首先定义标准的创建结构体：

```
VkSemaphoreCreateInfo semaphore_info{
    VK_STRUCTURE_TYPE_SEMAPHORE_CREATE_INFO };
```

然后，我们需要传递一个额外的结构体，以告诉 API 我们想要创建一个时间线信号量：

```
VkSemaphoreTypeCreateInfo semaphore_type_info{
    VK_STRUCTURE_TYPE_SEMAPHORE_TYPE_CREATE_INFO };
semaphore_type_info.semaphoreType =
    VK_SEMAPHORE_TYPE_TIMELINE;
semaphore_info.pNext = &semaphore_type_info;
Finally, we call the create function:
vkCreateSemaphore( vulkan_device, &semaphore_info,
    vulkan_allocation_callbacks, &vulkan_timeline_semaphore );
```

我们现在有了一个时间线信号量，它可以在我们的渲染器中使用。在后续内容中，我们将查看几个如何使用这种信号量的例子。

5.2.3 在 CPU 上等待时间线信号量

如前所述，我们可以在 CPU 上等待时间线信号量被触发。以下代码所实现的正是这件事：

```
u64 timeline_value = …;

VkSemaphoreWaitInfo semaphore_wait_info{
    VK_STRUCTURE_TYPE_SEMAPHORE_WAIT_INFO };
semaphore_wait_info.semaphoreCount = 1;
semaphore_wait_info.pSemaphores =
    &vulkan_timeline_semaphore;
semaphore_wait_info.pValues = &timeline_value;

vkWaitSemaphores( vulkan_device, &semaphore_wait_info,
                  timeout );
```

你可能已经注意到，我们实际上可以同时等待多个信号量，并为每个信号量指定不同的值。这在某些情况下非常有用，例如在渲染多个窗口时，每个窗口使用不同的信号量。`VkSemaphoreWaitInfo` 结构体中还包含一个 `flags`（标志）字段。

在此字段中使用 `VK_SEMAPHORE_WAIT_ANY_BIT` 值将会在任一信号量达到我们所等待的值时终止等待。否则，只有当所有信号量都达到各自的值时，等待才会终止。

前面代码中最后一个重要的方面是超时值。这个值是以 ns（纳秒）为单位指定的。如果在给定时间后，等待条件未得到满足，调用将返回 `VK_TIMEOUT`。我们通常将超时值设置为无限大，因为我们绝对需要信号量被触发。

然而，等待调用可能永远不会返回，这是一个潜在的风险，例如，等待和信号的组合导致 GPU 上的死锁。一种替代方法是将超时值设置为相对较大的值——例如 1s。如果在这段时间内等待未完成，很可能是我们的提交存在问题，可以将错误通知给用户。

在本节中，我们展示了如何在 CPU 上等待时间线信号量。在下一节，我们将介绍如何在 GPU 上使用时间线信号量。

5.2.4 在 GPU 上使用时间线信号量

在本节中，我们将展示如何更新时间线信号量的值以及如何在 GPU 上等待给定的值。

> **注意**
> 在开始之前，我们想指出我们使用的是 VK_KHR_synchronization2 扩展。这个扩展简化了编写用于屏障和信号量的代码。请参考完整代码以了解如何使用旧 API 来实现这一功能。

首先定义我们想要等待的信号量列表：

```
VkSemaphoreSubmitInfoKHR wait_semaphores[]{
    { VK_STRUCTURE_TYPE_SEMAPHORE_SUBMIT_INFO_KHR, nullptr,
      vulkan_image_acquired_semaphore, 0,
      VK_PIPELINE_STAGE_2_COLOR_ATTACHMENT_OUTPUT_BIT_KHR,
      0 },
    { VK_STRUCTURE_TYPE_SEMAPHORE_SUBMIT_INFO_KHR, nullptr,
      vulkan_timeline_semaphore, absolute_frame - (
      k_max_frames - 1 ),
      VK_PIPELINE_STAGE_2_TOP_OF_PIPE_BIT_KHR , 0 }
};
```

这个列表可以包含标准信号量和时间线信号量。对于标准信号量，signal（信号）值会被忽略。

同样，我们需要定义一个要等待的信号量列表：

```
VkSemaphoreSubmitInfoKHR signal_semaphores[]{
    { VK_STRUCTURE_TYPE_SEMAPHORE_SUBMIT_INFO_KHR, nullptr,
      *render_complete_semaphore, 0,
      VK_PIPELINE_STAGE_2_COLOR_ATTACHMENT_OUTPUT_BIT_KHR,
      0 },
    { VK_STRUCTURE_TYPE_SEMAPHORE_SUBMIT_INFO_KHR, nullptr,
      vulkan_timeline_semaphore, absolute_frame + 1,
      VK_PIPELINE_STAGE_2_COLOR_ATTACHMENT_OUTPUT_BIT_KHR
      , 0 }
};
```

在使用信号量时，我们可以选择不同类型的信号量，而对于标准信号量，信号值会被忽略。重要的是，时间线信号量的信号值必须始终递增。如果我们提交相同的值两次或提交一个较小的值，将会导致验证错误。

在等待和发送信号值时，我们也需要格外小心。如果我们尝试等待一个在同一次提交中设置的值，将会导致 GPU 死锁。一个经验法则是，始终尝试使用一个已经在前一次提交中设置的值。验证层也会帮助你捕捉到这类错误。

最后一步是将两个列表传递给提交信息结构体：

```
VkSubmitInfo2KHR submit_info{
    VK_STRUCTURE_TYPE_SUBMIT_INFO_2_KHR };
submit_info.waitSemaphoreInfoCount = 2;
submit_info.pWaitSemaphoreInfos = wait_semaphores;
submit_info.commandBufferInfoCount =
    num_queued_command_buffers;
submit_info.pCommandBufferInfos = command_buffer_info;
submit_info.signalSemaphoreInfoCount = 2;
submit_info.pSignalSemaphoreInfos = signal_semaphores;

queue_submit2( vulkan_main_queue, 1, &submit_info,
    VK_NULL_HANDLE );
```

正如你可能已经注意到的，我们现在可以在同一次提交中等待和触发同一个时间线信号量。我们也不再需要栅栏。这大大简化了代码，并减少了需要的同步对象数量。

在本节中，我们展示了如何启用时间线信号量的扩展，以及如何创建并使用它们在 CPU 上进行等待。最后，我们展示了如何在 GPU 上等待和触发时间线信号量。

在下一节中，我们将利用这些新获得的知识，添加一个用于异步计算工作的单独队列。

5.3 添加一个用于异步计算的单独队列

在本节中，我们将展示如何使用独立的队列来处理图形任务和计算任务，以充分利用我们的 GPU。现代 GPU 拥有许多通用计算单元，这些单元既可以用于图形处理，也可以用于计算任务。根据给定帧的工作负载（着色器复杂性、屏幕分辨率、渲染通道之间的依赖关系等），有时 GPU 可能没有被完全利用到。

通过使用计算着色器将一些 CPU 上的计算任务移至 GPU，可以提高性能并更好地利用 GPU。这是因为 GPU 调度器可以确定是否有任何计算单元处于空闲状态，并将工作分配给它们，以与现有工作重叠在一起进行。如图 5-3 所示。

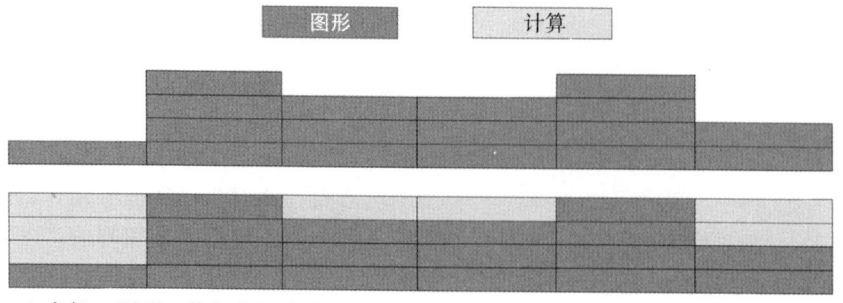

图 5-3　上半部：图形工作负载没有完全利用 GPU。下半部：计算工作负载可以利用未使用的资源以实现 GPU 的最佳利用率

在本节的剩余部分，我们将展示如何使用上一节介绍的时间线信号量来同步两个队列之间的数据访问。

在不同队列上提交工作

在第 3 章中，我们已经设置了多个队列。现在，需要确保从两个队列访问数据时能够正确同步，否则我们可能访问到过时的数据，或者更糟糕的是，访问到尚未初始化的数据。

这个过程的第一步是创建一个单独的命令缓冲区。对于计算工作，必须使用不同的命令缓冲区，因为同一个命令缓冲区不能提交给不同的队列。这可以通过从我们的 GpuDevice 实现中请求一个新的命令缓冲区来轻松实现：

```
CommandBuffer* cb = gpu.get_command_buffer( 0,
gpu.current_frame, true );
```

首先，我们需要为计算队列创建一个新的时间线信号量。这段代码与我们在前一节中展示的代码相同，因此这里不再重复。

接着，需要在每次计算提交时增加我们时间线信号量的值：

```
bool has_wait_semaphore = last_compute_semaphore_value > 0;

VkSemaphoreSubmitInfoKHR wait_semaphores[]{
    { VK_STRUCTURE_TYPE_SEMAPHORE_SUBMIT_INFO_KHR, nullptr,
      vulkan_compute_semaphore,
      last_compute_semaphore_value,
      VK_PIPELINE_STAGE_2_COMPUTE_SHADER_BIT_KHR, 0 }
};

last_compute_semaphore_value++;

VkSemaphoreSubmitInfoKHR signal_semaphores[]{
    { VK_STRUCTURE_TYPE_SEMAPHORE_SUBMIT_INFO_KHR, nullptr,
      vulkan_compute_semaphore,
      last_compute_semaphore_value,
      VK_PIPELINE_STAGE_2_COMPUTE_SHADER_BIT_KHR, 0 },
};
```

这段代码与我们之前展示的提交时间线信号量的代码类似。主要区别在于等待阶段，现在必须使用 VK_PIPELINE_STAGE_2_COMPUTE_SHADER_BIT_KHR。现在已经有了等待信号量和信号信号量的列表，它们已经准备好用于提交了：

```
VkCommandBufferSubmitInfoKHR command_buffer_info{
    VK_STRUCTURE_TYPE_COMMAND_BUFFER_SUBMIT_INFO_KHR };
command_buffer_info.commandBuffer =
    command_buffer->vk_command_buffer;

VkSubmitInfo2KHR submit_info{
    VK_STRUCTURE_TYPE_SUBMIT_INFO_2_KHR };
```

```
    submit_info.waitSemaphoreInfoCount =
        has_wait_semaphore ? 1 : 0;
    submit_info.pWaitSemaphoreInfos = wait_semaphores;
    submit_info.commandBufferInfoCount = 1;
    submit_info.signalSemaphoreInfoCount = 1;
    submit_info.pSignalSemaphoreInfos = signal_semaphores;

    queue_submit2( vulkan_compute_queue, 1, &submit_info,
        VK_NULL_HANDLE );
```

这段代码应该是大家都很熟悉的。我们要强调的是，只有在第一次提交后，我们才会添加等待信号量。如果我们在第一次提交时就等待信号量，那么会导致 GPU 死锁，因为信号量永远不会被触发。幸运的是，验证层会突出显示这个问题，我们可以很容易地纠正它。

现在已经提交了我们的计算工作负载，我们需要确保图形队列等待数据准备就绪。可以通过在提交图形队列时将计算信号量添加到等待信号量列表中来实现这一点。我们将只突出显示新的代码：

```
bool wait_for_compute_semaphore = (
    last_compute_semaphore_value > 0 ) && has_async_work;
VkSemaphoreSubmitInfoKHR wait_semaphores[]{
        { VK_STRUCTURE_TYPE_SEMAPHORE_SUBMIT_INFO_KHR, nullptr,
          vulkan_image_acquired_semaphore, 0,
          VK_PIPELINE_STAGE_2_COLOR_ATTACHMENT_OUTPUT_BIT_KHR,
          0 },
        { VK_STRUCTURE_TYPE_SEMAPHORE_SUBMIT_INFO_KHR, nullptr,
          vulkan_compute_semaphore,
          last_compute_semaphore_value,
          VK_PIPELINE_STAGE_2_VERTEX_ATTRIBUTE_INPUT_BIT_KHR,
          0 },
        { VK_STRUCTURE_TYPE_SEMAPHORE_SUBMIT_INFO_KHR, nullptr,
          vulkan_graphics_semaphore,
          absolute_frame - ( k_max_frames - 1 ),
          VK_PIPELINE_STAGE_2_TOP_OF_PIPE_BIT_KHR , 0 },
};
```

在将计算信号量添加到列表时也必须小心。我们只希望在至少进行了一次计算提交后才等待。在某些帧中，可能没有任何计算工作待处理。在这种情况下，我们也不想等待计算信号量。

在我们的案例中，将等待阶段的标记设置为 VK_PIPELINE_STAGE_2_VERTEX_ATTRIBUTE_INPUT_BIT_KHR，因为我们正在修改网格的顶点。如果你使用计算队列更新纹理，并且该纹理直到片段着色器阶段才会被使用，那么这个设置就需要调整。使用正确的等待阶段对于获得最佳性能非常重要。

在本节中，我们展示了如何为计算工作检索一个单独的队列。然后，我们解释了如何使用新创建的队列来提交计算工作，并正确同步不同队列的数据访问，以确保结果的正确性。

在下一节中，我们将实现一个简单的布料模拟，这个模拟将使用计算着色器。

5.4 通过异步计算实现布料模拟

在本节中,我们将在 GPU 上实现一个简单的布料模拟,作为计算工作负载的示例用例。首先,我们将解释在 GPU 上运行某些任务可能会带来什么好处。接着,我们将提供计算着色器概述。最后,我们将展示如何将代码从 CPU 移植到 GPU,并强调两个平台之间的一些差异。

5.4.1 使用计算着色器的好处

在过去,物理模拟主要于 CPU 上运行。GPU 的计算能力只足以处理图形工作,而且流水线中的大多数阶段都是由只能执行一项任务的专用硬件块来实现的。随着 GPU 的发展,流水线阶段转移到了可以执行不同任务的通用计算块上。

这种在灵活性和计算能力上的增长使得引擎开发者能够将一些工作负载转移到 GPU 上。除了原始性能外,一些计算在 GPU 上运行还可以避免从 CPU 内存到 GPU 内存的高昂复制成本。内存速度的发展并没有像处理器速度那样快,尽可能少地在设备之间移动数据是提高应用性能的关键。

在我们的示例中,布料模拟需要更新所有顶点的位置,并将更新后的数据复制到 GPU。根据网格的大小和需要更新的网格数量,这可能占用相当一部分帧时间。

这些工作负载在 GPU 上也可以更好地扩展,因为我们可以并行更新更多的几何体网格。

我们现在将提供有关计算着色器执行方式的概述。如果你熟悉计算着色器,或者之前使用过 CUDA 或 OpenCL,可以略读下一小节。

5.4.2 计算着色器概述

GPU 的执行模型被称为**单指令多线程**(Single Instruction, Multiple Threads,SIMT)。这与现代 CPU 提供的**单指令多数据**(Single Instruction, Multiple Data,SIMD)类似,都是使用单一指令来操作多个数据条目。

然而,GPU 在单一指令中操作的数据点数量更多。另一个主要区别是,GPU 上的每个线程相比于 SIMD 指令都更加灵活。GPU 架构是一个引人入胜的话题,但其详细内容不在本书讨论范围内。我们将在本章末尾提供扩展阅读的参考资料。

> **注意**
> 在不同的 GPU 厂商中,线程组有着不同的名称。你可能会在其文档中看到"warp"或"wave"这样的术语。为了避免混淆,我们都将使用"线程组"这一术语。

每次计算着色器的调用都可以在一个计算单元内使用多个线程,并且可以控制使用的线程数量。在 Vulkan 中,这通过计算着色器内的以下指令来实现:

```
layout (local_size_x = 8, local_size_y = 8,
local_size_z = 1) in;
```

这定义了局部组大小;我们稍后会解释它的作用。现在,核心问题是我们需要告诉 GPU

我们想要执行 64 个线程（8×8）。每个 GPU 都有一个最优的线程组大小。你应该查阅每个厂商的文档，并且如果可能的话，调整线程组大小以达到最佳性能。

在调用计算着色器时，我们还需要定义一个全局组大小：

```
gpu_commands->dispatch( ceilu32( renderer->
    gpu->swapchain_width * 1.f / 8 ),
     ceilu32( renderer->gpu->swapchain_height * 1.f / 8 ),
     1 );
```

这段代码取自我们的光照通道实现。在这种情况下，我们希望处理渲染目标纹理中的所有像素。你可能已经注意到，我们通过除以 8 来划分尺寸。这样做是为了确保我们不会多次处理同一个像素。让我们通过一个例子来阐明局部组大小和全局组大小是如何工作的。

假设我们的渲染目标是 1280×720。通过将宽度乘以高度，我们可以得到图像中的像素总数。当定义局部组大小时，我们会决定每次着色器调用将处理多少像素（在我们的案例中是 64）。着色器调用次数可以按照以下方式计算：

```
shader_invocation_count = total_pixels / 64
```

不过，`dispatch`（调度）命令需要三个值，因为局部组大小和全局组大小都被定义为三个值的向量。这就是为什么我们需要将每个维度都除以 8：

```
global_group_size_x = width / 8
global_group_size_y = height / 8
```

由于操作的是 2D 纹理，我们没有修改 z 值。可以通过以下代码验证我们是否处理了正确数量的像素：

```
local_thread_group_count = 64
shader_invocation_count = global_group_size_x *
    global_group_size_y
total_pixels =  shader_invocation_count *
    local_thread_group_count
```

可以通过 GLSL 提供的这个变量来确定在着色器内部运行的是哪次调用：

```
ivec3 pos = ivec3( gl_GlobalInvocationID.xyz );
```

每个线程都将看到一个独特的位置值，可以使用这个值来访问我们的纹理。

这只是对计算着色器执行模型的简要概述。我们将在 5.6 节提供更深入的资源。

现在我们对计算着色器的执行方式有了更好的理解，接下来我们将演示如何将 CPU 代码转换为 GPU 计算着色器。

5.4.3 编写计算着色器

计算着色器的代码与顶点着色器或片段着色器类似。主要区别在于计算着色器在定义访问数据的灵活性上更高。例如，在顶点着色器中，我们通常访问属性缓冲区中的单个条目。片段着色器也是如此，其中由着色器调用处理的片段是由 GPU 确定的。

由于增加了灵活性，我们还需要更加仔细地考虑我们的访问模式以及线程之间的同步。例如，如果多个线程需要写入同一内存位置，我们需要添加内存屏障，以确保之前对该内存的写入已完成，并且所有线程都能看到正确的值。用伪代码表示，就是这样：

```
// code
MemoryBarrier()
// all threads have run the code before the barrier
```

GLSL 还提供了原子操作，以防同一内存位置需要在着色器调用之间被访问。

在这里，我们来看一下用于布料模拟的 CPU 版本的伪代码：

```
for each physics mesh in the scene:
    for each vertex in the mesh:
        compute the force applied to the vertex
    // We need two loops because each vertex references
       other vertices position
    // First we need to compute the force applied to each
       vertex,
    // and only after update each vertex position
       for each vertex in the mesh:
    update the vertex position and store its velocity

    update the mesh normals and tangents
    copy the vertices to the GPU
```

我们在布料模拟中使用了一个常见的弹簧模型（spring model），但其实现超出了本章的讨论范围。建议查看代码以获取更多细节，并且 5.6 节引用了我们使用的论文。

你会注意到，在循环的末尾，我们必须将更新后的顶点（vertex）、法线（normal）和切线（tangent）缓冲区复制到 GPU。根据网格的数量和它们的复杂性，这可能是一个成本较高的操作。

如果布料模拟依赖于在 GPU 上运行的其他系统的数据，这一步骤的成本可能会更高。

例如，如果动画系统在 GPU 上运行，而布料模拟在 CPU 上运行，那么我们现在需要执行两次复制，并且在流水线中增加额外的同步点。出于这些原因，将布料模拟移至 GPU 可能会更有益。

让我们从查看顶点缓冲区设置开始：

```
BufferCreation creation{ };
sizet buffer_size = positions.size * sizeof( vec3s );
creation.set( flags, ResourceUsageType::Immutable,
    buffer_size ).set_data( positions.data )
        .set_name( nullptr ).set_persistent( true );

BufferResource* cpu_buffer = renderer->
    create_buffer( creation );
cpu_buffers.push( *cpu_buffer );
```

之前我们只需要这样一个缓冲区，因为我们必须在 CPU 上更新数据，所以只能使用一个主机端的一致性缓冲区，这样 CPU 上的写入就能在 GPU 上可见。使用这种类型的缓冲区会对 GPU 的性能产生影响，因为对于这种类型的内存，访问速度可能较慢，尤其是当缓冲区大小较大时。

由于我们现在将在 GPU 上进行更新，因此可以使用一个标记为 device_only（仅设备）的缓冲区。这是我们创建缓冲区的方式：

```
creation.reset().set( flags, ResourceUsageType::Immutable,
    buffer_size ).set_device_only( true )
        .set_name( "position_attribute_buffer" );

BufferResource* gpu_buffer = renderer->
    create_buffer( creation );
gpu_buffers.push( *gpu_buffer );
```

最后，我们只将数据从 CPU 复制到 GPU 一次。复制完成后，可以释放 CPU 缓冲区：

```
async_loader->request_buffer_copy( cpu_buffer->handle,
                                   gpu_buffer->handle );
```

我们已经展示了位置缓冲区的一个例子。所有其他缓冲区（法线、切线、纹理坐标和索引）的管理方式也是相同的。

现在有了缓冲区，我们需要创建一个描述符集，这个描述符集将被我们的计算着色器使用：

```
DescriptorSetLayoutHandle physics_layout = renderer->
    gpu->get_descriptor_set_layout
        ( cloth_technique->passes[ 0 ].pipeline,
            k_material_descriptor_set_index );
ds_creation.reset().buffer( physics_cb, 0 )
    .buffer( mesh.physics_mesh->gpu_buffer, 1 )
    .buffer( mesh.position_buffer, 2 )
    .buffer( mesh.normal_buffer, 3 )
    .buffer( mesh.index_buffer, 4 )
    .set_layout( physics_layout );

mesh.physics_mesh->descriptor_set = renderer->
    gpu->create_descriptor_set( ds_creation );
```

可以将前面的缓冲区与以下着色器代码的绑定匹配：

```
layout ( std140, set = MATERIAL_SET, binding = 0 ) uniform
    PhysicsData {
        ...
};

layout ( set = MATERIAL_SET, binding = 1 ) buffer
    PhysicsMesh {
        uint index_count;
        uint vertex_count;
```

```
    PhysicsVertex physics_vertices[];
};

layout ( set = MATERIAL_SET, binding = 2 ) buffer
    PositionData {
        float positions[];
};

layout ( set = MATERIAL_SET, binding = 3 ) buffer
    NormalData {
        float normals[];
};

layout ( set = MATERIAL_SET, binding = 4 ) readonly buffer
    IndexData {
        uint indices[];
};
```

需要注意几个要点。因为我们在运行时不知道每个缓冲区的大小，所以必须使用单独的存储块。每个存储块只能有一个运行时数组，并且它必须是块的最后一个成员。

我们还必须使用浮点数组而不是三维向量（vec3）数组；否则，向量中的每个条目都会被填充到 16 字节，GPU 上的数据布局将不再与 CPU 上的数据布局匹配。我们可以使用四维向量（vec4）作为类型，但这样每个顶点就会浪费 4 字节。当你拥有数百万甚至数十亿个顶点时，这种浪费会累积起来！

最后，我们将索引数据（IndexData）块标记为只读（readonly）。这是因为在这个着色器中我们从不修改索引缓冲区。为每个块标记正确的属性很重要，因为这将为着色器编译器提供更多的优化机会。

我们可以通过不同的数据排列方式来减少数据块的数量，例如：

```
struct MeshVertex {
    vec3 position;
    vec3 normal;
    vec3 tangent;
};

layout ( set = MATERIAL_SET, binding = 2 ) buffer MeshData {
    MeshVertex mesh_vertices[];
};
```

这种解决方案通常被称为**结构数组**（Array of Structure，AoS），而我们之前展示的代码使用的则是**数组结构**（Structure of Array，SoA）。虽然 AoS 解决方案简化了绑定过程，但它也使得我们无法单独使用每个数组。例如，在我们的深度通道中，我们只需要位置数据。因此，我们更倾向于使用 SoA 方法。

我们已经展示了如何调度计算着色器以及如何在计算队列和图形队列之间同步访问，所以这里不再重复那些代码。现在可以转向着色器的实现。我们只会展示相关的部分；读者可以自行参考完整的代码列表。

我们首先计算施加在每个顶点上的力：

```
vec3 spring_force = vec3( 0, 0, 0 );

for ( uint j = 0; j < physics_vertices[ v ]
    .joint_count; ++j ) {
        pull_direction = ...;
        spring_force += pull_direction;
}

vec3 viscous_damping = physics_vertices[ v ]
    .velocity * -spring_damping;

vec3 viscous_velocity = ...;

vec3 force = g * m;
force -= spring_force;
force += viscous_damping;
force += viscous_velocity;

physics_vertices[ v ].force = force;
```

注意我们每次都如何访问 physics_vertices（物理顶点）数组。在 CPU 代码中，可以简单地获取对结构体的引用，并且每个字段都会被正确更新。然而，GLSL 不支持引用，所以需要非常小心，确保我们没有将其写入一个局部变量中。

如同在 CPU 代码中，计算每个顶点的力向量后，我们需要更新它的位置：

```
vec3 previous_position = physics_vertices[ v ]
    .previous_position;
vec3 current_position = physics_vertices[ v ].position;

vec3 new_position = ...;
physics_vertices[ v ].position = new_position;
physics_vertices[ v ].previous_position = current_position;

physics_vertices[ v ].velocity = new_position - current_
position;
```

请注意，我们每次都是从缓冲区读取数据。最后，我们更新了网格的顶点位置：

```
for ( uint v = 0; v < vertex_count; ++v ) {
    positions[ v * 3 + 0 ] = physics_vertices[ v ]
        .position.x;
    positions[ v * 3 + 1 ] = physics_vertices[ v ]
        .position.y;
    positions[ v * 3 + 2 ] = physics_vertices[ v ]
```

```
        .position.z;
}
```

由于所有操作都在 GPU 上执行，顶点位置可能已经被其他系统（如动画）首先更新了，但我们也不再需要在 GPU 上反复执行昂贵的复制操作。

在结束之前，我们想指出，目前的每个网格都调用一次着色器，通过在同一个调度中更新多个网格的布料模拟来实现性能提升。另一种方法可能是每个网格一个调度，其中每次着色器调用都更新一个顶点。

虽然这是一种技术上可行的方法，但它需要在线程组内部以及着色器调用之间进行更多的同步。正如我们所提到的，首先需要为每个顶点计算力，然后再更新它们的位置。另一种解决方案可能是将更新分成两个着色器，一个用于计算力，另一个用于更新位置。

这仍然需要在每个着色器调度之间设置流水线屏障。虽然 GPU 必须保证每个命令都按照记录的顺序执行；但它并不保证完成的顺序。基于这些原因，我们决定为每个网格使用一个线程。

在本节中，我们解释了计算着色器的执行模型以及在 GPU 上运行给定计算代码以提高性能和避免额外内存复制的好处。然后，我们演示了如何将为 CPU 编写的代码移植到 GPU 上，以及在使用计算着色器时需要注意的一些方面。

建议查看代码以获取更多细节。尝试对布料模拟进行修改，以实现不同的模拟技术，或者向引擎中添加你自己的计算着色器！

5.5 总结

在本章中，我们构建了支持计算着色器的渲染器基础。我们首先介绍了时间线信号量，以及它们如何被用来替代多个信号量和栅栏。我们展示了如何在 CPU 上等待一个时间线信号量，以及如何在队列提交中使用时间线信号量，无论是让它被信号化还是等待它。

接着，我们演示了如何使用新引入的时间线信号量来同步图形和计算队列之间的执行。

在上一节中，我们展示了有关如何将为 CPU 编写的代码移植到 GPU 中的示例。我们首先解释了在 GPU 上运行计算的一些好处。接着，我们概述了计算着色器的执行模型以及局部和全局工作组大小的配置。最后，我们给出了一个用于布料模拟的计算着色器的具体示例，并强调了其与为 CPU 编写的同一代码的主要区别。

在下一章中，我们将通过添加网格着色器来改进我们的流水线，并为不支持它们的设备编写一个计算着色器的替代方案。

5.6 扩展阅读

同步可能是 Vulkan 中最复杂的方面之一。我们在本章和前几章中都提到了一些概念。如果你想提高你的理解，建议阅读以下资源：

- https://www.khronos.org/registry/vulkan/specs/1.3-extensions/html/vkspec.html#synchronization
- https://www.khronos.org/blog/understanding-vulkan-synchronization
- https://github.com/KhronosGroup/Vulkan-Docs/wiki/SynchronizationExamples

我们只是初步接触了计算着色器。以下资源将更深入地探讨此主题，并提供一些建议，以便充分利用各个设备：

- https://www.khronos.org/opengl/wiki/Compute_Shader
- https://docs.nvidia.com/cuda/cuda-c-programming-guide/index.html#programming-model
- https://github.com/KhronosGroup/OpenCL-Guide/blob/main/chapters/opencl_programming_model.md

计算机图形学中的实时布料模拟已经是研究多年的课题。我们的实现基于这篇论文：http://graphics.stanford.edu/courses/cs468-02-winter/Papers/Rigidcloth.pdf。

另一种流行的方法在这篇论文中提出：http://www.cs.cmu.edu/~baraff/papers/sig98.pdf。

最后，这次 GDC（游戏开发者大会）的演讲给了我们一个使用布料模拟来展示如何使用计算着色器的想法：https://www.gdcvault.com/play/1022350/Ubisoft-Cloth-Simulation-Performance-Postmortem。

第二部分

GPU 驱动的渲染

从这里开始,我们将专注于现代渲染技术。本部分包括第 6 ~ 10 章。

CHAPTER 6

第 6 章

GPU 驱动的渲染

在本章中，我们将升级几何图形流水线，以使用最新的技术：**网格着色器**（mesh shader）和**网格单元**（meshlet）。这项技术的核心思想是将网格渲染的流程从 CPU 转移到 GPU，将剔除（culling）和绘制命令生成转移到不同的着色器中。

首先，我们将在 CPU 上处理网格结构，将其分割成不同的网格单元，每个网格单元包含多达 64 个三角形，每个都有一个独立的包围球（bounding sphere）。接着，我们将使用计算着色器来执行剔除，并编写命令列表以在不同的阶段绘制网格单元。最后，我们将使用网格着色器来渲染这些网格单元。由于目前网格着色器仅在 Nvidia 的 GPU 上可用，因此我们还将提供一个计算着色器的版本。

传统上，几何剔除一直在 CPU 上执行。场景中的每个网格通常都由一个**轴对齐的包围盒**（AABB）表示。与相机视锥体（camera frustum）匹配使用的时候，AABB 可以轻松地被剔除，但随着场景复杂性的增加，大量的帧时间可能会花费在剔除步骤上。

这通常是渲染流水线的第一步，因为我们需要确定哪些几何体网格需要提交以进行绘制。这意味着此时很难找到可以并行执行的其他工作。在 CPU 上进行视锥体剔除的另一个难点是，很难确定哪些对象被遮挡而不需要绘制。

在每一帧中，我们都需要根据摄像机的位置重新排序所有元素。当场景中有成千上万的元素时，这通常是不可行的。最后，一些网格（例如地形）被组织在大面积中，即使只有一小部分可见，也总是会被绘制。

幸运的是，我们可以将部分计算转移到 GPU 上，并利用其并行处理能力。本章介绍的技术将允许我们在 GPU 上进行视锥体和遮挡（occlusion）剔除。为了使过程尽可能高效，我们将直接在 GPU 上生成绘制命令列表。

本章讨论以下主题：
- ❏ 将大型几何体网格分解成网格单元。
- ❏ 使用任务着色器和网格着色器处理网格单元，执行背面剔除和视锥体剔除。
- ❏ 使用计算着色器执行高效的遮挡剔除。
- ❏ 在 GPU 上生成绘制命令并使用间接绘制函数。

6.1 技术要求

本章代码可以在以下网址找到：https://github.com/PacktPublishing/Mastering-Graphics-Programming-with-Vulkan/tree/main/source/chapter6。

6.2 将大型几何体网格分解成网格单元

在本章中，我们将主要关注图形流水线的几何阶段，这是在着色阶段之前的一个阶段。增加流水线几何阶段的复杂性将在后续阶段带来好处，因为这将减少所需着色的像素数量。

> **注意**
> 当我们提到图形流水线的几何阶段时，并不是指几何着色器。图形流水线的几何阶段指的是**输入组装**（Input Assembly，IA）、顶点处理（vertex processing）和**图元组装**（Primitive Assembly，PA）。顶点处理可以依次运行以下一个或多个着色器：顶点、几何（geometry）、细分（tessellation）、任务和网格着色器。

内容几何体的形状、大小和复杂性各不相同。渲染引擎必须能够处理从小型精细物体到大型地形的各种网格。大型网格（例如地形或建筑物）通常由艺术家分解，以便渲染引擎可以根据这些物体与摄像机的距离选择不同的细节级别。

将几何体网格分解成更小的块可以帮助剔除不可见的几何形状，但有些网格仍然足够大，即使只有一小部分可见，我们也需要完整处理它们。

为了解决这些问题，技术人员开发了网格单元。每个网格都被细分为顶点组，通常是 64 个，这样可以在 GPU 上更容易地处理。

图 6-1 展示了如何将大型网格分解成网格单元。

图 6-1　一个网格单元划分示例

这些顶点可以组成任意数量的三角形，但我们通常会根据运行时所在的硬件来调整这个值。在 Vulkan 中，推荐的值是 126（如下面的地址所述，需要该数字来保留一些内存，以便为每个小网格写入图元计数：https://developer.nvidia.com/blog/introduction-turing-mesh-shaders/)。

> **注意**
> 在撰写本书时，网格和任务着色器仅通过其扩展在 Nvidia 硬件上可用。虽然本章描述的一些 API 是特定于这些扩展的，但这些概念通常可以使用通用计算着色器来应用和实现。Khronos 委员会目前正在开发这一扩展的更通用版本，因此网格和任务着色器应该很快就能从其他供应商那里获得！

现在有了数量更少的三角形，我们可以通过剔除不可见或被其他物体遮挡的网格单元来进行更细致的控制。

除了顶点和三角形列表，我们还为每个网格单元生成了一些额外的数据，这些数据稍后在执行背面剔除、视锥体剔除和遮挡剔除时将非常有用。

未来的一个可能性是选择网格的**细节级别**（LOD），因此，我们需要基于可能的需求，使用启发式的方法选择不同的网格单元子集。

这些额外数据中的第一个是网格单元的包围球，如图 6-2 所示。

图 6-2　一个网格单元包围球示例；清晰起见，一些较大的球体已被隐藏

你们可能会问：为什么不使用 AABB？ AABB 至少需要两个三维向量（vec3）的数据：一个用于中心，另一个用于半尺寸向量。另一种编码方式是存储最小角和最大角。相比之下，球体只需要一个四维向量（vec4）就可以编码：一个三维向量（vec3）用于中心，加上一个半径。

考虑到我们可能需要处理数百万个网格单元，每节省一个字节都很重要！球体还可以更容易地进行视锥体和遮挡剔除测试，我们将在本章后面详细描述。

接下来我们将使用的额外数据是网格单元的锥对象（cone），如图 6-3 所示。

锥体显示了网格单元的朝向，将用于背面剔除。

现在我们对网格单元的用途以及如何利用它们来改善大型网格的剔除有了更好的理解，

让我们看看如何在代码中生成它们!

图 6-3 一个网格单元锥示例;清晰起见,并未显示所有的锥体

生成网格单元

我们将使用一个名为 **MeshOptimizer**(https://github.com/zeux/meshoptimizer)的开源库来生成网格单元。另一个可选的库是 **meshlete**(https://github.com/JarkkoPFC/meshlete),我们鼓励你尝试这两个库,以找到最适合你需求的一个。

在为给定的网格加载数据(顶点和索引)之后,我们将生成网格单元的列表。首先,我们确定可以为自己的网格生成的最大网格单元数量,并为描述网格单元的顶点和索引数组分配内存:

```
const sizet max_meshlets = meshopt_buildMeshletsBound(
    indices_accessor.count, max_vertices, max_triangles );

Array<meshopt_Meshlet> local_meshlets;
local_meshlets.init( temp_allocator, max_meshlets,
    max_meshlets );

Array<u32> meshlet_vertex_indices;
meshlet_vertex_indices.init( temp_allocator, max_meshlets *
    max_vertices, max_meshlets* max_vertices );

Array<u8> meshlet_triangles;
meshlet_triangles.init( temp_allocator, max_meshlets *
    max_triangles * 3, max_meshlets* max_triangles * 3 );
```

请注意索引和三角形数组的类型。我们没有修改原始的顶点或索引缓冲区,只是在原始缓冲区中生成了一个索引列表。另外,我们只需要 1 字节来存储三角形索引。再次强调,节省内存对于保持网格单元处理效率非常重要!

下一步是生成网格单元:

```
const sizet max_vertices = 64;
const sizet max_triangles = 124;
const f32 cone_weight = 0.0f;

sizet meshlet_count = meshopt_buildMeshlets(
    local_meshlets.data,
    meshlet_vertex_indices.data,
    meshlet_triangles.data, indices,
    indices_accessor.count,
    vertices,
    position_buffer_accessor.count,
    sizeof( vec3s ),
    max_vertices,
    max_triangles,
    cone_weight );
```

正如前一步所提到的，我们需要告诉库一个网格单元可以包含的顶点和三角形的最大数量。在我们的案例中使用的是为 Vulkan API 推荐的值。其他参数包括原始的顶点和索引缓冲区，以及我们刚刚创建的包含网格单元数据的数组。

让我们更详细地了解每个网格单元的数据结构：

```
struct meshopt_Meshlet
{
unsigned int vertex_offset;
unsigned int triangle_offset;

unsigned int vertex_count;
unsigned int triangle_count;
};
```

每个网格单元都由两个偏移量和两个计数描述，一个用于顶点索引，另一个用于三角形的索引。请注意，这些偏移量指的是由库填充的 `meshlet_vertex_indices` 和 `meshlet_triangles`，而不是网格的原始顶点和索引缓冲区。

现在我们已经获得了网格单元数据，接下来需要将其上传到 GPU。为了尽量减小数据大小，我们以全分辨率存储位置，同时将法线压缩为每个维度 1 字节，将 UV 坐标压缩为每个维度半浮点数。用伪代码表示如下：

```
meshlet_vertex_data.normal = ( normal + 1.0 ) * 127.0;
meshlet_vertex_data.uv_coords = quantize_half( uv_coords );
```

下一步是为每个网格单元提取额外的数据（包围球和锥体）：

```
for ( u32 m = 0; m < meshlet_count; ++m ) {
    meshopt_Meshlet& local_meshlet = local_meshlets[ m ];

    meshopt_Bounds meshlet_bounds =
    meshopt_computeMeshletBounds(
    meshlet_vertex_indices.data +
    local_meshlet.vertex_offset,
```

```
        meshlet_triangles.data +
        local_meshlet.triangle_offset,
        local_meshlet.triangle_count,
        vertices,
        position_buffer_accessor
            .count,
        sizeof( vec3s ) );

        ...
}
```
我们遍历所有网格单元，并调用 MeshOptimizer API 来计算每个网格单元的边界。让我们更详细地看看返回的数据结构：

```
struct meshopt_Bounds
{
    float center[3];
    float radius;

    float cone_apex[3];
    float cone_axis[3];
    float cone_cutoff;

    signed char cone_axis_s8[3];
    signed char cone_cutoff_s8;
};
```

前四个浮点数代表包围球。接着，我们有锥体的定义，包括锥方向（cone_axis）和锥截角（cone_cutoff）。我们没有使用锥顶点（cone_apex）值，因为它会使背面剔除计算更加昂贵。然而，它可以带来更好的结果。

再次注意，量化值（cone_axis_s8 和 cone_cutoff_s8）帮助我们减少了每个网格单元所需的数据大小。

最后，网格单元数据被复制到 GPU 缓冲区中，在执行任务着色器和网格着色器时将会使用这些数据。

对于每个处理过的网格，我们还将保存网格单元的偏移量和计数，以根据父网格添加粗略的剔除：如果网格可见，那么其网格单元将被添加。

在本节中，我们描述了什么是网格单元以及它们为什么有助于在 GPU 上改进几何体的剔除。接着，我们展示了在具体实现中使用的数据结构。现在我们的数据已经准备好了，接下来就是由任务着色器和网格着色器来使用这些数据。这将是下一节的主题！

6.3 了解任务着色器和网格着色器

在开始之前，我们应该提到，网格着色器可以在没有任务着色器的情况下使用。例如，如果你想在 CPU 上对网格单元执行剔除或其他预处理步骤，则可以自由地这样做。

此外，任务着色器和网格着色器在图形流水线中取代了顶点着色器。网格着色器的输出将直接被片段着色器使用。

图 6-4 展示了传统几何流水线与网格着色器流水线之间的区别。

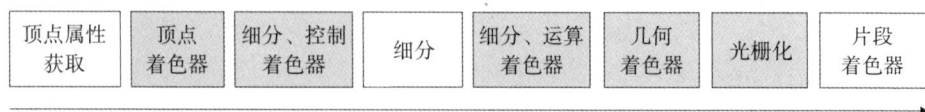

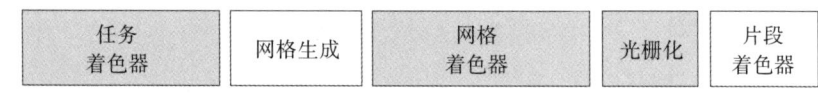

图 6-4　传统几何流水线与网格着色器流水线的区别

在本节中，我们将概述任务着色器和网格着色器的工作原理，然后利用这些信息来使用任务着色器进行背面剔除和视锥体剔除。

任务着色器和网格着色器都采用与计算着色器相同的执行模型，但有一些小的变化。任务着色器的输出直接被网格着色器使用，对于这两种类型，我们都可以指定线程组的大小。

任务着色器（有时也称为放大着色器）可以被视为滤波器。当调用任务着色器时，我们提交所有网格单元进行处理，任务着色器将输出通过滤波测试的网格单元。

图 6-5 提供了一个由任务着色器处理的网格单元的示例。被剔除的网格单元将不会被进一步处理。

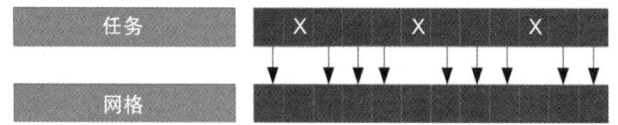

图 6-5　任务着色器决定哪些网格单元将被剔除。被剔除的网格单元不会被网格着色器处理

网格着色器接着处理活跃的网格单元，执行以前在顶点着色器中通常会进行的最终处理。

这只是任务着色器和网格着色器的高层次概述，实际上并没有更多的内容。如果你想了解更多关于这一功能的内部工作原理，我们将在 6.6 节提供更多资源。

接下来，我们将解释如何在 Vulkan 中实现任务着色器和网格着色器！

6.3.1　实现任务着色器

如前所述，任务着色器和网格着色器可以通过 Vulkan API 的扩展来使用。我们之前已经展示了如何检查扩展，因此本章不再重复这部分代码。请自行参考代码以获取更多细节。

这个扩展还引入了两个新的流水线阶段：VK_PIPELINE_STAGE_TASK_SHADER_BIT_

NV 和 VK_PIPELINE_STAGE_MESH_SHADER_BIT_NV，其可以用来放置流水线屏障，以确保这些阶段使用的数据被正确同步。

任务着色器可以像任何计算着色器一样处理：我们创建一个包括一个可选的任务着色器模块、一个网格着色器和一个片段着色器的流水线。调用任务着色器是通过以下 API 完成的：

```
vkCmdDrawMeshTasksNV( vk_command_buffer, task_count,
    first_task );
```

可以将 task_count（任务计数）视为计算着色器的工作组大小。这个函数还有一个间接变体，它可以从缓冲区读取多次绘制的调用细节：

```
vkCmdDrawMeshTasksIndirectCountNV( vk_command_buffer,
    mesh_draw_buffer, 0, draw_count, stride );
```

我们在代码中使用这种变体，因为它允许我们在每个场景中只进行一次绘制调用，并且让 GPU 完全控制哪些网格单元将被绘制。

在间接渲染中，我们在 GPU 程序中编写命令（与在 CPU 上所做的一样），并且还需要读取一个缓冲区来了解有多少命令。我们将在 6.4 节看到命令写入。

现在我们将注意力转向着色器的实现。任务着色器和网格着色器需要启用它们的 GLSL 扩展，否则编译器可能将代码视为常规的计算着色器：

```
#extension GL_NV_mesh_shader: require
```

由于我们使用间接命令来调用自己的着色器，因此需要启用另一个扩展，这个扩展将允许我们访问当前着色器调用的绘制 ID：

```
#extension GL_ARB_shader_draw_parameters : enable
```

请注意，这个扩展是在 platform.h 头文件中启用的，而不是直接在着色器代码中启用的。正如我们提到的，任务着色器类似于计算着色器。实际上，着色器中的第一个指令是确定线程组大小：

```
layout(local_size_x = 32) in;
```

在这里，即使已指定，local_size_y 和 local_size_z 也会被忽略。现在可以转到着色器的主体部分。我们首先确定需要处理的网格和网格单元：

```
uint thread_index = gl_LocalInvocationID.x;
uint group_index = gl_WorkGroupID.x;
uint meshlet_index = group_index * 32 + thread_index;

uint mesh_instance_index = draw_commands[ gl_DrawIDARB ]
    .drawId;
```

gl_DrawIDARB 绘制索引来自通过间接缓冲区中编写的命令对每个 vkCmdDrawMeshTasksNV 的调用。

接着，我们加载当前网格单元的数据。首先，我们确定网格单元包围球的世界位置和大小：

```
vec4 center = model * vec4(meshlets[mi].center, 1);
float scale = length( model[0] );
float radius = meshlets[mi].radius * scale;
```

然后，我们恢复锥方向（`cone_axis`）的值（记住，它们是以单个字节存储的）和锥截角（`cone_cutoff`）：

```
vec3 cone_axis = mat3( model ) *
   vec3(int(meshlets[mi].cone_axis[0]) / 127.0,
      int(meshlets[mi].cone_axis[1]) / 127.0,
      int(meshlets[mi].cone_axis[2]) / 127.0);
float cone_cutoff = int(meshlets[mi].cone_cutoff) / 127.0;
```

现在我们拥有了执行背面剔除和视锥体剔除所需的所有数据：

```
accept = !coneCull(center.xyz, radius, cone_axis,
   cone_cutoff, eye.xyz);
```

锥剔除（`coneCull`）的实现如下：

```
bool coneCull(vec3 center, float radius, vec3 cone_axis,
float cone_cutoff, vec3 camera_position)
{
   return dot(center - camera_position, cone_axis) >=
      cone_cutoff * length(center - camera_position) +
      radius;
}
```

这段代码首先计算锥体轴线与从包围球中心指向相机的向量之间的角度的余弦值。然后，它根据相机与包围球中心的距离来缩放锥体截止角（即截止半角的余弦值），并加上包围球的半径。

这用于判断锥体是指向相机之外，应该被剔除；还是指向相机，应该被保留。

下一步是执行视锥体剔除。首先，我们将包围球的中心变换到相机空间：

```
center = world_to_camera * center;
```

接着，我们将检查6个视锥体平面，以确定包围球是否在视锥体内：

```
for ( uint i = 0; i < 6; ++i ) {
   frustum_visible = frustum_visible &&
      (dot( frustum_planes[i], center) > -radius);
}
```

如果该网格单元既可见又不被认为是背面的，我们就接受它：

```
accept = accept && frustum_visible;
```

最后一步是写出可见网格单元的索引及其数量。输出数据结构定义如下：

```
out taskNV block
{
   uint meshletIndices[32];
};
```

我们使用GLSL的子组指令来执行这一步骤，如果这是你第一次看到这种语法，逐行了

解是非常有价值的。要访问这些指令,必须启用以下扩展:

```
#extension GL_KHR_shader_subgroup_ballot : require
```

首先,我们根据网格单元是否被视为可见来为活跃的着色器调用设置一个位:

```
uvec4 ballot = subgroupBallot(accept);
```

接着,我们确定先前调用设置的是哪一个位,并使用它来存储活跃网格单元的索引:

```
uint index = subgroupBallotExclusiveBitCount(ballot);

if (accept)
    meshletIndices[index] = meshlet_index;
```

最后,我们统计这个线程组中设置的所有位,并将它们存储在 `gl_TaskCountNV` 变量中:

```
uint count = subgroupBallotBitCount(ballot);

if (ti == 0)
    gl_TaskCountNV = count;
```

`gl_TaskCountNV` 变量被 GPU 用来确定处理未被遮挡的网格单元所需的网格着色器调用次数。之所以需要 `if` 语句,是为了确保每个网格单元只写入 `TaskCount` 一次。

这标志着我们任务着色器实现的结束。接下来,我们将研究网格着色器实现。

6.3.2 实现网格着色器

在任务着色器中执行网格单元剔除后,我们需要处理活跃的网格。这与常规的顶点着色器类似,但有一些重要的区别需要指出。

与任务着色器一样,网格着色器可以被视为计算着色器,首先要确定的是线程组的大小:

```
layout(local_size_x = 32) in;
```

接着,我们需要读取任务着色器写入的数据:

```
in taskNV block
{
    uint meshletIndices[32];
};
```

然后,我们定义自己将要输出的数据。首先确定我们可能写入的顶点和图元(在我们的案例中是三角形)的最大数量:

```
layout(triangles, max_vertices = 64, max_primitives = 124) out;
```

我们接着输出通常从顶点着色器中得到的数据:

```
layout (location = 0) out vec2 vTexcoord0[];
layout (location = 1) out vec4 vNormal_BiTanX[];
layout (location = 2) out vec4 vTangent_BiTanY[];
layout (location = 3) out vec4 vPosition_BiTanZ[];
layout (location = 4) out flat uint mesh_draw_index[];
```

不过，请注意，我们使用了一个值数组，因为每次调用我们都可以输出多达 64 个顶点。

现在已经有了输入值和输出值，可以转向着色器的实现。与之前一样，我们首先确定自己的网格和网格单元索引：

```
uint ti = gl_LocalInvocationID.x;
uint mi = meshletIndices[gl_WorkGroupID.x];

MeshDraw mesh_draw = mesh_draws[ meshlets[mi].mesh_index ];

uint mesh_instance_index = draw_commands[gl_DrawIDARB +
    total_count].drawId;
```

接着，确定活跃网格单元的顶点和索引偏移量以及计数：

```
uint vertexCount = uint(meshlets[mi].vertexCount);
uint triangleCount = uint(meshlets[mi].triangleCount);
uint indexCount = triangleCount * 3;

uint vertexOffset = meshlets[mi].dataOffset;
uint indexOffset = vertexOffset + vertexCount;
```

然后，处理活跃网格单元的顶点：

```
for (uint i = ti; i < vertexCount; i += 32)
{
    uint vi = meshletData[vertexOffset + i];

vec3 position = vec3(vertex_positions[vi].v.x,
   vertex_positions[vi].v.y,
   vertex_positions[vi].v.z);

    // normals, tangents, etc.

    gl_MeshVerticesNV[ i ].gl_Position = view_projection *
        (model * vec4(position, 1));

    mesh_draw_index[ i ] = meshlets[mi].mesh_index;
}
```

我们注意到我们正在写入 gl_MeshVerticesNV 变量。这个变量被 GPU 用来跟踪我们输出的顶点及其索引。这些数据随后将被光栅化器用来在屏幕上绘制结果三角形。

接下来，我们输出索引：

```
uint indexGroupCount = (indexCount + 3) / 4;

for (uint i = ti; i < indexGroupCount; i += 32)
{
    writePackedPrimitiveIndices4x8NV(i * 4,
        meshletData[indexOffset + i]);
}
```

指令 writePackedPrimitiveIndices4x8NV 是专门为网格着色器引入的，它允许一次写入 4 个索引。正如之前提到的，索引只需要 1 字节的存储空间，因为我们不能有大于 64 的值。它们被打包进 meshletData，这是一个无符号整数数组。

如果索引以不同的格式存储，我们需要将它们逐个写入 gl_PrimitiveIndicesNV 变量。

最后，我们在相应的变量中写入图元数量：

```
if (ti == 0)
    gl_PrimitiveCountNV = uint(meshlets[mi].triangleCount);
```

这标志着我们的网格着色器实现的结束。

在本节中，我们概述了任务着色器和网格着色器的工作原理以及它们与计算着色器的关系。接着，我们提供了自己的任务和网格着色器实现的详细步骤，并突出了其与常规顶点着色器的主要区别。

在下一节中，我们将通过添加遮挡剔除来扩展我们的实现。

6.4 使用计算着色器进行 GPU 端的剔除

在上一节中，我们展示了如何对网格单元进行背面剔除和视锥体剔除。在本节中，我们将使用计算着色器来实现视锥体剔除和遮挡剔除。

根据渲染流水线的不同，遮挡剔除通常是通过深度预处理来完成的，在这一过程中，我们只写入深度缓冲区，然后在 G-Buffer 传递期间使用深度缓冲区来避免对我们已知被遮挡的片段进行着色。

这种方法的缺点是必须绘制场景两次，并且除非有其他工作可以与深度预处理重叠，否则必须等待深度预处理完成后才能进行下一步。

本节描述的算法在以下链接中首次提出：https://advances.realtimerendering.com/s2015/aaltonenhaar_siggraph2015_combined_final_footer_220dpi.pdf。

这个算法的工作原理如下：

1. 使用前一帧的深度缓冲区，我们渲染场景中可见的对象，并执行网格和网格单元的视锥体和遮挡剔除。这可能导致"假"不可见问题，例如，在这一帧中可见但之前不可见的网格或网格单元。我们存储这些对象的列表，以便在下一阶段解决"假"可见问题。
2. 前一步骤在计算着色器中直接生成了一个绘制命令列表。这个列表将用于通过间接绘制命令来绘制可见对象。
3. 我们现在有了一个更新的深度缓冲区，同时也更新了深度金字塔。
4. 我们现在可以重新测试在第一阶段被剔除的对象，并生成一个新的绘制列表以消除误报。
5. 我们绘制剩余的对象并生成最终的深度缓冲区。这将作为下一帧的起点，然后这个过程将重复进行。

现在我们对遮挡算法的步骤有了更好的理解，让我们详细看看它是如何实现的。

6.4.1 深度金字塔生成

在描述遮挡算法时，我们提到了深度缓冲区的使用。然而，我们并没有直接使用深度缓冲区。我们使用的是称为**深度金字塔**（depth pyramid）的方案。你可以将它视为深度缓冲区的多级渐进纹理（mipmap）。

与传统的多级渐进纹理的主要区别在于，我们不能使用双线性插值（bi-linear interpolation）来计算较低级别。如果使用常规插值，我们将计算出场景中不存在的深度值。

> **注意**
>
> 正如我们稍后会在书中看到的，这一般适用于采样深度纹理。你应该使用最近邻采样或具有最小/最大比较操作的特定采样器。查看下面的网址以了解更多信息：`https://www.khronos.org/registry/vulkan/specs/1.3-extensions/man/html/VkSamplerReductionMode.html`。

相反，我们读取自己想要减去的 4 个片段，并选择最大值。我们选择最大值是因为深度值从 0 到 1 变化，我们需要确保覆盖了全部的值范围。如果你使用的是 `inverted-z` 技术，深度值从 1 到 0 变化，那就必须使用最小值代替。

我们使用计算着色器来执行这一步骤。首先，我们将深度纹理转换为可读状态：

```
util_add_image_barrier( gpu, gpu_commands->
    vk_command_buffer, depth_texture,
        RESOURCE_STATE_SHADER_RESOURCE, 0, 1, true );
```

然后，遍历深度金字塔的各个层级：

```
u32 width = depth_pyramid_texture->width;
u32 height = depth_pyramid_texture->
    height for ( u32 mip_index = 0; mip_index <
    depth_pyramid_texture->mipmaps; ++mip_index ) {
        util_add_image_barrier( gpu, gpu_commands->
        vk_command_buffer, depth_pyramid_texture->
        vk_image, RESOURCE_STATE_UNDEFINED,
        RESOURCE_STATE_UNORDERED_ACCESS,
        mip_index, 1, false );
```

在前面的例子中，我们需要设置一个屏障来确保我们正在写入的图像被正确设置。接着，我们计算这一层的组大小，并调用计算着色器：

```
u32 group_x = ( width + 7 ) / 8;
u32 group_y = ( height + 7 ) / 8;

gpu_commands->dispatch( group_x, group_y, 1 );
```

正如我们马上会看到的，计算着色器的线程组大小被设置为 8×8。我们必须考虑这一点以计算正确的组大小。

最后，我们转换当前层级的图像，以便可以在下一次迭代时安全地从中读取：

```
        util_add_image_barrier( gpu, gpu_commands->
            vk_command_buffer, depth_pyramid_texture->
            vk_image, RESOURCE_STATE_UNORDERED_ACCESS,
            RESOURCE_STATE_SHADER_RESOURCE, mip_index,
            1, false );

        width /= 2;
        height /= 2;
}
```

我们更新宽度和高度以匹配下一层级的大小。计算着色器的实现相对简单：

```
ivec2 texel_position00 = ivec2( gl_GlobalInvocationID.xy )
    * 2;
ivec2 texel_position01 = texel_position00 + ivec2(0, 1);
ivec2 texel_position10 = texel_position00 + ivec2(1, 0);
ivec2 texel_position11 = texel_position00 + ivec2(1, 1);
```

首先，我们计算自己想要缩小的纹素（texel）的位置。接着，我们读取这些纹素的深度值：

```
float color00 = texelFetch( src, texel_position00, 0 ).r;
float color01 = texelFetch( src, texel_position01, 0 ).r;
float color10 = texelFetch( src, texel_position10, 0 ).r;
float color11 = texelFetch( src, texel_position11, 0 ).r;
```

最后，我们计算最大值，并将其存储在金字塔下一层级的正确位置：

```
float result = max( max( max( color00, color01 ),
    color10 ), color11 );
imageStore( dst, ivec2( gl_GlobalInvocationID.xy ),
    vec4( result, 0, 0, 0 ) );
```

max 函数在这里是必要的，因为深度从 0（靠近摄像机）到 1（远离摄像机）。使用 inverse-depth（反向深度）时，这里应该设置为 min。在下采样时，我们希望选择 4 个样本中最远的一个，以避免过度遮挡。

现在已经计算出了深度金字塔，让我们看看它将如何用于遮挡剔除。

6.4.2 遮挡剔除

这一步骤完全在计算着色器中实现。我们将重点介绍代码的主要部分。首先，我们开始加载当前的网格：

```
uint mesh_draw_index =
    mesh_instance_draws[mesh_instance_index]
    .mesh_draw_index;

MeshDraw mesh_draw = mesh_draws[mesh_draw_index];

mat4 model =
    mesh_instance_draws[mesh_instance_index].model;
```

接着，我们在视图空间中计算包围球的位置和半径：

```
vec4 bounding_sphere = mesh_bounds[mesh_draw_index];

vec4 world_bounding_center = model *
    vec4(bounding_sphere.xyz, 1);
vec4 view_bounding_center = world_to_camera *
    world_bounding_center;

float scale = length( model[0] );
float radius = bounding_sphere.w * scale;
```

请注意，这是整个网格的包围球，而不是网格单元。我们将以相同的方式处理网格单元。

下一步是对包围球进行视锥体剔除。这部分代码与我们在 6.3.1 节介绍的相同，因此这里不再重复。

如果网格通过了视锥体剔除，我们接下来会检查遮挡剔除。首先，我们计算透视投影球的包围正方形。这一步是必要的，因为投影后的球形可能会变成椭球形。我们的实现基于一篇论文（https://jcgt.org/published/0002/02/05/）以及 Niagara 项目（https://github.com/zeux/niagara/）。

我们将只强调最终的实现；建议阅读完整的论文，以了解更多关于理论和推导的细节。

我们首先检查球体是否完全位于近平面之后。如果是这样，就无须进一步处理：

```
bool project_sphere(vec3 C, float r, float znear,
    float P00, float P11, out vec4 aabb) {
        if (-C.z - r < znear)
        return false;
```

为什么是 -C.z？因为在我们的实现中，我们观察的是一个负方向向量，因此可见像素的 z 总是负的。

接下来，我们计算 x 轴上的最小和最大点。我们通过只考虑 xz 平面，找到球体在此平面上的投影，并计算这个投影的最小和最大 x 坐标来实现这一点：

```
vec2 cx = vec2(C.x, -C.z);
vec2 vx = vec2(sqrt(dot(cx, cx) - r * r), r);
vec2 minx = mat2(vx.x, vx.y, -vx.y, vx.x) * cx;
vec2 maxx = mat2(vx.x, -vx.y, vx.y, vx.x) * cx;
```

我们对 y 坐标重复相同的过程（此处省略）。计算出的点位于世界空间中，但我们需要它们在透视投影空间中的值。这可以通过以下代码实现：

```
aabb = vec4(minx.x / minx.y * P00, miny.x / miny.y * P11,
    maxx.x / maxx.y * P00, maxy.x / maxy.y * P11);
```

P00 和 P11 是视图投影矩阵（view-projection matrix）的前两个对角线值。最后一步是将这些值从屏幕空间转换到 UV 空间。在 UV 空间中操作将对算法的下一部分非常有用。

转换由以下代码执行：

```
aabb = aabb.xwzy * vec4(0.5f, -0.5f, 0.5f, -0.5f) +
       vec4(0.5f);
```

屏幕空间的坐标范围是 [-1,1]，而 UV 坐标的范围是 [0,1]。这种转换执行了从一个范围到另一个范围的映射。我们对 y 使用负值，因为屏幕空间的原点在左下角，而 UV 空间的原点在左上角。

现在我们已经得到了网格球体的 2D 边界框，可以检查它是否被遮挡。首先，我们确定应该使用深度金字塔的哪个层级：

```
ivec2 depth_pyramid_size =
    textureSize(global_textures[nonuniformEXT
    (depth_pyramid_texture_index)], 0);
float width = (aabb.z - aabb.x) * depth_pyramid_size.x ;
float height = (aabb.w - aabb.y) * depth_pyramid_size.y ;

float level = floor(log2(max(width, height)));
```

我们简单地将上一步计算出的 UV 坐标中边界框的大小，按照深度金字塔纹理顶层的大小进行缩放。然后取宽度和高度中较大者的对数，以确定我们应该使用金字塔的哪个层级来查找深度值。

在这一步中，我们将边界框缩减到单个像素查找。请记住，在计算金字塔的层级时，缩减步骤会存储最远的深度值。多亏了这一点，我们可以安全地查找单个片段以确定边界框是否被遮挡。

以下代码实现了这一功能：

```
float depth =
    textureLod(global_textures[nonuniformEXT
    (depth_pyramid_texture_index)], (aabb.xy + aabb.zw)
    0.5, level).r;
```

首先，我们在金字塔中查找球形边界框的深度值。接着，我们计算包围球的最近深度：

```
float depth_sphere = z_near / (view_bounding_center.z -
                    radius);
```

最后，我们通过将球体的深度与我们从金字塔中读取的深度进行比较，来确定球体是否被遮挡：

```
occlusion_visible = (depth_sphere <= depth);
```

如果网格通过了视锥体剔除和遮挡剔除，我们会将绘制命令添加到命令列表中：

```
draw_commands[draw_index].drawId = mesh_instance_index;
draw_commands[draw_index].taskCount =
    (mesh_draw.meshlet_count + 31) / 32;
draw_commands[draw_index].firstTask =
    mesh_draw.meshlet_offset / 32;
```

然后，我们将使用这个命令列表来绘制可见网格的网格单元（如 6.3 节所展示的）并更新深度金字塔。

最后一步将是重新对第一次过程中被丢弃的网格进行剔除。使用更新后的深度金字塔，我们可以生成一个新的命令列表来绘制那些被错误剔除的网格。

这标志着我们遮挡剔除实现的结束。在本节中，我们解释了一个在 GPU 上高效进行遮挡剔除的算法。我们首先详细介绍了这项技术执行的步骤。

接着，我们突出介绍了代码的主要部分，这些部分负责创建深度金字塔，用来基于每个网格的包围球进行遮挡剔除。

在 GPU 上执行剔除是一种强大的技术，它帮助开发者克服了传统几何图形流水线的一些限制，并允许我们渲染更复杂、更详细的场景。

6.5 总结

在本章中，我们介绍了网格单元的概念，这是一种帮助我们将大型网格分解成更易管理的小块的结构，可以用来在 GPU 上执行遮挡计算。我们展示了如何使用我们选择的库（MeshOptimizer）来生成网格单元，同时还阐述了一些对遮挡操作有用的额外数据结构（锥体和包围球）。

我们介绍了网格着色器和任务着色器。它们在概念上类似于计算着色器，允许我们在 GPU 上快速处理网格单元。我们演示了如何使用任务着色器来执行背面剔除和视锥体剔除，以及如何使用网格着色器替代顶点着色器（通过并行处理和生成多个图元）。

最后，我们讲解了遮挡剔除的实现。我们首先列出了组成这种技术的步骤。接着，我们展示了如何从现有的深度缓冲区计算深度金字塔。最后，我们分析了遮挡剔除的实现，并突出了计算着色器中最相关的部分。这一步骤还生成了一个可以用于间接绘制调用的命令列表。

到目前为止，我们的场景中只使用了一个光源。在下一章中，我们将实现集群延迟照明，这将允许我们在场景中渲染数百个光源。

6.6 扩展阅读

正如我们在之前的章节中提到的，任务着色器和网格着色器仅在 Nvidia 的 GPU 上可用。这篇博客文章中有更多关于它们内部工作原理的详细信息：`https://developer.nvidia.com/blog/introduction-turing-mesh-shaders/`。

我们的实现在很大程度上受到了这些资源中描述的算法和技术的启发：

- `https://www.gdcvault.com/play/1023463/contactUs`
- `http://advances.realtimerendering.com/s2015/aaltonenhaar_siggraph2015_combined__final_footer__220dpi.pdf`

我们在任务着色器和网格着色器的参考实现中经常使用的是这个项目：`https://github.com/zeux/niagara`。该项目还附带了一系列展示其开发过程的视频：`https://`

www.youtube.com/playlist?list=PL0JVLUVCkk-17CWCn3-cdftR0oajugYvd。

这些库可以用来生成网格单元：
- https://github.com/zeux/meshoptimizer
- https://github.com/JarkkoPFC/meshlete

在遮挡剔除技术中，一个较新的发展是可见性缓冲区（visibility buffer）的概念。这项技术在以下资源中有详细描述：
- http://www.conffx.com/Visibility_Buffer_GDCE.pdf
- http://filmicworlds.com/blog/visibility-buffer-rendering-with-material-graphs/
- https://www.youtube.com/watch?v=eviSykqSUUw

CHAPTER 7

第 7 章

使用集群延迟渲染技术处理多光源

直到现在，我们的场景一直是由一个单点光源（single point light）照亮的。虽然这种方式在我们专注于构建渲染引擎的基础时表现尚可，但它并不是一个非常引人入胜和接近现实的用例。现代游戏中的一个场景可能包含数百个光源，因此重要的是，照明阶段必须高效执行，并且要在一个帧的预期内完成。

在本章中，我们首先将描述在延迟着色（deferred shading）和正向着色（forward shading）中常用的技术。我们将突出每种技术的优点和缺点，以便你可以确定哪一种最适合你的需求。

接下来，我们将提供我们 G-Buffer 设置的概述。虽然 G-Buffer 从一开始就已经设置好了，但我们还没有详细介绍其实现。现在是深入了解的好时机，因为延迟渲染器的选择将指导我们对集群照明（clustered lighting）的策略。

首先，我们将详细描述我们的集群算法并突出代码的相关部分。虽然算法本身并不复杂，但有许多细节对于获得稳定的解决方案非常重要。

本章讨论以下主题：
- 集群照明方案的简要历史。
- 我们的 G-Buffer 设置和实现。
- 使用屏幕瓦片和 Z 分桶（Z-binning）实现集群照明。

7.1 技术要求

在本章结束时，你将对我们的 G-Buffer 实现有一个扎实的理解。你还将学习如何实现一种最先进的光照集群解决方案，该方案能够处理数百个光源。

本章代码可以在以下地址找到：https://github.com/PacktPublishing/Mastering-Graphics-Programming-with-Vulkan/tree/main/source/chapter7。

7.2 集群照明方案的简要历史

在本节中，我们将探讨集群照明的起源以及它多年来的发展历程。

在实时应用中，直到 21 世纪初，处理照明的最常见方式是使用所谓的**正向渲染**技术，这种技术会渲染屏幕上的每个对象，并提供所有需要的信息，包括光照信息。这种方法的问题在于它限制了能够处理的光源数量，比如只能处理 4 到 8 个光源，而在 21 世纪初，这样的数量还算足够。

延迟渲染这个概念，特别是只对同一个像素进行一次着色的思想，最早由 Michael Deering 和同事在 1988 年的一篇开创性论文 *The triangle processor and normal vector shader: a VLSI system for high performance graphics* 中提出，尽管当时还没有使用"延迟"这个术语。

另一个关键概念是 **G-Buffer**，或称**几何缓冲区**，这一概念由 Takafumi Saito 和 Tokiichiro Takahashi 在另一篇开创性论文 *Comprehensible Rendering of 3D Shapes* 中首次提出。在这篇论文中，作者们缓存了每个像素的深度和法线，以便对图像进行后处理——在这种情况下，是为图像增加视觉辅助和可理解性。

虽然第一个使用延迟渲染器的商业游戏是 2001 年在原始 Xbox 上的 *Shrek*，但延迟渲染技术随着游戏 *Stalker* 及其附带的论文 *Deferred Shading in Stalker*（`https://developer.nvidia.com/gpugems/gpugems2/part-ii-shading-lighting-and-shadows/chapter-9-deferred-shading-stalker`）变得越来越受欢迎，其应用也在 2010 年 SIGGRAPH 上的 CryEngine 演讲 *Reaching the Speed of Light*（`http://advances.realtimerendering.com/s2010/Kaplanyan-CryEngine3%28SIGGRAPH%202010%20Advanced%20RealTime%20Rendering%20Course%29.pdf`）之后开始爆炸性增长。

在 21 世纪 00 年代末到 21 世纪 10 年代初，延迟渲染非常流行，几乎所有的引擎都在实现它的某些变体。

到了 2012 年，正向渲染因为 AMD 推出了一个名为 Leo 的演示而重新流行起来。在这个演示中，AMD 利用新的计算着色器技术，为每个屏幕空间的瓦片引入了光源列表，并创建了 Forward+。

有关 AMD Leo 的论文可以在此处找到：`https://takahiroharada.files.wordpress.com/2015/04/forward_plus.pdf`。

几周后，第一个使用 Forward+ 技术的商业游戏 *Dirt Showdown* 发布了，但仅限于 PC 版本，因为当时的游戏机还不支持能够帮助实现该技术的 API（`https://web.archive.org/web/20210621112015/https://www.rage3d.com/articles/gaming/codemaster_dirt_showdown_tech_review/`）。

随着 Forward+ 技术的重新使用，之前的光照限制被打破，这促进了在不同领域（例如，为延迟深度预处理添加后处理抗锯齿）的算法探索。

在接下来的几年里，更精细的细分算法被开发出来，原本简单的 2D 屏幕空间瓦片变成了完全的 3D 视锥体内集群。

这个概念因 Emil Persson 的 *Just Cause 3* 而闻名（`https://www.humus.name/Articles/PracticalClusteredShading.pdf`），随后其他人对这一概念进行了改进，让它适用于延

迟渲染和正向渲染（https://www.cse.chalmers.se/~uffe/clustered_shading_preprint.pdf）。

虽然集群渲染是一个很好的想法，但使用三维网格（3D grid）会消耗大量内存，尤其是在渲染分辨率不断提高的情况下。

目前集群渲染的最新技术由 Activision 提供，这也是我们选择的解决方案，我们将在 7.4 节详细介绍这一技术。

在简要回顾了实时光照渲染技术的历史之后，我们将深入讨论正向渲染和延迟渲染之间的区别。

正向渲染与延迟渲染技术的差异

在讨论了正向渲染和延迟渲染技术的历史之后，我们想要强调它们的主要差异，并讨论它们共同的问题：**光源分配**。

正向渲染的主要优势如下：
- 在渲染材质时拥有完全的自由
- 对不透明和透明物体使用相同的渲染路径
- 支持**多重采样抗锯齿**（Multi Sampled Anti-Aliasing，MSAA）
- GPU 内存带宽较低

正向渲染的主要缺点如下：
- 深度预处理可能是必要的，以减少需要着色的片段数量。如果没有这个预处理步骤，包含大量物体的场景可能会通过为不可见的物体着色片段而浪费大量处理时间。因此，在帧的开始，会执行一个只向深度缓冲区写入的通道。

  接着，`depth-test`（深度测试）函数被设置为等于，这样只有可见物体的片段会被着色。根据你的场景复杂度，这个预处理可能会很耗费资源，在某些情况下，会使用简化的几何体来减少这个通道的成本，代价是结果的精确度略有下降。你还必须小心确保在图形流水线中没有禁用早期深度测试（Early-Z test）。

  这种情况发生在从片段着色器向深度缓冲区写入数据，或者片段着色器包含 `discard`（丢弃）指令时。
- 场景着色的复杂度是物体数量（N）乘以光源数量（L）。由于我们无法预先知道哪些光源会影响给定的片段，因此每个物体都必须处理所有光源。
- 着色器变得越来越复杂，需要执行大量操作，因此对 GPU 寄存器的压力非常高（使用的寄存器数量），这影响了性能。

延迟渲染（有时称为**延迟着色**）主要是为了将几何体的渲染和光照计算分离而引入的。在延迟渲染中，我们创建多个渲染目标。通常，我们会有针对反照率（albedo）、法线、PBR 参数（粗糙度、金属感和遮挡，详见第 2 章）和深度的渲染目标。

一旦这些渲染目标被创建出来，我们就会处理场景中的每一个片段的光源。我们仍然面临之前的问题，因为我们仍然不知道哪些光源会影响给定的着色器；然而，我们的场景复杂

度已经从 $N \times L$ 降低到了 $N+L$。

延迟着色的主要优点如下：
- 降低了着色复杂度
- 无须进行深度预处理
- 使用较为简单的着色器，因为在 G-Buffer 上写入信息和处理光照是分开的操作

然而，这种方法也有一些缺点，如下所述：
- **高内存使用**：我们列出了三个需要存储在内存中的渲染目标。随着现代游戏分辨率的提高，这些需求开始增加，尤其是当需要更多渲染目标来支持其他技术时——例如，用于**时间抗锯齿**（Temporal Anti-Aliasing，TAA）的运动向量，我们将在后面的章节中讨论。因此，开发者倾向于压缩部分数据，这有助于减少 G-Buffer 所需的内存量。
- **法线精度损失**：法线通常作为几何体的一部分，被编码为完整的浮点数（或可能为 16 位浮点数）。为了在写入法线渲染目标时节省内存，这些值被压缩到 8 位，显著降低了这些值的精确度。

  为了进一步减少内存使用，开发者利用法线被规范化的事实。这使我们只需存储两个值并重构第三个值。还有其他一些技术可以用来压缩法线，这些技术将在 7.6 节提及。我们将在下一节详细解释我们使用的方法。
- 透明物体需要单独处理，并且需要使用正向技术进行着色。
- 特殊材质需要将所有参数打包进 G-Buffer。

你可能已经注意到，这两种技术都存在一个共同的问题：在处理单个物体或片段时，我们必须遍历所有的光源。现在我们将介绍用来解决这个问题的两种最常见的技术：瓦片（tile）和集群。

光照瓦片

一种减少为给定片段处理的光源数量的方法是在屏幕空间中创建一个网格框架，并确定哪些光源会影响特定的瓦片。在渲染场景时，我们确定我们正在着色的片段属于哪个瓦片，并且只迭代覆盖该瓦片的光源。

图 7-1 显示了场景中一个光源（绿色球体）的调试可视化以及它覆盖的屏幕区域（黄色）。我们将使用这些数据来确定哪些贴图受到给定光源的影响。

图 7-1　屏幕空间中点光源覆盖的区域

构建瓦片可以在 CPU 上完成，也可以使用 GPU 上的计算着色器来完成。瓦片数据可以存储在一个扁平数组中；我们将在本章后面更详细地解释这种数据结构。

传统的光照瓦片需要一个深度预处理来确定最小和最大的深度值（Z）。这种方法可能会受到深度不连续的影响；然而，最终的数据结构通常是密集打包的，意味着我们没有浪费内存。

光照集群

光照集群将视锥体细分为一个三维网格框架。与瓦片类似，光源被分配到每个单元格中，在渲染时，我们只遍历给定片段所属的光源。

图 7-2 展示了其中一个摄像机轴的光照集群形状。每个光照集群都由一个更小的视锥体组成。

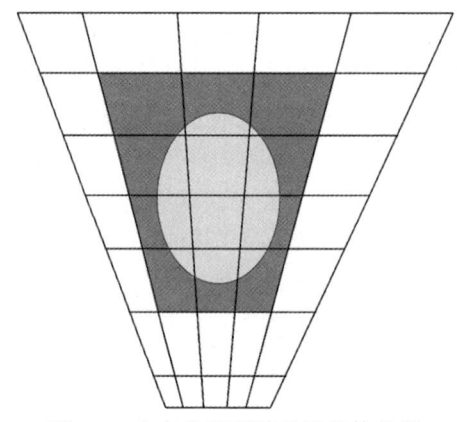

图 7-2　由点光源覆盖的视锥体集群

光源可以存储在一个三维网格框架（例如，三维纹理）或更复杂的数据结构中——例如，**包围体层次结构**（Bounded Volume Hierarchy，BVH）或八叉树（octree）。

为了构建光照集群，我们不需要进行深度预处理。大多数实现会为每个光源构建**轴对齐的包围盒**（Axis Aligned Bounding Box，AABB），并将它们投影到裁剪空间中。这种方法允许我们轻松进行三维查找，并且根据可以为数据结构分配的内存量，有可能达到相当准确的结果。

在本节中，我们强调了正向渲染和延迟渲染各自的优点和缺点。我们介绍了瓦片和集群技术，这些技术可以帮助减少每个片段需要处理的光源数量。

在下一节，我们将提供我们 G-Buffer 实现的概述。

7.3　实现一个 G-Buffer 缓冲区

从这个项目开始，我们决定实施一种延迟渲染器。这是一种较为常见的方法，而且一些渲染目标在后续章节中将用于其他技术：

1. 在 Vulkan 中设置多个渲染目标的第一步是创建帧缓冲区——这些纹理将存储 G-Buffer 数据——以及渲染通道。

这一步通过帧图自动完成（详见第 4 章），但我们想强调我们使用了一个新的 Vulkan 扩展，该扩展简化了渲染通道和帧缓冲区的创建。这个扩展是 VK_KHR_dynamic_rendering。

> **注意**
> 这个扩展已经成为 Vulkan 1.3 核心规范的一部分，因此在数据结构和 API 调用上可以省略 KHR 后缀。

2. 有了这个扩展，我们就不必担心提前创建渲染通道和帧缓冲区了。我们将从分析创建流水线时所需的更改开始：

```
VkPipelineRenderingCreateInfoKHR pipeline_rendering_
create_info{
  VK_STRUCTURE_TYPE_PIPELINE_RENDERING_CREATE_INFO_KHR };
pipeline_rendering_create_info.viewMask = 0;
pipeline_rendering_create_info.colorAttachmentCount =
    creation.render_pass.num_color_formats;
pipeline_rendering_create_info.pColorAttachmentFormats
  = creation.render_pass.num_color_formats > 0 ?
        creation.render_pass.color_formats : nullptr;
pipeline_rendering_create_info.depthAttachmentFormat =
    creation.render_pass.depth_stencil_format;
pipeline_rendering_create_info.stencilAttachmentFormat
  = VK_FORMAT_UNDEFINED;

pipeline_info.pNext = &pipeline_rendering_create_info;
```

我们需要填充一个 VkPipelineRenderingCreateInfoKHR 结构体，指定我们将使用的附件数量及其格式。如果使用的话，我们还需要指定深度和模板格式。

一旦这个结构被填充，我们就将其链接到 VkGraphicsPipelineCreateInfo 结构体。使用这个扩展时，我们不填充 VkGraphicsPipelineCreateInfo::renderPass 成员。

3. 在渲染时，我们不调用 vkCmdBeginRenderPass，而是调用一个新的 API，vkCmdBeginRenderingKHR。我们首先创建一个数组来保存我们的附件详情：

```
Array<VkRenderingAttachmentInfoKHR> color_attachments_
info;
color_attachments_info.init( device->allocator,
    framebuffer->num_color_attachments,
        framebuffer->num_color_attachments );
```

4. 接下来，我们为每个附件填充详细信息：

```
for ( u32 a = 0; a < framebuffer->
  num_color_attachments; ++a ) {
    Texture* texture = device->
        access_texture( framebuffer->
            color_attachments[a] );
```

```cpp
    VkAttachmentLoadOp color_op = ...;

VkRenderingAttachmentInfoKHR&
color_attachment_info = color_attachments_info[ a ];
color_attachment_info.sType =
    VK_STRUCTURE_TYPE_RENDERING_ATTACHMENT_INFO_KHR;
color_attachment_info.imageView = texture->
    vk_image_view;
color_attachment_info.imageLayout =
    VK_IMAGE_LAYOUT_COLOR_ATTACHMENT_OPTIMAL;
color_attachment_info.resolveMode =
    VK_RESOLVE_MODE_NONE;
color_attachment_info.loadOp = color_op;
color_attachment_info.storeOp =
    VK_ATTACHMENT_STORE_OP_STORE;
color_attachment_info.clearValue = render_pass->
    output.color_operations[ a ] ==
        RenderPassOperation::Enum::Clear ? clears[ 0 ]
            : VkClearValue{ };
}
```

5. 我们必须为 depth 附件填充类似的数据结构：

```cpp
VkRenderingAttachmentInfoKHR depth_attachment_info{
    VK_STRUCTURE_TYPE_RENDERING_ATTACHMENT_INFO_KHR };

bool has_depth_attachment = framebuffer->
    depth_stencil_attachment.index != k_invalid_index;

if ( has_depth_attachment ) {
    Texture* texture = device->access_texture(
        framebuffer->depth_stencil_attachment );

    VkAttachmentLoadOp depth_op = ...;
depth_attachment_info.imageView = texture->
    vk_image_view;
depth_attachment_info.imageLayout =
    VK_IMAGE_LAYOUT_DEPTH_STENCIL_ATTACHMENT_OPTIMAL;
depth_attachment_info.resolveMode =
    VK_RESOLVE_MODE_NONE;
depth_attachment_info.loadOp = depth_op;
depth_attachment_info.storeOp =
    VK_ATTACHMENT_STORE_OP_STORE;
depth_attachment_info.clearValue = render_pass->
    output.depth_operation ==
        RenderPassOperation::Enum::Clear ? clears[ 1 ]
            : VkClearValue{ };
}
```

6. 最后，我们填充 VkRenderingInfoKHR 结构体，该结构体将传递给 vkCmdBeginRenderingKHR 函数：

```
VkRenderingInfoKHR rendering_info{
    VK_STRUCTURE_TYPE_RENDERING_INFO_KHR };
rendering_info.flags = use_secondary ?
    VK_RENDERING_CONTENTS_SECONDARY_COMMAND
        _BUFFERS_BIT_KHR : 0;
rendering_info.renderArea = { 0, 0, framebuffer->
    width, framebuffer->height };
rendering_info.layerCount = 1;
rendering_info.viewMask = 0;
rendering_info.colorAttachmentCount = framebuffer->
    num_color_attachments;
rendering_info.pColorAttachments = framebuffer->
    num_color_attachments > 0 ?
        color_attachments_info.data : nullptr;
rendering_info.pDepthAttachment =
    has_depth_attachment ? &depth_attachment_info :
        nullptr;
rendering_info.pStencilAttachment = nullptr;
```

一旦渲染完成，我们就会调用 vkCmdEndRenderingKHR 而不是 vkCmdEndRenderPass。

现在已经设置好了渲染目标，接下来我们将描述它们在 G-Buffer 着色器中的使用方式。我们的 G-Buffer 包含四个渲染目标加上深度缓冲区。正如前一节所提到的，虽然你可能注意到在一些早期章节中出于测试目的启用了深度预处理，但实际上并不需要它。

第一步是在片段着色器中声明多个输出：

```
layout (location = 0) out vec4 color_out;
layout (location = 1) out vec2 normal_out;
layout (location = 2) out vec4
    occlusion_roughness_metalness_out;
layout (location = 3) out vec4 emissive_out;
```

位置索引必须与调用 vkCmdBeginRenderingKHR 时（或在创建渲染通道和帧缓冲对象时）指定附件的顺序相对应。要向给定的渲染目标写入数据，只需向我们刚才声明的变量之一写入：

```
colour_out = texture(global_textures[nonuniformEXT
    (albedo_texture)], uv);
```

正如前一节中提到的，我们必须注意内存使用。你可能已经注意到，我们只存储了法线的两个通道。我们使用八面体编码（octahedral encoding），这种编码只需要存储两个值。我们可以在照明阶段重构完整的法线。

以下是编码函数：

```
vec2 octahedral_encode(vec3 n) {
    // Project the sphere onto the octahedron, and then
```

```
            onto the xy plane
    vec2 p = n.xy * (1.0f / (abs(n.x) + abs(n.y) +
        abs(n.z)));
    // Reflect the folds of the lower hemisphere over the
        diagonals
    return (n.z < 0.0f) ? ((1.0 - abs(p.yx)) *
        sign_not_zero(p)) : p;
}
```

以下是解码函数：

```
vec3 octahedral_decode(vec2 f) {
    vec3 n = vec3(f.x, f.y, 1.0 - abs(f.x) - abs(f.y));
    float t = max(-n.z, 0.0);
    n.x += n.x >= 0.0 ? -t : t;
    n.y += n.y >= 0.0 ? -t : t;

    return normalize(n);
}
```

表 7-1 展示了 G-Buffer 通道的内存布局。我们渲染目标的截图如图 7-3 所示。

表 7-1　G-Buffer 内存布局

反照率	R8	G8	B8
法线	R16	G16	
PBR	R8	G8	B8

图 7-3　从上到下：反照率、法线以及遮挡（红色）、粗糙度（绿色）和金属度（蓝色）的结果

我们或许还能进一步减少渲染目标的数量：我们知道在G-Buffer阶段只处理不透明物体，因此无须alpha通道。此外，没有什么能阻止我们混合不同渲染目标的数据——例如，我们可以有如下设置：
- **RGBA8**：R、G、B和法线1
- **RGBA8**：法线2、粗糙度、金属度和遮挡
- **RGBA8**：自发光（emissive）

我们还可以尝试使用不同的纹理格式（例如 **R11G11B10**），以提高数据的准确性。我们鼓励你尝试不同的解决方案，找到最适合你使用场景的方法！

在本节中，我们介绍了一个新的Vulkan扩展，它简化了渲染通道和帧缓冲区的创建和使用。我们还提供了关于我们G-Buffer实现的详细信息，并突出了潜在的优化方法。在下一节，我们将探讨我们实现的光照集群解决方案。

7.4 实现光照集群

本节将描述我们实现光照集群算法的过程。它基于这个演示：https://www.activision.com/cdn/research/2017_Sig_Improved_Culling_final.pdf。其中主要（且非常聪明的）思想是将 XY 平面与范围 Z 分开，结合了瓦片和集群方法的优点。算法组织如下：

1. 我们按照相机空间中的深度值对光源进行排序。

2. 然后，我们将深度范围划分为大小相等的区间，不过根据不同的深度范围，使用对数划分可能会更好。

3. 接着，如果光源的边界框落在某个区间内，我们就将光源分配到该区间。我们只存储每个区间的最小和最大光源索引，因此每个区间只需要16位，除非你需要超过65 535个光源！

4. 然后，我们将屏幕划分为多个瓦片（在我们的案例中是 8×8 像素），并确定哪些光源覆盖了给定的瓦片。每个瓦片都将存储一个表示活动光源的位域。

5. 对于想要着色的片段，我们首先确定片段的深度并读取分桶索引。

6. 最后，我们从该桶中最小的光源索引迭代到最大的光源索引，并读取相应的瓦片，这次使用 x 和 y 坐标来检索瓦片。

这个解决方案提供了一种非常高效的方法，用于遍历给定片段的活动光源。

7.4.1 CPU端的光源分配

现在我们来看看实现。在每一帧中，我们执行以下步骤：

1. 我们首先根据光源的深度值进行排序：

```
float z_far = 100.0f;
for ( u32 i = 0; i < k_num_lights; ++i ) {
    Light& light = lights[ i ];

    vec4s p{ light.world_position.x,
```

```
            light.world_position.y,
                light.world_position.z, 1.0f };
        vec3s p_min = glms_vec3_add( light.world_position,
            glms_vec3_scale(
                light_camera_dir,
                    -light.radius ) );
        vec3s p_max = glms_vec3_add( light.world_position,
            glms_vec3_scale(
                light_camera_dir,
                    light.radius ) );


        vec4s projected_p = glms_mat4_mulv(
            world_to_camera, p );
        vec4s projected_p_min = glms_mat4_mulv(
            world_to_camera, p_min4 );
        vec4s projected_p_max = glms_mat4_mulv(
            world_to_camera, p_max4 );

    SortedLight& sorted_light = sorted_lights[ i ];
    sorted_light.light_index = i;
    sorted_light.projected_z = ( -projected_p.z -
        scene_data.z_near ) / ( z_far -
            scene_data.z_near );
    sorted_light.projected_z_min = ( -
        projected_p_min.z - scene_data.z_near ) / (
            z_far - scene_data.z_near );
    sorted_light.projected_z_max = ( -
        projected_p_max.z - scene_data.z_near ) / (
            z_far - scene_data.z_near );
}
```

我们从摄像机的视角计算光源球的最小点和最大点。注意，我们使用了更近的远深度平面（far depth plane）来提高深度范围的精度。

2. 为了避免对光源列表进行排序，我们只对光源索引进行排序：

```
qsort( sorted_lights.data, k_num_lights, sizeof(
    SortedLight ), sorting_light_fn );
u32* gpu_light_indices = ( u32* )gpu.map_buffer(
    cb_map );
if ( gpu_light_indices ) {
    for ( u32 i = 0; i < k_num_lights; ++i ) {
        gpu_light_indices[ i ] = sorted_lights[ i ]
            .light_index;
    }

    gpu.unmap_buffer( cb_map );
}
```

这种优化使我们只需上传一次光源阵列，并且只需要更新光源索引。

3. 接下来，我们继续进行瓦片分配。首先定义我们的位域数组和一些辅助变量，这些变量将用于计算数组中的索引：

```
Array<u32> light_tiles_bits;
light_tiles_bits.init( context.scratch_allocator,
    tiles_entry_count, tiles_entry_count );

float near_z = scene_data.z_near;
float tile_size_inv = 1.0f / k_tile_size;

u32 tile_stride = tile_x_count * k_num_words;
```

4. 然后，将光源位置转换到相机空间：

```
for ( u32 i = 0; i < k_num_lights; ++i ) {
    const u32 light_index = sorted_lights[ i ]
        .light_index;
    Light& light = lights[ light_index ];

    vec4s pos{ light.world_position.x,
        light.world_position.y,
            light.world_position.z, 1.0f };
    float radius = light.radius;

    vec4s view_space_pos = glms_mat4_mulv(
        game_camera.camera.view, pos );
    bool camera_visible = view_space_pos.z - radius <
        game_camera.camera.near_plane;

    if ( !camera_visible &&
        context.skip_invisible_lights ) {
            continue;
    }
```

如果光源位于摄像机后方，我们不再进行任何处理。

5. 接下来，我们计算投影到裁剪空间的轴对齐的包围盒（AABB）的角点：

```
for ( u32 c = 0; c < 8; ++c ) {
    vec3s corner{ ( c % 2 ) ? 1.f : -1.f, ( c & 2 ) ?
        1.f : -1.f, ( c & 4 ) ? 1.f : -1.f };
    corner = glms_vec3_scale( corner, radius );
    corner = glms_vec3_add( corner, glms_vec3( pos ) );

    vec4s corner_vs = glms_mat4_mulv(
        game_camera.camera.view,
            glms_vec4( corner, 1.f ) );
    corner_vs.z = -glm_max(
        game_camera.camera.near_plane, -corner_vs.z );
```

```
    vec4s corner_ndc = glms_mat4_mulv(
        game_camera.camera.projection, corner_vs );
    corner_ndc = glms_vec4_divs( corner_ndc,
        corner_ndc.w );

    aabb_min.x = glm_min( aabb_min.x, corner_ndc.x );
    aabb_min.y = glm_min( aabb_min.y, corner_ndc.y );

    aabb_max.x = glm_max( aabb_max.x, corner_ndc.x );
    aabb_max.y = glm_max( aabb_max.y, corner_ndc.y );
}

aabb.x = aabb_min.x;
aabb.z = aabb_max.x;
aabb.w = -1 * aabb_min.y;
aabb.y = -1 * aabb_max.y;
```

6. 然后，我们继续确定屏幕空间中四边形的大小：

```
vec4s aabb_screen{ ( aabb.x * 0.5f + 0.5f ) * (
    gpu.swapchain_width - 1 ),
    ( aabb.y * 0.5f + 0.5f ) * (
    gpu.swapchain_height - 1 ),
    ( aabb.z * 0.5f + 0.5f ) * (
    gpu.swapchain_width - 1 ),
    ( aabb.w * 0.5f + 0.5f ) *
    ( gpu.swapchain_height - 1 ) };

f32 width = aabb_screen.z - aabb_screen.x;
f32 height = aabb_screen.w - aabb_screen.y;

if ( width < 0.0001f || height < 0.0001f ) {
    continue;
}

float min_x = aabb_screen.x;
float min_y = aabb_screen.y;

float max_x = min_x + width;
float max_y = min_y + height;

if ( min_x > gpu.swapchain_width || min_y >
    gpu.swapchain_height ) {
    continue;
}

if ( max_x < 0.0f || max_y < 0.0f ) {
    continue;
}
```

如果屏幕上看不到光源，我们就转向下一个光源。

7. 最后一步是在所有被该光源覆盖的瓦片上设置我们正在处理的光源的位（bit）：

```
min_x = max( min_x, 0.0f );
min_y = max( min_y, 0.0f );

max_x = min( max_x, ( float )gpu.swapchain_width );
max_y = min( max_y, ( float )gpu.swapchain_height );

u32 first_tile_x = ( u32 )( min_x * tile_size_inv );
u32 last_tile_x = min( tile_x_count - 1, ( u32 )(
    max_x * tile_size_inv ) );

u32 first_tile_y = ( u32 )( min_y * tile_size_inv );
u32 last_tile_y = min( tile_y_count - 1, ( u32 )(
    max_y * tile_size_inv ) );

for ( u32 y = first_tile_y; y <= last_tile_y; ++y ) {
    for ( u32 x = first_tile_x; x <= last_tile_x; ++x
        ) {
            u32 array_index = y * tile_stride + x;
                u32 word_index = i / 32;
                    u32 bit_index = i % 32;

    light_tiles_bits[ array_index + word_index ] |= (
        1 << bit_index );
    }
}
```

然后，我们将所有的光照瓦片和分桶数据上传到 GPU。

在这一计算过程结束时，我们将得到一个包含每个深度切片的最小和最大光照 ID 的分桶表。表 7-2 展示了前几个切片的示例值。

我们计算的另一种数据结构是一个二维数组，其中每个条目包含一个位域，用于跟踪相应屏幕瓦片的活动光源。表 7-3 展示了这个数组内容的一个示例。

表 7-2 深度分桶中包含的数据示例

切片索引	MIN | MAX
0	MAX_LIGHT_ID | 0 (empty)
1	2 | 8
2	7 | 7
3	4 | 9

表 7-3 跟踪每个瓦片活动灯光的位域值示例

瓦片索引	0	1	2	3
0	0010	0110	0110	0000
1	1000	1011	0011	1101
2	0110	1001	0001	0010
3	1111	0101	1100	1010

在前面的示例中，我们将屏幕划分为一个 4×4 的网格，并且每个瓦片条目都为覆盖该瓦片的每个光源设置了一个位。请注意，每个瓦片条目可以由多个 32 位值组成，这取决于场景中光源的数量。

在本节中，我们提供了我们所实施的算法的概述，该算法用于将光源分配给给定的集群。然后我们详细介绍了实施算法的步骤。在下一节，我们将使用刚获得的数据在 GPU 上处理光源。

7.4.2 GPU 端的光源处理

现在已经将所有需要的数据存储到了 GPU 上，我们可以在我们的光照计算中使用这些数据：

1. 首先确定我们的片段属于哪个深度区间：

```
vec4 pos_camera_space = world_to_camera * vec4(
    world_position, 1.0 );

float z_light_far = 100.0f;
float linear_d = ( -pos_camera_space.z - z_near ) / (
    z_light_far - z_near );
int bin_index = int( linear_d / BIN_WIDTH );
uint bin_value = bins[ bin_index ];

uint min_light_id = bin_value & 0xFFFF;
uint max_light_id = ( bin_value >> 16 ) & 0xFFFF;
```

2. 我们提取最小和最大的光源索引，因为它们将在光照计算循环中使用：

```
uvec2 position = gl_GlobalInvocationID.xy;

uvec2 tile = position / uint( TILE_SIZE );

uint stride = uint( NUM_WORDS ) *
    ( uint( resolution.x ) / uint( TILE_SIZE ) );
uint address = tile.y * stride + tile.x;
```

3. 首先，我们确定瓦片位域数组中的地址。接着，我们检查这个深度分桶中是否有任何光源：

```
if ( max_light_id != 0 ) {
    min_light_id -= 1;
    max_light_id -= 1;
```

4. 如果 `max_light_id` 为 0，这意味着我们没有在这个分桶中存储任何光源，因此没有光源会影响这个片段。接下来，我们遍历这个深度分桶中的光源：

```
for ( uint light_id = min_light_id; light_id <=
    max_light_id; ++light_id ) {
        uint word_id = light_id / 32;
        uint bit_id = light_id % 32;
```

5. 在计算出字和位索引后，我们确定来自深度分桶的光源中有哪些还覆盖了屏幕上的瓦片：

```
        if ( ( tiles[ address + word_id ] &
            ( 1 << bit_id ) ) != 0 ) {
                uint global_light_index =
```

```
            light_indices[ light_id ];
        Light point_light = lights[
            global_light_index ];

        final_color.rgb +=
            calculate_point_light_contribution
                ( albedo, orm, normal, emissive,
                    world_position, V, F0, NoV,
                        point_light );
        }
    }
}
```

这标志着我们的光照集群算法的结束。着色器代码还包含了一个优化版本，其利用子组指令来提高寄存器的利用率。代码中有大量的注释来解释其工作原理。

在本节中，我们介绍了相当多的代码，所以如果第一次阅读时有些内容不太清楚，也不必担心。我们首先描述了算法的步骤。然后，我们解释了如何在深度分桶中对光源进行排序，以及如何确定覆盖屏幕上特定瓦片的光源。最后，我们展示了这些数据结构如何在照明着色器中使用，以确定哪些光源会影响特定的片段。

请注意，这项技术可以在正向渲染和延迟渲染中使用。现在已经有了一个高性能的照明解决方案，我们的场景中还缺少一个重要元素：阴影！这将是下一章的主题。

7.5 总结

在本章中，我们实现了一种轻量级的光照集群解决方案。首先，我们解释了正向渲染和延迟渲染技术及其主要优势和缺点。接着，我们描述了两种方法来对光源进行分组，以减少对单个片段进行着色所需的计算量。

然后，我们概述了我们的 G-Buffer 实现，列出了我们使用的渲染目标。我们详细介绍了使用 VK_KHR_dynamic_rendering 扩展的情况，该扩展允许我们简化渲染通道和帧缓冲区的使用。我们还突出显示了 G-Buffer 着色器中的相关代码，以写入多个渲染目标，并提供了我们的法线编码和解码的实现。相应地，我们建议了一些优化措施，以进一步减少我们的 G-Buffer 实现所使用的内存。

最后，我们描述了我们选择的用于实现光照集群的算法。我们首先按深度值将光源排序到深度分桶中。然后，我们继续使用位域数组存储影响给定屏幕瓦片的光源。最后，我们在自己的照明着色器中使用这两种数据结构，以减少每个片段需要评估的光源数量。

优化任何游戏或应用程序的照明阶段对于保持交互式帧率至关重要。我们描述了一种可能的解决方案，但还有其他选项可用，建议你尝试它们，以找到最适合你使用场景的方案！

现在我们已经添加了许多光源，场景仍然看起来很平淡，因为还缺少一个重要元素：阴影。这将是下一章的主题！

7.6 扩展阅读

- 关于 2001 年 *Shrek* 游戏中首次使用延迟渲染的一些历史信息：https://sites.google.com/site/richgel99/the-early-history-of-deferred-shading-and-lighting。
- *Stalker Deferred Rendering* 论文链接：https://developer.nvidia.com/gpugems/gpugems2/part-ii-shading-lighting-and-shadows/chapter-9-deferred-shading-stalker。
- 这是首批介绍集群着色概念的论文之一：http://www.cse.chalmers.se/~uffe/clustered_shading_preprint.pdf/。
- 这两篇论文经常被引用，作为许多实现的灵感来源：
  - https://www.activision.com/cdn/research/2017_Sig_Improved_Culling_final.pdf
  - https://www.humus.name/Articles/PracticalClusteredShading.pdf
- 在本章中，我们仅讨论了点光源，但实际上，还有许多其他类型的光源被使用（聚光灯、面光源、多边形光源等）。如下文章描述了一种方法，用于确定由圆锥形近似的聚光灯的可见性：https://bartwronski.com/2017/04/13/cull-that-cone/。
- 这些演示文稿描述了我们在本章中介绍的集群技术的不同变体：
  - https://www.intel.com/content/dam/develop/external/us/en/documents/lauritzen-deferred-shading-siggraph-2010-181241.pdf
  - https://advances.realtimerendering.com/s2016/Siggraph2016_idTech6.pdf
  - https://www.ea.com/frostbite/news/parallel-graphics-in-frostbite-current-future

CHAPTER 8

第 8 章

使用网格着色器添加阴影

在上一章中,我们通过使用具备最新创新性的集群延迟渲染技术来添加了对多重光源的支持。

我们设置了最多 256 个光源的硬性限制,每个光源都可以是动态的,并且在其属性上具有独特性。

在本章中,我们将为每个光源增加投射阴影的可能性,以进一步增强在 Raptor 引擎中显示的任何资产的视觉效果,并且我们将利用网格着色器的功能,使许多光源投射阴影,同时仍保持合理的帧时间。

我们还将探讨使用稀疏资源(sparse resource)来改善阴影图(shadow map)的内存使用,将许多光源同时投射阴影这件事从几乎不可能变为可能,并且在当前硬件上表现出色。

本章讨论以下主题:
- 阴影技术的简要历史。
- 使用网格着色器实现阴影映射(shadow mapping)。
- 利用 Vulkan 的稀疏资源优化阴影内存。

8.1 技术要求

本章代码可以在以下网址找到:https://github.com/PacktPublishing/Mastering-Graphics-Programming-with-Vulkan/tree/main/source/chapter8。

8.2 阴影技术的简要历史

阴影是渲染框架中最重要的元素之一,因为它们极大地增强了场景中的深度和体积感。作为与光线相关的现象,阴影在图形学文献中已经被研究了几十年,但这个问题仍然远未解决。

目前最常用的阴影技术是阴影映射,但最近,鉴于硬件支持的光线追踪(ray tracing),光线追踪阴影正变得流行,因为它提供了更为真实的解决方案。

有些游戏——特别是 *Doom 3*——曾经使用阴影体积（shadow volume）作为一种解决方案，让光线投射出阴影，但现在已不再使用这种技术。

8.2.1 阴影体积法

阴影体积是一个较旧的概念，最初由 Frank Crow 在 1977 年提出。它们是通过沿着光线方向将三角形的每个顶点投影到无限远处，从而创建一个体积。

它的阴影边缘非常锐利，这需要对每个三角形和每个光源进行相应的处理。最新的实现采用了模板缓冲区（stencil buffer），这一改变使其能够实时使用。

阴影体积的问题在于它们需要大量的几何处理，并且会变得填充率密集，在这种情况下，阴影映射明显更有优势。

8.2.2 阴影映射法

作为自 1978 年首次出现以来最常用的技术之一，阴影映射已成为实时渲染和离线渲染的行业标准。阴影映射的基本思想是从光源的视角渲染场景，并保存每个像素的深度信息。

此后，在从摄像机视角渲染场景时，可以将像素位置转换到阴影坐标系中，并与阴影图中相应的像素进行比较，以判断当前像素是否处于阴影中。

阴影图的分辨率非常重要，保存在其中的信息类型也同样重要。随着时间的推移，开始出现了使用数学工具的滤波方法，这些滤波方法增加了柔和阴影的可能性，或者增加了计算，使得阴影在靠近遮挡物的几何形状时变得更加硬朗。

阴影映射也存在许多问题，但作为事实上的标准，有许多技术被用来缓解这些问题。可能遇到的一些问题包括走样（aliasing）、阴影斑驳（shadow acne）和 Peter Panning 效应。

找到一个稳健的阴影解决方案是渲染引擎中最复杂的步骤之一，通常需要大量的试验和错误，以及针对不同场景和情况的定制解决方案。

8.2.3 光线追踪阴影

在过去几年中，光线追踪技术得到了消费级 GPU 的硬件支持，这种技术使用光线来追踪各种渲染信息，使得渲染程序员可以使用不同的场景表示方法来追踪光线，并且增强了不同渲染现象的视觉效果。

我们将在本书的后面部分详细讨论光线追踪，但目前只需知道，通过使用这种特殊的场景表示（与我们已经使用的网格和网格单元不同），可以为屏幕上的每个像素追踪一条光线，指向影响该像素的每个光源，并计算该像素的最终阴影贡献。

这是一种最先进和最真实的阴影形式，但尽管有硬件支持，从性能角度来看，它仍然可能较慢，而且支持此技术的 GPU 的普及程度还没有达到足以使其成为新标准的水平。

这就是为什么阴影映射仍然是标准——任何硬件，包括手机，都可以渲染阴影图，并且它们仍然能够实现令人信服的外观。基于这个考虑，我们选择将阴影映射作为 Raptor 引擎的主要阴影技术。

8.3 使用网格着色器实现阴影映射

现在已经了解了渲染阴影的不同方法，我们将描述利用网格着色器的力量一次渲染多个阴影图的算法和实现细节。

8.3.1 概述

在本节中，我们将对算法进行概述。我们的目标是利用网格单元和网格着色器来渲染阴影，但这需要一些计算工作来生成实际绘制网格单元的命令。

我们将绘制来自点光源的阴影，并使用立方体贴图（cubemap）作为纹理来存储必要的信息。我们将在下一节讨论立方体贴图。

首先，算法的第一步是使用计算着色器对网格实例进行剔除，以便与光源对应。这一步骤将保存每个光源可见的网格实例列表。网格实例用于后续检索相关网格，并且将使用任务着色器进行每个网格单元的剔除。

第二步是使用计算着色器编写间接绘制网格单元的参数，以便实际渲染到阴影图中。这里有一个需要注意的问题将在8.3.3节进行说明。

第三步是使用间接网格着色器绘制网格单元，渲染到实际的阴影图中。我们在绘制时将使用分层立方体贴图阴影纹理，每一层对应一个光源。

第四步也是最后一步，是在照明场景时采样阴影纹理。

我们将以几乎不使用滤波的方式来渲染阴影，因为本章的重点是网格着色器驱动的阴影，但我们会在章末提供滤波选项的链接。

算法的视觉概览如图8-1所示。

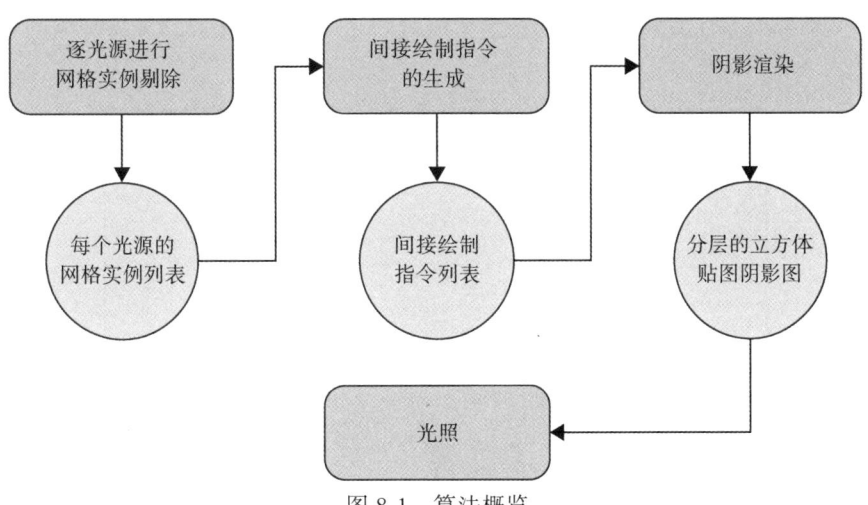

图8-1 算法概览

在下一节，我们将讨论立方体贴图阴影，这种技术用于存储来自点光源的阴影。

8.3.2 立方体贴图阴影

立方体贴图是一种将 3D 方向 (x, y, z) 映射到包含图像信息的六个面的通用方法。

它们不仅用于阴影渲染，还广泛用于绘制环境（如天空盒或遥远的景观），并且它们已经标准化到连硬件都支持立方体贴图的采样和滤波。

每个立方体贴图的方向通常都有一个名称和方向，并且与之关联的是单一纹理：

- 正向 x
- 负向 x
- 正向 y
- 负向 y
- 正向 z
- 负向 z

在进行某个面的渲染时，我们需要提供能够朝向正确方向的矩阵。

在阅读时，单个向量会（在场景背后）被转换成相应的图像。对于阴影，这个过程将是手动的，因为我们将为每个面提供一个视图投影矩阵，这个矩阵将被网格单元读取，以指导渲染到正确的面。

我们还需要注意的一点是，我们需要为每个面复制绘图命令，因为一个顶点只能被渲染到与每个面关联的一个图像视图中。

虽然有一些扩展可以将一个顶点与多个图像关联起来，正如我们将在下一节看到的，但在撰写本书时，这些扩展在网格着色器中的支持仍然有限。

关于阴影渲染的另一个重要方面是，我们将使用一个立方体贴图数组，这样就可以使用分层渲染来读写每个阴影。

如图 8-2 所示，某个点光源产生的阴影被渲染到立方体贴图上，立方体贴图的每个面都需要一个纹理。

图 8-2　从光源视角渲染的 6 个立方体贴图面

正如我们所见，只有正向 z 这个面正在渲染一些内容。我们将提供一些剔除机制，以避免在空的立方体贴图面中渲染网格单元。

8.3.3 关于多视图渲染的说明

正如前一节所述，有一个扩展功能有助于在多个立方体贴图面上渲染顶点：多视图渲染（Multiview Rendering）。这一扩展在虚拟现实应用中广泛使用，以便在立体投影的两个视图中渲染顶点，同样也可以用于立方体贴图。

在撰写本书时，网格着色器还没有得到适当的扩展支持，我们可以使用 NVIDIA 的 Vulkan 扩展，但它并不完全支持多视图渲染，因此我们需要手动为每个面生成命令，并使用这些命令进行绘制。

我们知道一个适配多供应商的功能扩展正在被审核，因此我们将相应地更新代码，但核心算法不会改变，因为多视图渲染更像是一种优化。

我们现在准备查看算法步骤。

8.3.4 逐光源进行网格实例剔除

准备阴影渲染的第一步是在计算着色器中进行粗粒度剔除。在 Raptor 中，我们拥有网格和网格单元两种表示形式，因此可以使用网格及其边界体积作为与网格单元链接的更高层级。

我们将执行一个非常简单的光球与网格球的相交检测，如果相交，我们将添加相应的网格单元。首先需要知道的是，我们将使用网格实例和光源一起调度这个计算着色器，因此我们将针对每个光源和每个网格实例来计算该光源是否影响该网格实例。

然后，我们将输出每个光源的网格单元实例列表，定义为网格实例和全局网格单元索引的组合。我们还将写入每个光源的网格单元实例计数，以跳过空的光源并正确读取索引。

首先，我们需要重置每个光源的计数：

```
layout (local_size_x = 32, local_size_y = 1, local_size_z =
    1) in;
void main() {
    if (gl_GlobalInvocationID.x == 0 ) {
        for ( uint i = 0; i < NUM_LIGHTS; ++i ) {
            per_light_meshlet_instances[i * 2] = 0;
            per_light_meshlet_instances[i * 2 + 1] = 0;
        }
    }
    global_shader_barrier();
```

接下来，我们将跳过那些处理越界光源的线程。在分配任务时，我们将数字除以 32 后向上取整，因此一些线程可能会处理空的光源。

这个计算的调度会通过将每个网格实例与每个光源相链接来完成，如图 8-3 所示。

网格实例 0	网格实例 0	网格实例 1	网格实例 1	网格实例 2	网格实例 2
光源 0	光源 1	光源 0	光源 1	光源 0	光源 1
调度 0	调度 1	调度 2	调度 3	调度 4	调度 5

图 8-3 使用单一绘制调用渲染多个光源的立方体贴图的命令缓冲区组织

这里是关于是否提前退出以及光源索引的计算：

```
uint light_index = gl_GlobalInvocationID.x %
                    active_lights;
if (light_index >= active_lights) {
    return;
}
const Light = lights[light_index];
```

同样的方法，我们计算网格实例索引，并且如果调度四舍五入过多则再次提前退出：

```
uint mesh_instance_index = gl_GlobalInvocationID.x /
                    active_lights;
if (mesh_instance_index >= num_mesh_instances) {
    return;
}
uint mesh_draw_index = mesh_instance_draws
                    [mesh_instance_index].
                    mesh_draw_index;
// Skip transparent meshes
MeshDraw mesh_draw = mesh_draws[mesh_draw_index];
if ( ((mesh_draw.flags & (DrawFlags_AlphaMask |
    DrawFlags_Transparent)) != 0 ) ){
    return;
}
```

我们终于可以收集网格实例和模型的包围球，并简单计算世界空间的包围球：

```
vec4 bounding_sphere = mesh_bounds[mesh_draw_index];
mat4 model = mesh_instance_draws
            [mesh_instance_index].model;

// Calculate mesh instance bounding sphere
vec4 mesh_world_bounding_center = model * vec4
    (bounding_sphere.xyz, 1);

float scale = length( model[0] );
float mesh_radius = bounding_sphere.w * scale * 1.1;
// Artificially inflate bounding sphere

// Check if mesh is inside light
```

```
const bool mesh_intersects_sphere =
sphere_intersect(mesh_world_bounding_center.xyz,
    mesh_radius, light.world_position, light.radius )
        || disable_shadow_meshes_sphere_cull();
    if (!mesh_intersects_sphere) {
    return;
}
```

此时，我们知道网格实例受到光源的影响，因此增加每个光源的网格单元计数，并添加所有必要的索引以绘制网格单元：

```
uint per_light_offset =
    atomicAdd(per_light_meshlet_instances[light_index],
        mesh_draw.meshlet_count);

// Mesh inside light, add meshlets
for ( uint m = 0; m < mesh_draw.meshlet_count; ++m ) {
    uint meshlet_index = mesh_draw.meshlet_offset + m;
     meshlet_instances[light_index *
            per_light_max_instances + per_light_offset
                + m] = uvec2( mesh_instance_index,
                    meshlet_index );
    }
}
```

我们将在接下来的任务着色器中编写网格实例索引（以检索世界矩阵）以及全局网格单元索引（以检索网格单元数据）。但在此之前，我们需要生成一个间接绘制命令列表，具体内容将在下一节介绍。

此外，根据场景，我们需要设置网格单元实例的最大数量，并且为每个光源预先分配这些实例。

8.3.5 间接绘制命令的生成

这个计算着色器将为每个光源生成一系列间接命令。我们将使用每个光源的网格实例的**着色器存储缓冲区对象**（Shader Storage Buffer Object，SSBO）的最后一个元素来原子性地计算间接命令的数量。

如前所述，重置用于间接命令计数的 `atomic int`（原子整数）：

```
layout (local_size_x = 32, local_size_y = 1, local_size_z =
        1) in;
void main() {
    if (gl_GlobalInvocationID.x == 0 ) {
        // Use this as atomic int
        per_light_meshlet_instances[NUM_LIGHTS] = 0;
    }
    global_shader_barrier();
```

对于四舍五入后的光源索引,我们将提前终止执行:

```
// Each thread writes the command of a light.
uint light_index = gl_GlobalInvocationID.x;
if ( light_index >= active_lights ) {
    return;
}
```

只有当光源包含可见网格时,我们才最终写入间接数据和打包的光源索引。

请注意,我们为立方体贴图写了六次命令,每个贴图面一次:

```
    // Write per light shadow data
    const uint visible_meshlets =
        per_light_meshlet_instances[light_index];
    if (visible_meshlets > 0) {
        const uint command_offset =
            atomicAdd(per_light_meshlet_instances[
                NUM_LIGHTS], 6);
        uint packed_light_index = (light_index & 0xffff)
                                    << 16;
        meshlet_draw_commands[command_offset] =
            uvec4( ((visible_meshlets + 31) / 32), 1, 1,
                packed_light_index | 0 );
        meshlet_draw_commands[command_offset + 1] =
            uvec4( ((visible_meshlets + 31) / 32), 1, 1,
                packed_light_index | 1 );
... same for faces 2 to 5.
    }
}
```

我们现在有了一份间接绘制命令列表,每个光源六个。我们将在下一节展示的任务着色器中进行进一步的剔除。

8.3.6 阴影立方体贴图面的剔除

在间接绘制任务着色器中,我们将添加一个机制,通过对立方体贴图剔除网格单元来优化渲染。为此,我们有一个实用方法,对于给定的一个立方体贴图和一个轴对齐的包围盒,可以计算哪个面在立方体贴图中可见。它使用立方体贴图面的法线来计算轴对齐的包围盒的中心和范围是否被包含在用于定义六个立方体贴图面之一的四个平面内。

```
uint get_cube_face_mask( vec3 cube_map_pos, vec3 aabb_min,
                        vec3 aabb_max ) {
    vec3 plane_normals[] = {
        vec3(-1, 1, 0), vec3(1, 1, 0), vec3(1, 0, 1),
            vec3(1, 0, -1), vec3(0, 1, 1), vec3(0, -1, 1)
    };
    vec3 abs_plane_normals[] = {
        vec3(1, 1, 0), vec3(1, 1, 0), vec3(1, 0, 1),
```

```
                vec3(1, 0, 1), vec3(0, 1, 1), vec3(0, 1, 1) };

        vec3 aabb_center = (aabb_min + aabb_max) * 0.5f;
        vec3 center = aabb_center - cube_map_pos;
        vec3 extents = (aabb_max - aabb_min) * 0.5f;

        bool rp[ 6 ];
        bool rn[ 6 ];

        for ( uint i = 0; i < 6; ++i ) {
            float dist = dot( center, plane_normals[ i ] );
            float radius = dot( extents, abs_plane_normals[ i ]
            );
            rp[ i ] = dist > -radius;
            rn[ i ] = dist < radius;
        }

        uint fpx = (rn[ 0 ] && rp[ 1 ] && rp[ 2 ] && rp[ 3 ] &&
                aabb_max.x > cube_map_pos.x) ? 1 : 0;
        uint fnx = (rp[ 0 ] && rn[ 1 ] && rn[ 2 ] && rn[ 3 ] &&
                aabb_min.x < cube_map_pos.x) ? 1 : 0;
        uint fpy = (rp[ 0 ] && rp[ 1 ] && rp[ 4 ] && rn[ 5 ] &&
                aabb_max.y > cube_map_pos.y) ? 1 : 0;
        uint fny = (rn[ 0 ] && rn[ 1 ] && rn[ 4 ] && rp[ 5 ] &&
                aabb_min.y < cube_map_pos.y) ? 1 : 0;
        uint fpz = (rp[ 2 ] && rn[ 3 ] && rp[ 4 ] && rp[ 5 ] &&
                aabb_max.z > cube_map_pos.z) ? 1 : 0;
        uint fnz = (rn[ 2 ] && rp[ 3 ] && rn[ 4 ] && rn[ 5 ] &&
                aabb_min.z < cube_map_pos.z) ? 1 : 0;

        return fpx | ( fnx << 1 ) | ( fpy << 2 ) | ( fny << 3 )
        | ( fpz << 4 ) | ( fnz << 5 );
}
```

这些方法返回一个位掩码，当当前的轴对齐的包围盒在该面可见时，六个位中的每一个都被设置为 1。

8.3.7 网格单元阴影渲染：任务着色器

现在有了这个实用方法，我们可以看看任务着色器。我们对之前的任务着色器进行了一些修改，以适应间接绘制，并使用分层渲染在不同的立方体贴图上进行写入。

我们将向网格着色器传递一个 uint 类型的数据，该数据打包了一个光源和一个面索引，以检索相应的立方体贴图视图投影矩阵，并写入正确的层：

```
out taskNV block {
    uint meshlet_indices[32];
     uint light_index_face_index;
```

```
};

void main() {
    uint task_index = gl_LocalInvocationID.x;
    uint meshlet_group_index = gl_WorkGroupID.x;
```

网格单元的计算比较棘手,因为索引需要全局计算。我们首先计算与间接绘制全局相关的网格单元索引:

```
// Calculate meshlet and light indices
const uint meshlet_index = meshlet_group_index * 32 +
                           task_index;
```

然后,我们在剔除的计算着色器中推断光源索引和读取偏移量:

```
uint packed_light_index_face_index =
    meshlet_draw_commands[gl_DrawIDARB].w;
const uint light_index =
    packed_light_index_face_index >> 16;
const uint meshlet_index_read_offset =
    light_index * per_light_max_instances;
```

我们最终可以读取正确的网格单元和网格实例索引:

```
uint global_meshlet_index =
    meshlet_instances[meshlet_index_read_offset +
    meshlet_index].y;
uint mesh_instance_index =

    meshlet_instances[meshlet_index_read_offset +
        meshlet_index].x;
```

现在,我们计算了面索引,并且可以开始剔除阶段:

```
const uint face_index = (packed_light_index_face_index
                         & 0xf);
mat4 model = mesh_instance_draws[mesh_instance_index]
             .model;
```

剔除操作与之前的任务着色器类似,但我们还增加了每个面的剔除:

```
    vec4 world_center = model * vec4(meshlets
                     [global_meshlet_index].center, 1);
    float scale = length( model[0] );
    float radius = meshlets[global_meshlet_index].radius *
                scale * 1.1;   // Artificially inflate
                               bounding sphere
vec3 cone_axis =
    mat3( model ) * vec3(int(meshlets
    [global_meshlet_index].cone_axis[0]) / 127.0,
    int(meshlets[global_meshlet_index].
    cone_axis[1]) / 127.0,
```

```
        int(meshlets[global_meshlet_index].
cone_axis[2]) / 127.0);
        float cone_cutoff = int(meshlets[global_meshlet_index].
                            cone_cutoff) / 127.0;

    bool accept = false;
    const vec4 camera_sphere = camera_spheres[light_index];

    // Cone cull
    accept = !coneCull(world_center.xyz, radius, cone_axis,
            cone_cutoff, camera_sphere.xyz) ||
            disable_shadow_meshlets_cone_cull();

    // Sphere culling
    if ( accept ) {
        accept = sphere_intersect( world_center.xyz,
                radius, camera_sphere.xyz,
                camera_sphere.w) ||
                disable_shadow_meshlets_sphere_cull();
    }

    // Cubemap face culling
    if ( accept ) {

        uint visible_faces =
        get_cube_face_mask( camera_sphere.xyz,
            world_center.xyz - vec3(radius),
                world_center.xyz + vec3(radius));

        switch (face_index) {
            case 0:
                accept = (visible_faces & 1) != 0;
                break;
            case 1:
                accept = (visible_faces & 2) != 0;
                break;
...same for faces 2 to 5.
                }

        accept = accept || disable_shadow_meshlets_cubemap
                _face_cull();
    }
```

在着色器的当前阶段，我们写入每个可见的网格单元：

```
    uvec4 ballot = subgroupBallot(accept);
uint index = subgroupBallotExclusiveBitCount(ballot);
```

```
if (accept)
    meshlet_indices[index] = global_meshlet_index;
uint count = subgroupBallotBitCount(ballot);

    if (task_index == 0)
        gl_TaskCountNV = count;
```

最后,我们写入打包的光源和面索引:

```
        light_index_face_index =
            packed_light_index_face_index;
}
```

接下来,我们将看到网格着色器的实现。

8.3.8 网格单元阴影渲染:网格着色器

在网格着色器中,我们需要检索要写入的立方体贴图数组中的层索引,以及用于读取正确的视图-投影变换的光源索引。

需要注意的是,每个面都有其自己的变换,因为我们实际上是分别对每个面进行渲染的。

请注意,立方体贴图的每个面都被视为一个层,因此第一个立方体贴图将在层 0 ~ 5 中渲染,第二个在层 6 ~ 11 中渲染,以此类推。

以下是代码:

```
void main() {
    ...
    const uint light_index = light_index_face_index >> 16;
    const uint face_index = (light_index_face_index & 0xf);
    const int layer_index = int(CUBE_MAP_COUNT *
                                light_index + face_index);

    for (uint i = task_index; i < vertex_count; i +=
       32)    {
       uint vi = meshletData[vertexOffset + i];
       vec3 position = vec3(vertex_positions[vi].v.x,
                  vertex_positions[vi].v.y,
                  vertex_positions[vi].v.z);
       gl_MeshVerticesNV[ i ].gl_Position =
       view_projections[layer_index] *
            (model * vec4(position, 1));
    }

uint indexGroupCount = (indexCount + 3) / 4;

for (uint i = task_index; i < indexGroupCount; i += 32) {
    writePackedPrimitiveIndices4x8NV(i * 4,
        meshletData[indexOffset + i]);
}
```

在这里，我们为每个图元写入层索引。使用这些偏移量是为了在写入时避免数据行冲突（bank conflict），如之前的着色器所示：

```
    gl_MeshPrimitivesNV[task_index].gl_Layer =
        layer_index;
    gl_MeshPrimitivesNV[task_index + 32].gl_Layer =
        layer_index;
    gl_MeshPrimitivesNV[task_index + 64].gl_Layer =
        layer_index;
    gl_MeshPrimitivesNV[task_index + 96].gl_Layer =
        layer_index;

    if (task_index == 0) {
        gl_PrimitiveCountNV =
            uint(meshlets[global_meshlet_index]
                .triangle_count);
    }
}
```

在网格着色器渲染阴影完成后，由于没有关联的片段着色器，我们现在可以在照明着色器中读取生成的阴影纹理，正如下一节所解释的。

8.3.9 阴影图采样

鉴于我们仅使用未经滤波的硬阴影图，采样它的代码是标准的立方体贴图代码。我们计算世界到光源的向量，并使用它来采样立方体贴图。

作为一个分层的立方体贴图，我们需要三维方向向量和层索引，这些都保存在光源本身中：

```
    vec3 shadow_position_to_light = world_position -
                                    light.world_position;
const float closest_depth =
    texture(global_textures_cubemaps_array
    [nonuniformEXT(cubemap_shadows_index)],
    vec4(shadow_position_to_light,
    shadow_light_index)).r;
```

然后，我们使用 vector_to_depth_value 方法将深度转换为原始深度值，该方法取光源向量的主轴并将其转换为原始深度，以便我们可以比较从立方体贴图读取的值：

```
    const float current_depth = vector_to_depth_value
                                (shadow_position_to_light,
                                light.radius);
    float shadow = current_depth - bias < closest_depth ?
                1 : 0;
```

这里展示了 vector_to_depth_value 方法：

```
    float vector_to_depth_value( inout vec3 Vec, float radius) {
        vec3 AbsVec = abs(Vec);
```

```
    float LocalZcomp = max(AbsVec.x, max(AbsVec.y,
                           AbsVec.z));
    const float f = radius;
    const float n = 0.01f;
    float NormZComp = -(f / (n - f) - (n * f) / (n - f) /
                       LocalZcomp);
    return NormZComp;
}
```

它从方向向量中取出主轴,并使用来自投影矩阵的公式将其转换为原始深度值。这个值现在可以与阴影图中存储的任何深度值一起使用。

一个来自点光源的阴影示例如图 8-4 所示。

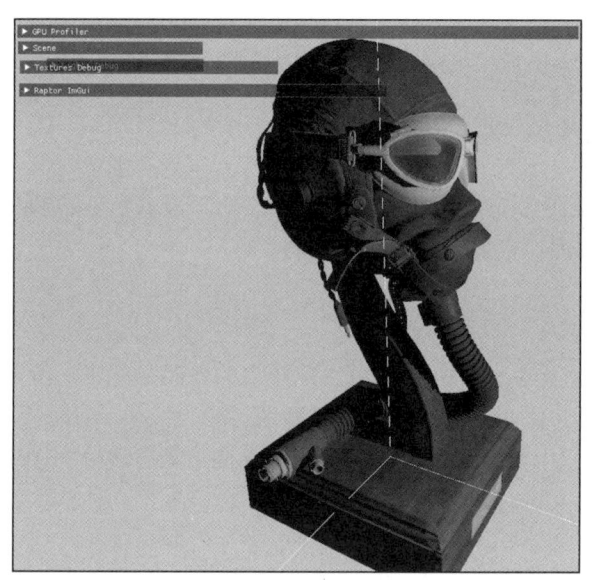

图 8-4　场景中单个点光源产生的阴影

正如我们所见,阴影在渲染中的改进是巨大的,它为观看者提供了一个基本的视觉线索,表明物体与其环境的关系。

到目前为止,我们已经看到了如何实现基于网格着色器的阴影,但在内存使用上仍存在改进空间。目前,这种解决方案为每个光源预先分配一个立方体贴图,如果我们考虑到每个光源有六个纹理,内存很快就会变得很大。

在下一节,我们将探讨使用稀疏资源来降低阴影图内存的解决方案。

8.4　利用 Vulkan 的稀疏资源机制优化阴影内存

正如上一节末尾提到的,我们目前为每个光源分配了立方体贴图的全部内存。根据光源的屏幕大小,我们可能会浪费内存,因为远处和小的光源无法利用阴影图的高分辨率。

因此，我们实现了一种技术，可以根据相机位置动态确定每个立方体贴图的分辨率。有了这些信息，我们就可以管理一个稀疏纹理（sparse texture），并根据给定帧的需求在运行时重新分配其内存。

稀疏纹理（有时也称为**虚拟纹理**）可以手动实现，但幸运的是，它们在 Vulkan 中得到了原生支持。我们现在将描述如何使用 Vulkan API 来实现它们。

8.4.1 创建和分配稀疏纹理

在 Vulkan 中，常规资源必须绑定到单一的内存分配上，而且无法将给定资源绑定到不同的分配上。这种方式适用于在运行时已知且我们不期望改变的资源。

然而，在使用具有动态分辨率的立方体贴图时，我们需要能够将不同的内存部分绑定到给定的资源上。Vulkan 提供了两种方法来实现这一点：

- 稀疏资源允许我们将资源绑定到非连续的内存分配上，但需要绑定完整的资源。
- 稀疏驻留（sparse residency）允许我们将资源部分绑定到不同的内存分配上。这正是我们的实现所需的，因为我们可能只会使用立方体贴图每层的一个子部分。

这两种方法都允许用户在运行时重新将资源绑定到不同的分配上。开始使用稀疏资源的第一步是在创建资源时传递正确的标志：

```
VkImageCreateInfo image_info = {
    VK_STRUCTURE_TYPE_IMAGE_CREATE_INFO };
image_info.flags = VK_IMAGE_CREATE_SPARSE_RESIDENCY_BIT |
                   VK_IMAGE_CREATE_SPARSE_BINDING_BIT;
```

在这里，我们需要一个支持稀疏驻留的资源。一旦创建了图像，我们不需要立即为其分配内存。相反，我们将分配一块内存区域，从中对单个页面进行子分配。

需要注意的是，Vulkan 对单个页面的大小有严格的要求。表 8-1 展示的是从 Vulkan 规范中取得的所需页面大小。

表 8-1 图像的稀疏块大小

纹素大小（位）	块形状（2D）	块形状（3D）
8 位	256 × 256 × 1	64 × 32 × 32
16 位	256 × 128 × 1	32 × 32 × 32
32 位	128 × 128 × 1	32 × 32 × 16
64 位	128 × 64 × 1	32 × 16 × 16
128 位	64 × 64 × 1	16 × 16 × 16

我们需要这些信息来确定为给定大小的立方体贴图分配多少页。我们可以使用以下代码检索给定图像的详细信息：

```
VkPhysicalDeviceSparseImageFormatInfo2 format_info{
    VK_STRUCTURE_TYPE_PHYSICAL_DEVICE_SPARSE_IMAGE_FORMAT
        _INFO_2 };
format_info.format = texture->vk_format;
```

```
format_info.type = to_vk_image_type( texture->type );
format_info.samples = VK_SAMPLE_COUNT_1_BIT;
format_info.usage = texture->vk_usage;
format_info.tiling = VK_IMAGE_TILING_OPTIMAL;
```

这个结构的信息已经存在于我们的纹理数据结构中。接下来，我们获取给定图像的块大小：

```
Array<VkSparseImageFormatProperties2> properties;
vkGetPhysicalDeviceSparseImageFormatProperties2(
    vulkan_physical_device, &format_info, &property_count,
        properties.data );

u32 block_width = properties[ 0 ].properties.
                    imageGranularity.width;
u32 block_height = properties[ 0 ].properties.
                    imageGranularity.height;
```

有了这些信息，我们现在可以分配一个页面池。首先，我们获取图像的内存需求：

```
VkMemoryRequirements memory_requirements{ };
vkGetImageMemoryRequirements( vulkan_device, texture->
                    vk_image,
                    &memory_requirements );
```

这段代码与我们用于常规纹理的代码相同；然而，`memory_requirements.alignment`（内存需求对齐）将包含给定图像格式的块大小。

接下来，我们计算需要为给定的池分配多少个块：

```
u32 block_count = pool_size / ( block_width * block_height );
```

最后一步是分配我们稍后将用来写入我们的立方体贴图的页面：

```
VmaAllocationCreateInfo allocation_create_info{ };
allocation_create_info.usage = VMA_MEMORY_USAGE_GPU_ONLY;

VkMemoryRequirements page_memory_requirements;
page_memory_requirements.memoryTypeBits =
    memory_requirements.memoryTypeBits;
page_memory_requirements.alignment =
    memory_requirements.alignment;
page_memory_requirements.size =
    memory_requirements.alignment;

vmaAllocateMemoryPages( vma_allocator,
                    &page_memory_requirements,
                    &allocation_create_info,
                    block_count, page_pool->
                    vma_allocations.data, nullptr );
```

Vulkan 内存分配器（Vulkan Memory Allocator，VMA）库提供了一个方便的 API，`vmaAllocateMemoryPages`，可以一次分配多个页面。

现在我们已经为阴影图分配了内存，接下来需要确定每个立方体贴图的分辨率。

8.4.2 选择每个光源的阴影内存使用方案

为了确定给定光源的立方体贴图的分辨率，我们需要找出它对场景的影响程度。直观上，一个较远的光源会有较小的影响，这取决于它的半径（至少对于点光源是这样），但我们需要量化它的影响程度。我们实施了一个类似于 *More Efficient Virtual Shadow Maps for Many Lights* 论文中提出的解决方案。

我们将重用前一章介绍的概念：集群。我们将屏幕划分为多个瓦片，并沿着 z 轴切割视锥体。这样可以得到更小的视锥体（由轴对齐的包围盒近似表示），用来确定哪些区域被特定的光源覆盖。

现在让我们来看看实现这一功能的代码：

1. 我们首先计算每个光源在相机空间中的包围盒：

```
for ( u32 l = 0; l < light_count; ++l ) {
    Light& light = scene->lights[ l ];

    vec4s aabb_min_view = glms_mat4_mulv(
                            last_camera.view,
                            light.aabb_min );
    vec4s aabb_max_view = glms_mat4_mulv(
                            last_camera.view,
                            light.aabb_max );

    lights_aabb_view[ l * 2 ] = vec3s{
        aabb_min_view.x, aabb_min_view.y,
            aabb_min_view.z };
    lights_aabb_view[ l * 2 + 1 ] = vec3s{
        aabb_max_view.x, aabb_max_view.y,
            aabb_max_view.z };
}
```

2. 接着，我们遍历每个瓦片和每个深度切片，以计算每个集群的位置和大小。我们从计算每个瓦片的相机空间位置开始：

```
vec4s max_point_screen = vec4s{ f32( ( x + 1 ) *
                        tile_size ), f32( ( y + 1 ) *
                        tile_size ), 0.0f, 1.0f };
                        // Top Right

vec4s min_point_screen = vec4s{ f32( x * tile_size ),
                        f32( y * tile_size ),
                        0.0f, 1.0f }; // Top Right
```

```
vec3s max_point_view = screen_to_view(
                        max_point_screen );
vec3s min_point_view = screen_to_view(
                        min_point_screen );
```

3. 然后，我们需要确定每个切片的最小和最大深度：

```
f32 tile_near = z_near * pow( z_ratio, f32( z ) *
                        z_bin_range );
f32 tile_far  = z_near * pow( z_ratio, f32( z + 1 ) *
                        z_bin_range );
```

4. 最后，我们结合这两个值来确定集群的位置和大小：

```
vec3s min_point_near = line_intersection_to_z_plane(
                        eye_pos, min_point_view,
                        tile_near );
vec3s min_point_far  = line_intersection_to_z_plane(
                        eye_pos, min_point_view,
                        tile_far );
vec3s max_point_near = line_intersection_to_z_plane(
                        eye_pos, max_point_view,
                        tile_near );
vec3s max_point_far  = line_intersection_to_z_plane(
                        eye_pos, max_point_view,
                        tile_far );

vec3s min_point_aabb_view = glms_vec3_minv( glms_vec3_
minv( min_point_near, min_point_far ), glms_vec3_minv(
max_point_near, max_point_far ) );
vec3s max_point_aabb_view = glms_vec3_maxv( glms_vec3_
maxv( min_point_near, min_point_far ), glms_vec3_maxv(
max_point_near, max_point_far ) );
```

现在已经得到了集群，我们将遍历每一个光源，以确定它是否覆盖了集群以及集群在光源上的投影；我们稍后会解释这是什么意思。

5. 下一步是在光源和集群之间进行边界相交测试：

```
f32 minx = min( min( light_aabb_min.x,
                light_aabb_max.x ), min(
                min_point_aabb_view.x,
                max_point_aabb_view.x ) );
f32 miny = min( min( light_aabb_min.y,
                light_aabb_max.y ), min(
                min_point_aabb_view.y,
                max_point_aabb_view.y ) );
f32 minz = min( min( light_aabb_min.z,
                light_aabb_max.z ), min(
                min_point_aabb_view.z,
```

```
                    max_point_aabb_view.z ) );

f32 maxx = max( max( light_aabb_min.x,
                light_aabb_max.x ), max(
                min_point_aabb_view.x,
                max_point_aabb_view.x ) );
f32 maxy = max( max( light_aabb_min.y,
                light_aabb_max.y ), max(
                min_point_aabb_view.y,
                max_point_aabb_view.y ) );
f32 maxz = max( max( light_aabb_min.z,
                light_aabb_max.z ), max(
                min_point_aabb_view.z,
                max_point_aabb_view.z ) );

f32 dx = abs( maxx - minx );
f32 dy = abs( maxy - miny );
f32 dz = abs( maxz - minz );

f32 allx = abs( light_aabb_max.x - light_aabb_min.x )
           + abs( max_point_aabb_view.x -
           min_point_aabb_view.x );
f32 ally = abs( light_aabb_max.y - light_aabb_min.y )
           + abs( max_point_aabb_view.y -
           min_point_aabb_view.y );
f32 allz = abs( light_aabb_max.z - light_aabb_min.z )
           + abs( max_point_aabb_view.z -
           min_point_aabb_view.z );
bool intersects = ( dx <= allx ) && ( dy < ally ) &&
                  ( dz <= allz );
```

如果它们确实相交,我们将计算光源在集群上的投影区域的近似值:

```
f32 d = glms_vec2_distance( sphere_screen, tile_center );

f32 diff = d * d - tile_radius_sq;

if ( diff < 1.0e-4 ) {
    continue;
}

f32 solid_angle = ( 2.0f * rpi ) * ( 1.0f - ( sqrtf(
                    diff ) / d ) );

f32 resolution = sqrtf( ( 4.0f * rpi * tile_pixels ) /
                    ( 6 * solid_angle ) );
```

这个想法是在屏幕空间中计算光源与集群中心之间的距离，计算集群在光源位置上所呈现的立体角，并根据集群的像素大小计算立方体贴图的分辨率。更多细节请参考相关论文。

我们保持最大分辨率，并将使用计算出的值为每个立方体贴图绑定内存。

8.4.3 渲染到稀疏阴影图

现在已经确定了给定帧的立方体贴图的分辨率，我们需要将预分配的页面分配给我们的纹理：

1. 第一步是记录哪些页面被分配给每个图像：

```
VkImageAspectFlags aspect = TextureFormat::has_depth(
texture->vk_format ) ? VK_IMAGE_ASPECT_DEPTH_BIT : VK_
IMAGE_ASPECT_COLOR_BIT;
for ( u32 block_y = 0; block_y < num_blocks_y;
    ++block_y ) {
for ( u32 block_x = 0; block_x < num_blocks_x;
    ++block_x ) {
    VkSparseImageMemoryBind sparse_bind{ };

    VmaAllocation allocation =
        page_pool-> vma_allocations
            page_pool->used_pages++ ];
    VmaAllocationInfo allocation_info{ };
    vmaGetAllocationInfo( vma_allocator,
                          allocation,
                          &allocation_info );
```

我们首先获取将用于给定块的分配的详细信息，因为我们需要访问分配后的池中的 `VkDeviceMemory` 句柄和偏移量。

2. 接着，我们为每个块计算纹理偏移：

```
i32 dest_x = ( i32 )( block_x * block_width +
                    x );
i32 dest_y = ( i32 )( block_y * block_height +
                    y );
```

3. 然后，我们将这些信息记录到一个 `VkSparseImageMemoryBind` 数据结构中，这个结构稍后将用于更新绑定到立方体贴图纹理的内存：

```
            sparse_bind.subresource.aspectMask = aspect;
            sparse_bind.subresource.arrayLayer = layer;
            sparse_bind.offset = { dest_x, dest_y, 0 };
            sparse_bind.extent = { block_width,
                                block_height, 1 };
            sparse_bind.memory =
                allocation_info.deviceMemory;
            sparse_bind.memoryOffset =
                allocation_info.offset;
```

```
            pending_sparse_queue_binds.push( sparse_bind
                                              );
    }
}
```

需要注意的是，正如我们之前提到的，我们只使用一个具有多层的图像。层变量决定了各个分配结果将属于哪个层。请参阅完整代码以获取更多详细信息。

4. 最后，我们记录这些页面将绑定到哪个图像：

```
SparseMemoryBindInfo bind_info{ };
bind_info.image = texture->vk_image;
bind_info.binding_array_offset = array_offset;
bind_info.count = num_blocks;

pending_sparse_memory_info.push( bind_info );
```

`array_offset` 是一个偏移量，它指向 `pending_sparse_queue_binds` 数组，这样我们就可以在一个数组中存储所有待处理的分配。

现在已经记录了分配更新的列表，我们需要将它们提交到一个队列中，以便由 GPU 执行。

5. 首先，我们为每一层填充一个 `VkSparseImageMemoryBindInfo` 结构体：

```
for ( u32 b = 0; b < pending_sparse_memory_info.size;
      ++b ) {
    SparseMemoryBindInfo& internal_info =
        pending_sparse_memory_info[ b ];

    VkSparseImageMemoryBindInfo& info =
        sparse_binding_infos[ b ];
    info.image = internal_info.image;
    info.bindCount = internal_info.count;
    info.pBinds = pending_sparse_queue_binds.data +
                  internal_info.binding_array_offset;
}
```

6. 接下来，我们将所有待处理的绑定操作提交到主队列：

```
VkBindSparseInfo sparse_info{
    VK_STRUCTURE_TYPE_BIND_SPARSE_INFO };
sparse_info.imageBindCount =
    sparse_binding_infos.size;
sparse_info.pImageBinds = sparse_binding_infos.data;
sparse_info.signalSemaphoreCount = 1;
sparse_info.pSignalSemaphores =
    &vulkan_bind_semaphore;

vkQueueBindSparse( vulkan_main_queue, 1, &sparse_info,
                   VK_NULL_HANDLE );
```

需要注意的是，确保这项操作在访问我们刚更新的资源分配之前完成是用户的责任。我们通过发出一个信号量 vulkan_bind_semaphore 来实现这一点，主渲染工作的提交将等待这个信号量。

需要注意的是，我们调用 vkQueueBindSparse 的队列必须具有 VK_QUEUE_SPARSE_BINDING_BIT（稀疏绑定位）标志。

在本节中，我们介绍了分配和使用稀疏纹理的必要步骤。我们首先解释了稀疏纹理的工作原理以及它们对我们的立方体贴图用例为何有用。

接着，我们展示了用来动态确定基于每个光源对场景的贡献的每个立方图的分辨率的算法。最后，我们演示了如何使用 Vulkan API 将内存绑定到稀疏资源。

8.5 总结

在本章中，我们扩展了照明系统，以支持多个点光源，并实现了高效的处理方式。我们首先简要回顾了阴影算法的历史，以及它们的优点和缺点，同时还涉及一些最新的技术，这些技术利用了光线追踪硬件。

接着，我们介绍了对多点光源阴影的实现。我们解释了如何为每个光源生成立方体贴图，以及我们实施的优化措施，使算法能够扩展到多个光源。特别是，我们强调了从主几何过程中重用的剔除方法，以及对每个光源使用单一间接绘制调用的做法。

在 8.4 节，我们介绍了稀疏纹理，这是一种技术，允许我们动态地将内存绑定到给定资源。我们突出了用来确定每个点光源对场景的贡献的算法，以及如何使用这些信息来确定每个立方体贴图的分辨率。最后，我们演示了如何使用 Vulkan API 来处理稀疏资源。

虽然本章只讨论了点光源，但有些技术可以应用于其他类型的光源。有些步骤还可以进一步优化：例如，可以进一步降低立方体贴图的分辨率，仅考虑几何体可见的区域。

目前，集群计算是在 CPU 上完成的，这样做是为了清晰易懂，同时避免从 GPU 读回集群数据，这可能是一个缓慢的操作，但将实现移至 GPU 可能是值得的。我们鼓励你尝试代码并添加更多功能！

8.6 扩展阅读

Real-Time Shadows 一书很好地概述了许多实现阴影的技术，其中许多技术至今仍在使用。

GPU Pro 360 Guide to Shadows 收集了 *GPU Pro* 系列中专注于阴影的文章。

书中描述了一种有趣的技术，称为四面体阴影映射（tetrahedron shadow mapping）：其思想是将阴影图投影到一个四面体上，然后将其展开成单一纹理。

这一原始概念最初在章节"Shadow Mapping for Omnidirectional Light Using Tetrahedron Mapping"（最初发表于 *GPU Pro*）中提出，并在"Tile-based Omnidirectional Shadows"（最初发表于 *GPU Pro 6*）中进行了扩展。

有关更多详细信息，我们引用作者提供的代码：http://www.hd-prg.com/tileBasedShadows.html。

我们的稀疏纹理实现基于这个 SIGGRAPH 演示实现：https://efficientshading.com/wp-content/uploads/s2015_shadows.pdf。

这是在他们原始论文的基础上扩展的，原始论文可以在这里找到：http://newq.net/dl/pub/MoreEfficientClusteredShadowsPreprint.pdf。

虽然我们没有在本章中实现它，但阴影图缓存是一种重要的技术，用于减少计算阴影图的成本，并将阴影图更新分摊到几个帧上。

一个很好的起点是这个演示文稿：https://www.activision.com/cdn/research/2017_DD_Rendering_of_COD_IW.pdf。

我们的集群计算密切遵循这篇文章中介绍的方法：http://www.aortiz.me/2018/12/21/CG.html#part-2。

Vulkan 规范提供了更多关于如何使用 API 进行稀疏资源管理的细节：https://registry.khronos.org/vulkan/specs/1.2-extensions/html/vkspec.html#sparsememory。

CHAPTER 9

第 9 章

实现可变速率着色

在本章中，我们将实现一种最近变得相当流行的技术：可变速率着色。这项技术允许开发者指定对单个像素进行着色的速率，同时保持相同的视觉质量感知。这种方法可以减少某些渲染过程所需的时间，节省下来的时间可以用来实现更多的功能或以更高的分辨率进行渲染。

Vulkan 提供了多种选项来将这项技术整合到应用程序中，我们将提供所有这些选项的概览。这一功能是通过一个扩展提供的，该扩展仅在最新的硬件上得到支持，但可以通过计算着色器手动实现。我们在这里不会涉及这个选项，但会在 9.6 节指引你到相关资源。

本章讨论以下主题：
- 介绍可变速率着色。
- 使用 Vulkan API 实现可变速率着色。
- 使用特化常量（specialization constant）配置计算着色器。

9.1 技术要求

本章代码可以在以下网址找到：https://github.com/PacktPublishing/Mastering-Graphics-Programming-with-Vulkan/tree/main/source/chapter9。

9.2 介绍可变速率着色技术

可变速率着色（Variable Rate Shading，VRS）是一种技术，允许开发者控制片段着色的速率。当这一功能被禁用时，所有片段都将使用一个固定的速率进行着色，这意味着片段着色器将在图像中的所有片段上运行。

随着**虚拟现实**（Virtual Reality，VR）头盔的引入，开发者开始探索减少渲染帧所需时间的方法。这一点至关重要，不仅因为虚拟现实需要渲染两个帧（一个用于右眼，一个用于左眼），而且因为虚拟现实对帧延迟非常敏感，需要更高的帧率来避免用户出现晕动症症状。

一种开发出来的新技术叫作**聚焦渲染**（foveated rendering）：这个想法是在图像的中心区

域以全速渲染，而在中心以外的区域降低画质。开发者们注意到，用户主要关注图像的中心区域，并没有注意到周围区域的画质降低。

事实证明，这种方法可以推广到虚拟现实之外的领域。因此，像 DirectX 和 Vulkan 这样的应用程序接口已经原生支持了这一功能。

通过这种更通用的方法，可以为单个片段指定多个着色率。通常推荐的着色率是 1×1、1×2、2×1 和 2×2。虽然可能采用更高的着色率，但通常会在最终帧中导致可见的画面错误。

正如我们所提到的，1×1 的着色率意味着片段着色器将在图像中的所有片段上运行，并且没有时间节省。这是未启用可变速率着色时的默认行为。

1×2 或 2×1 的着色率意味着两个片段将由单次片段着色器调用着色，并且计算出的值将应用于这两个片段。同样，使用 2×2 的着色率，单次片段调用则会计算并将一个值应用于四个片段。

确定着色率

在为单个片段选择着色率时，有多种选项可供选择，我们实施的方法是在光照处理后，基于亮度运行一个边缘检测滤波器。

这种方法的思想是在图像中亮度均匀的区域降低着色率，在过渡区域使用全着色率。这种方法之所以有效，是因为人眼更容易察觉这些区域的变化，相比之下，在亮度更均匀的区域则不那么明显。

我们使用的滤波器是传统的 Sobel 滤波器，配置为 3×3。对于每个片段，我们都计算两个值，具体如图 9-1 所示。

$$G_x = \begin{bmatrix} +1 & 0 & -1 \\ +2 & 0 & -2 \\ +1 & 0 & -1 \end{bmatrix} * A \text{ 和 } G_y = \begin{bmatrix} +1 & +2 & +1 \\ 0 & 0 & 0 \\ -1 & -2 & -1 \end{bmatrix} * A$$

图 9-1　用于近似给定片段的 x 和 y 导数的滤波器

（来源：https://en.wikipedia.org/wiki/Sobel_operator）

然后我们使用如图 9-2 所示的公式来计算最终的导数值。

$$G = \sqrt{G_x^2 + G_y^2}$$

图 9-2　近似导数值的公式

（来源：https://en.wikipedia.org/wiki/Sobel_operator）

让我们将 Sobel 滤波器应用到图 9-3 上。

这样我们得到了如图 9-4 所示的着色率掩码。

在我们的实现中，对于那些 G 值（根据图 9-2 中的公式计算得出）大于 0.1 的片段，我们将使用完整的 1×1 着色率。这些在图 9-4 中是黑色像素。

图 9-3　经过光照处理后的渲染帧

图 9-4　着色率掩码的计算结果

对于 G 值低于 0.1 的片段，我们将使用 2×2 着色率，这些片段在图 9-4 中是红色像素。我们将在下一节解释掩码中的值是如何计算的。

在本节中，我们介绍了可变速率着色的概念，并提供了实现的细节。在下一节，我们将展示如何使用 Vulkan API 实现这一功能。

9.3　使用 Vulkan API 集成可变速率着色

正如前一节提到的，片段着色率功能是通过 VK_KHR_fragment_shading_rate 扩展提供的。与其他可选扩展一样，在调用相关 API 之前，请确保你使用的设备支持此扩展。

Vulkan 提供了三种控制着色率的方法：
- 每次绘制时控制
- 按图元控制
- 在渲染过程中使用图像附件控制

要使用每次绘制时的自定义着色率，有两种选择。我们可以在创建流水线时传递一个 VkPipelineFragmentShadingRateStateCreateInfoKHR 结构，或者在运行时调用 vkCmdSetFragmentShadingRateKHR。

这种方法在我们提前知道某些绘制可以以较低的频率进行而不影响质量时非常有用。这可能包括天空或我们知道距离摄像机很远的物体。

我们还可以为每个图元提供一个着色率。这是通过在顶点或网格着色器中填充 PrimitiveShadingRateKHR 内置着色器变量来实现的。

这在我们确定可以使用较低的细节级别（在网格着色器中）和较低的渲染率来渲染特定图元时，可能会很有用。

在我们的实现中，我们决定使用第三种方法，因为它对我们的用例更加灵活。正如前一节提到的，我们首先需要计算变量速率着色掩码。这是通过使用计算着色器来完成的，该着色器用于填充着色率图像。

我们首先填充一个在着色器调用中共享的表：

```
shared float local_image_data[ LOCAL_DATA_SIZE ][
    LOCAL_DATA_SIZE ];

local_image_data[ local_index.y ][ local_index.x ] =
    luminance( texelFetch( global_textures[
    color_image_index ], global_index, 0 ).rgb );

barrier();
```

表中的每个条目都包含此着色器调用中片段的亮度值。

我们采用了这种方法来减少需要进行的纹理读取的次数。如果每个着色器线程都需要单独读取它所需的值，我们将需要进行八次纹理读取。通过这种解决方案，每个线程只需要进行一次读取。

对于我们正在处理的区域边界上的片段线程，有一个注意事项。每次着色器调用时，我们都处理 16×16 个片段，但由于 Sobel 滤波器的工作方式，我们需要填充一个 18×18 的表。对于边界上的线程，我们需要进行一些额外的处理以确保表格完全填满。这里为了简洁，我们省略了代码。

请注意，我们必须使用 barrier() 方法来保证这个工作组内的所有线程都完成了它们的写入。如果不调用这个方法，线程将会计算出错误的值，因为表格将不会被正确填充。

接下来，我们计算给定片段的导数值：

```
float dx = local_image_data[ local_index.y - 1 ][
    local_index.x - 1 ] - local_image_data[
    local_index.y - 1 ][ local_index.x + 1 ] +
    2 * local_image_data[ local_index.y ][
    local_index.x - 1 ] -
    2 * local_image_data[ local_index.y ][
    local_index.x + 1 ] +
    local_image_data[ local_index.y + 1 ][
    local_index.x - 1 ] -
    local_image_data[ local_index.y + 1 ][
    local_index.x + 1 ];

float dy = local_image_data[ local_index.y - 1 ][
    local_index.x - 1 ] +
    2 * local_image_data[ local_index.y - 1 ][
    local_index.x ] +
    local_image_data[ local_index.y - 1 ][
    local_index.x + 1 ] -
    local_image_data[ local_index.y + 1 ][
    local_index.x - 1 ] -
    2 * local_image_data[ local_index.y + 1 ][
    local_index.x ] -
    local_image_data[ local_index.y + 1 ][
    local_index.x + 1 ];

float d = pow( dx, 2 ) + pow( dy, 2 );
```

这只是应用我们在上一节中介绍的公式。现在我们已经计算出了导数，接下来需要为这个片段存储着色率：

```
uint rate = 1 << 2 | 1;

if ( d > 0.1 ) {
    rate = 0;
}
imageStore( global_uimages_2d[ fsr_image_index ], ivec2(
    gl_GlobalInvocationID.xy ), uvec4( rate, 0, 0, 0 ) );
```

这个着色率是根据 Vulkan 规范中的公式计算得出的：

```
size_w = 2^( ( texel / 4 ) & 3 )
size_h = 2^( texel & 3 )
```

在我们的案例中，我们正在计算前一个公式中的 texel（纹素）值。我们为 x 和 y 着色率设置指数（0 或 1），并将该值存储在着色率图像中。

一旦着色率图像填充完毕，我们就可以使用它为下一帧的渲染过程提供着色率。在使用这个图像之前，我们需要将其转换到正确的布局：

VK_IMAGE_LAYOUT_FRAGMENT_SHADING_RATE_ATTACHMENT_OPTIMAL_KHR

我们还需要使用一个新的流水线阶段：

VK_PIPELINE_STAGE_FRAGMENT_SHADING_RATE_ATTACHMENT_BIT_KHR

有几种方法可以在渲染过程中使用新创建的着色率图像。VkSubpassDescription2 结构可以通过 VkFragmentShadingRateAttachmentInfoKHR 结构进行扩展，该结构指定用作片段着色率的附件。由于还没有使用 RenderPass2 扩展，我们选择扩展现有的动态渲染实现。

我们需要使用以下代码扩展 VkRenderingInfoKHR 结构：

```
VkRenderingFragmentShadingRateAttachmentInfoKHR
shading_rate_info {
    VK_STRUCTURE_TYPE_RENDERING_FRAGMENT_SHADING
        _RATE_ATTACHMENT_INFO_KHR };
shading_rate_info.imageView = texture->vk_image_view;
shading_rate_info.imageLayout =
    VK_IMAGE_LAYOUT_FRAGMENT_SHADING_RATE
        _ATTACHMENT_OPTIMAL_KHR;
shading_rate_info.shadingRateAttachmentTexelSize = { 1, 1 };

rendering_info.pNext = ( void* )&shading_rate_info;
```

就是这样！用于渲染的着色器不需要任何修改。

在本节中，我们详细介绍了渲染代码所需的更改，以便使用着色率图像。我们还提供了计算着色器的实现，该着色器基于 Sobel 滤波器实现了边缘检测算法。

该算法的结果随后用于确定每个片段的着色率。

在下一节，我们将介绍特化常量，这是一个 Vulkan 功能，它允许我们控制计算着色器的工作组大小，以获得最佳性能。

9.4 利用特化常量

特化常量是 Vulkan 的一个功能，允许开发者在创建流水线时定义常数值。这在创建使用相同着色器的多个用例时特别有用，它们仅在某些常数值上有所不同，例如材质。这是比预处理器定义更为优雅的解决方案，因为它们可以在运行时动态控制，无须重新编译着色器。

在我们的案例中，我们希望能够根据我们运行的硬件来控制计算着色器的工作组大小，以获得最佳性能：

1. 实现的第一步是确定着色器是否使用特化常量。在解析着色器的 SPIR-V 时，我们现在会识别出被以下类型修饰的任何变量：

```
case ( SpvDecorationSpecId ):
{
    id.binding = data[ word_index + 3 ];
    break;
}
```

2. 在解析所有变量时，我们现在会保存特化常量的详细信息，以便在编译使用此着色器的流水线时使用：

```
switch ( id.op ) {
    case ( SpvOpSpecConstantTrue ):
    case ( SpvOpSpecConstantFalse ):
    case ( SpvOpSpecConstant ):
    case ( SpvOpSpecConstantOp ):
    case ( SpvOpSpecConstantComposite ):
    {
        Id& id_spec_binding = ids[ id.type_index ];
SpecializationConstant&
        specialization_constant = parse_result->
        specialization_constants[
        parse_result->
        specialization_constants_count
        ];
        specialization_constant.binding =
            id_spec_binding.binding;
        specialization_constant.byte_stride =
            id.width / 8;
        specialization_constant.default_value =
            id.value;

        SpecializationName& specialization_name =
         parse_result->specialization_names[
            parse_result->
            specialization_constants_count ];
        raptor::StringView::copy_to(
            id_spec_binding.name,
                specialization_name.name, 32 );

        ++parse_result->
            specialization_constants_count;

        break;
    }
}
```

3. 现在已经拥有了特化常量的信息，我们可以在创建流水线时更改它们的值。我们从填充一个 VkSpecializationInfo 结构开始：

```
VkSpecializationInfo specialization_info;
VkSpecializationMapEntry specialization_entries[
    spirv::k_max_specialization_constants ];
u32 specialization_data[
    spirv::k_max_specialization_constants ];
specialization_info.mapEntryCount = shader_state->
    parse_result->specialization_constants_count;
specialization_info.dataSize = shader_state->
    parse_result->specialization_constants_count *
        sizeof( u32 );
specialization_info.pMapEntries =
    specialization_entries;
specialization_info.pData = specialization_data;
```

4. 然后，我们为每个特化常量条目设置值：

```
for ( u32 i = 0; i < shader_state->parse_result->
    specialization_constants_count; ++i ) {

    const spirv::SpecializationConstant&
        specialization_constant = shader_state->
            parse_result->
                specialization_constants[ i ];
    cstring specialization_name = shader_state->
        parse_result->specialization_names[ i ].name;
    VkSpecializationMapEntry& specialization_entry =
        specialization_entries[ i ];

    if ( strcmp(specialization_name, "SUBGROUP_SIZE")
        == 0 ) {
                specialization_entry.constantID =
                    specialization_constant.binding;
        specialization_entry.size = sizeof( u32 );
        specialization_entry.offset = i * sizeof( u32 );

        specialization_data[ i ] = subgroup_size;
    }
}
```

在我们的例子中，我们寻找一个名为 SUBGROUP_SIZE 的变量。最后一步是将特化常量的详细信息存储在着色器阶段结构中，这将在创建流水线时使用：

```
shader_stage_info.pSpecializationInfo =
    &specialization_info;
```

在编译过程中，驱动程序和编译器将用我们指定的值覆盖着色器中现有的值。

在本节中，我们展示了如何利用特化常量在运行时修改着色器行为。我们详细描述了在解析 SPIR-V 二进制文件时如何识别特化常量。接着，我们突出介绍了在创建流水线时覆盖一个特化常量值所需的新代码。

9.5 总结

在本章中，我们介绍了可变速率着色技术。我们简要概述了这种方法以及如何使用它来提高某些渲染通道的性能，同时不损失感知质量。我们还解释了用于确定每个片段的着色率的边缘检测算法。

接着，我们展示了启用并使用 Vulkan API 的这一功能所需的更改。我们详细介绍了在绘制、图元和渲染通道级别改变着色率的可用选项。然后，我们解释了如何使用计算着色器实现边缘检测算法，以及如何使用结果生成着色率图像。

最后，我们介绍了特化常量，这是 Vulkan API 提供的一种机制，用于在编译时修改着色器常量值。我们展示了如何利用这一功能来根据我们代码运行时所在的设备控制计算着色器的组大小，以达到最佳性能。

在下一章，我们将在我们的场景中引入体积雾效果。这项技术允许我们设定环境的氛围，并且可以用来将玩家的注意力引导到特定区域。

9.6 扩展阅读

我们只简要概述了 Vulkan API 用于可变速率着色的接口。我们推荐阅读规范以获取更多细节：https://registry.khronos.org/vulkan/specs/1.3-extensions/html/vkspec.html#primsrast-fragment-shading-rate。

大多数在线资源似乎都集中在 DirectX API 上，但同样的方法也可以应用到 Vulkan 上。这篇博客文章提供了一些关于 VRS（可变速率着色）的优势的详细信息：https://devblogs.microsoft.com/directx/variable-rate-shading-a-scalpel-in-a-world-of-sledgehammers/。

这两个视频提供了关于如何将 VRS 集成到现有游戏引擎中的深入细节。使用计算着色器实现 VRS 的部分特别有趣：

- https://www.youtube.com/watch?v=pPyN9r5QNbs
- https://www.youtube.com/watch?v=Sswuj7BFjGo

此文章阐述了 VRS 还可以有其他用途，例如加速光线追踪：https://interplayoflight.wordpress.com/2022/05/29/accelerating-raytracing-using-software-vrs/。

CHAPTER 10

第 10 章

添加体积雾效果

在上一章中添加了可变速率着色之后，我们将实现另一种现代技术，这将增强 Raptor 引擎的视觉效果：**体积雾**（volumetric fog）。体积渲染和雾在渲染文献中是非常古老的话题，但直到几年前，它们还被认为是实时使用中不可能实现的。

这项技术能够在实时中实现的可能性源于这样一个观察：雾是一种低频效应；因此，渲染可以比屏幕分辨率低得多，从而在实时使用中提高性能。

此外，计算着色器的引入，以及对通用 GPU 编程的应用，结合对体积技术的近似和优化的巧妙观察，为实时体积雾的实现铺平了道路。

这一主要思想源自 Bart Wronski 于 2014 年在 SIGGRAPH 上的开创性论文（https://bartwronski.files.wordpress.com/2014/08/bwronski_volumetric_fog_siggraph2014.pdf），即使在近 10 年后，他描述的仍然是这项技术的核心思想。

实现这项技术对于了解帧渲染不同部分之间的协同作用也很重要：开发单一技术可能具有挑战性，但与其他技术的互动也是非常重要的部分，并且可以进一步增加技术的挑战性。

本章讨论以下主题：

- 介绍体积雾渲染。
- 实现体积雾基础技术。
- 增加空间和时间滤波以改善视觉效果。

到本章结束时，我们将在 Raptor 引擎中集成体积雾，使其与场景以及所有动态光源互动，如图 10-1 所示。

图 10-1　带有密度体积和三个投影灯的体积雾

10.1 技术要求

本章代码可以在以下网址找到：https://github.com/PacktPublishing/Mastering-Graphics-Programming-with-Vulkan/tree/main/source/chapter10。

10.2 介绍体积雾渲染

体积雾渲染到底是什么？顾名思义，它是体积渲染和雾现象的结合。我们现在将对这些组成部分进行一些背景介绍，并探讨它们是如何在最终技术中结合的。

让我们从体积渲染开始。

10.2.1 体积渲染

这种渲染技术描述了光线穿过参与介质时发生的视觉效果。参与介质是一个包含局部密度或反照率变化的体积。

图 10-2 总结了光在参与介质中的行为。

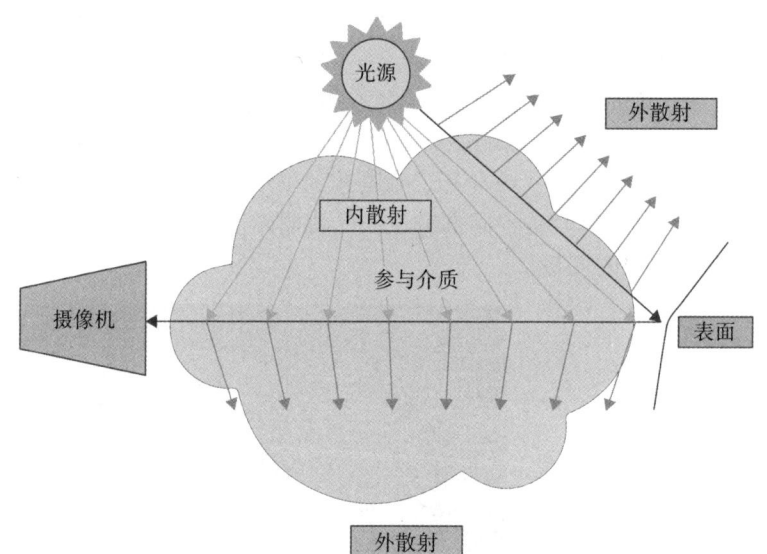

图 10-2　参与介质中的光行为

我们正在描述的是光线穿过参与介质（例如雾、云或大气散射）时发生的变化。

主要发生的三种现象如下：

- **吸收**：这种现象发生在光线被介质内部捕获，且没有逸出外部时。这是一种能量的净损失。
- **外散射**：如图 10-2 中绿色箭头所示，这表示能量再次从介质中散出（因此可见）的损失。
- **内散射**：这是来自与介质相互作用的光源的能量。

虽然这三种现象足以描述光的行为，但在完全理解体积渲染之前，还需要理解另外三个组成部分。

相位函数

第一个组成部分是**相位函数**（Phase function）。这个函数描述了光在不同方向上的散射。它依赖于光线向量与出射方向之间的角度。

试图以真实的方式描述散射的话，这个函数可能很复杂，但最常用的是 Henyey-Greenstein 函数，这个函数还考虑了各向异性。

Henyey-Greenstein 函数的公式如图 10-3 所示。

$$phase(\theta) = \frac{1}{4\pi} \frac{1-g^2}{(1+g^2-2g\cos\theta)^{3/2}}$$

图 10-3　Henyey-Greenstein 函数

在该方程中，角度 θ 是视线向量和光线向量之间的角度。我们将在着色器代码中看到如何将其转换为可用的东西。

消光

第二个组成部分是**消光**（extinction）。消光是一个描述光线散射程度的量。我们将在算法的中间步骤中使用该量，但要应用计算出的雾效，我们还需要透射。

透射

第三个也是最后一个组成部分是**透射**（transmittance）。透射是光通过介质段的消减，可以使用 Beer-Lambert 定律来计算，如图 10-4 所示。

$$T(A \rightarrow B) = e^{-\int_A^B \beta e(x)dx}$$

图 10-4　Beer-Lambert 定律

在最后的集成步骤中，我们将计算透射值，并使用它来决定如何在场景中应用雾效。这里重要的是要基本掌握这些概念；章末将提供链接，帮助你深入了解数学背景。

我们现在已经掌握了所有需要了解的概念，可以看看体积雾的实现细节了。

10.2.2　体积雾

现在已经了解了构成体积渲染的不同组件，我们可以从高处"俯瞰"这个算法。Bart Wronski 在开发这项技术时的第一个想法也是最聪明的想法之一，就是使用一个与视锥体对齐的体积纹理，如图 10-5 所示。

使用体积纹理和与标准光栅化渲染相关的数学方法，我们可以创建相机视锥体与纹理之间的映射。这种映射已经在渲染的不同阶段发生，例如，在乘以视图投影矩阵时对顶点位置进行变换，所以这并不是什么新鲜事。

新鲜之处在于，我们可以在体积纹理中存储信息以计算体积渲染。这种纹理的每个元素通常被称为**视锥体体素**（froxel），即视锥体（frustum）和体素（voxel）的结合。

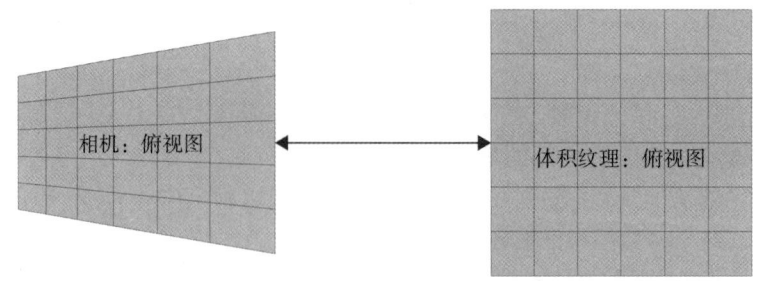

图 10-5 与视锥体对齐的体积纹理

我们选择了一个纹理,其宽度、高度和深度均为 128 单位,但其他解决方案则根据屏幕分辨率来确定宽度和高度,类似于集群着色。

我们将使用这种分辨率的不同纹理作为中间步骤,并且为了额外的滤波,我们稍后将讨论这个问题。另一个决定是通过使用非线性深度分布来增加相机的分辨率,将线性范围映射到指数范围。

我们将使用一个分布函数,类似于 Id 公司在其 iD Tech 引擎中所使用的(如图 10-6 所示)。

$$Zslice = Near_z * (Far_z / Near_z)^{slice/numSlices}$$

图 10-6 Z 坐标函数上的体积纹理深度切片

现在已经确定了体积纹理与世界单位之间的映射关系,我们可以描述实现一个完全工作的体积雾解决方案所需的步骤。

该算法概览如图 10-7 所示,其中圆角矩形代表着色器的执行,而椭圆形代表纹理。

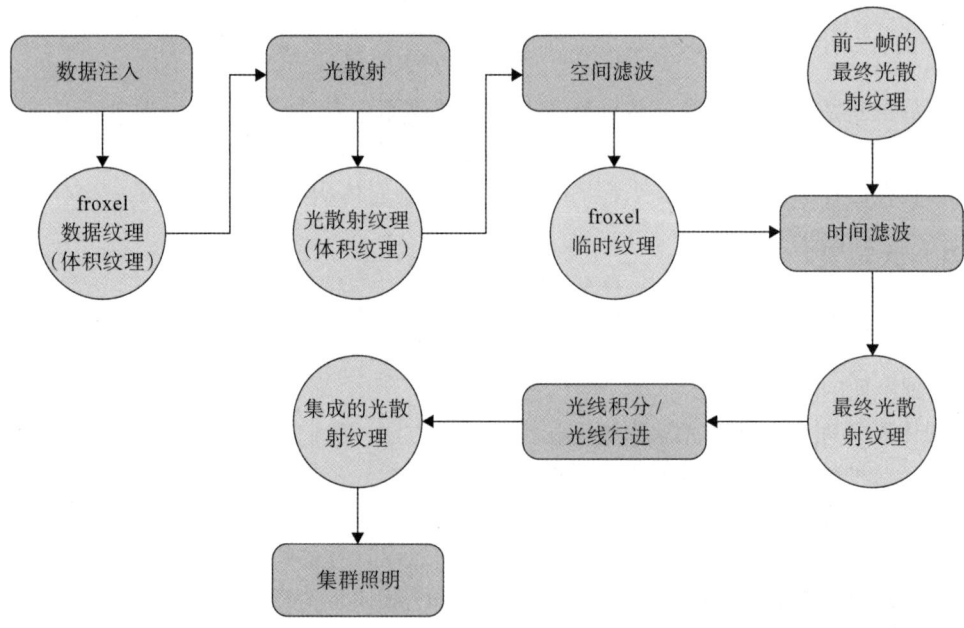

图 10-7 算法概览

我们现在将逐步了解算法的每一个步骤,以便及时理解后续发生的情况,稍后我们将在本章后面复习着色器。

数据注入

首先是数据注入。这个着色器将以颜色和密度的形式,向第一个仅包含数据的视锥体对齐纹理中添加一些彩色雾气。我们决定添加一个恒定的雾、一个基于高度的雾,以及一个雾体,以模仿更真实的游戏开发环境。

光散射

在进行光散射时,我们计算来自场景中光源的入射光。

拥有一个有效的集群照明算法后,我们将重用相同的数据结构来计算每个 froxel(视锥体体素)的光照贡献,注意这里使用与标准集群照明不同的方式来处理光线——没有漫反射或镜面反射,只有由衰减(attenuation)、阴影和相位给出的全局项。

我们还采样与光源相关的阴影图,以实现更加真实的行为。

空间滤波

为了去除一些噪声,我们仅在视锥体对齐纹理的 X 和 Y 轴上应用 Gaussian 滤波器,然后使用最重要的滤波器,即时间滤波器。

时间滤波

这个滤波器通过在算法的不同步骤中添加一些噪声来去除条带,从而真正改善视觉效果。它将读取前一帧的最终纹理(集成之前的那一帧)并根据某些恒定因子将当前的光散射结果与前一帧的结果混合。

这是一个非常复杂的话题,因为时间滤波和重投影(reprojection)可能会引起一些问题。在下一章,我们将讨论更深入的内容,即**时间抗锯齿**(Temporal Anti-Aliasing,TAA)。

在散射和消光处理完毕后,我们可以进行光线积分(light integration),从而准备好纹理,以便被场景采样。

光线积分

这一步准备了另一个与视锥体对齐的体积纹理,用于集成雾效。基本上,这个着色器模拟了一个低分辨率的光线行进(ray marching)过程,以便场景可以对这个结果进行采样。

光线行进通常从相机开始,朝向场景的远平面进行。视锥体对齐纹理和这种集成的结合,为每个 froxel 提供了一个缓存的光线行进,这种光散射可以被场景轻松采样。在这一步中,我们最终根据 Beer-Lambert 定律计算透射值,并使用它将雾融入场景中,这是从之前纹理中保存的所有消光计算得出的。

这种方法和时间滤波是这一算法的实时实现的重大相关创新。在更高级的解决方案中,例如在游戏 *Red Dead Redemption 2* 中,可以添加额外的光线行进来模拟更远距离的雾。

它还允许将雾和体积云进行混合,这些云使用纯粹的光线行进方法,以实现几乎无缝的过渡。这一点在关于 *Red Dead Redemption 2* 渲染的 SIGGRAPH 演讲中有详细解释。

场景在集群照明中的应用

最后一步是在照明着色器中使用世界位置读取体积纹理。我们可以读取深度缓冲区，计算世界位置，计算 froxel 坐标并采样纹理。

为了进一步平滑体积感的外观，一个额外的步骤是将场景应用渲染到半分辨率的纹理，然后使用几何感知的上采样技术应用到场景中，但这将作为一个练习留给你来完成。

10.3 实现体积雾渲染

现在我们已经掌握了实现这一算法所需的所有知识。从 CPU 的角度看，这只是一系列计算着色器的调度，因此操作相对简单。

这项技术的核心是通过各种着色器实现的，并且主要在 GPU（图形处理器）上运行，几乎涉及我们在前一节讨论的与视锥体对齐的体积纹理的所有步骤。

图 10-7 展示了不同的算法步骤，我们将在接下来的内容中逐一看到这些步骤。

10.3.1 数据注入

在第一个着色器中，我们将从不同雾现象的颜色和密度出发，编写散射和消光。

我们决定添加三种不同的雾效果，具体如下：

- 一种恒定的雾
- 高度雾
- 体积雾

对于每一种雾，我们都需要计算散射和消光，并将它们累积起来。

以下代码将颜色和密度转换为散射和消光：

```
vec4 scattering_extinction_from_color_density( vec3 color,
    float density ) {
    const float extinction = scattering_factor * density;
    return vec4( color * extinction, extinction );
}
```

现在我们来看看主着色器。这个着色器，像本章中的大多数其他着色器一样，将被安排为每个 froxel（视锥体体素）单元分配一个线程。

首先，我们将看到调度以及用于计算世界位置的代码：

```
layout (local_size_x = 8, local_size_y = 8, local_size_z =
        1) in;
void main() {
    ivec3 froxel_coord = ivec3(gl_GlobalInvocationID.xyz);
    vec3 world_position = world_from_froxel(froxel_coord);

    vec4 scattering_extinction = vec4(0);
```

我们添加了一个可选的噪声来使雾动起来，打破其恒定的密度：

```
vec3 sampling_coord = world_position *
    volumetric_noise_position_multiplier +
    vec3(1,0.1,2) * current_frame *
    volumetric_noise_speed_multiplier;

vec4 sampled_noise = texture(
    global_textures_3d[volumetric_noise_texture_index],
    sampling_coord);
float fog_noise = sampled_noise.x;
```

在这里，我们添加并累积恒定的雾：

```
// Add constant fog
float fog_density = density_modifier * fog_noise;
scattering_extinction +=
    scattering_extinction_from_color_density(
    vec3(0.5), fog_density );
```

然后，添加并累积高度雾：

```
// Add height fog
float height_fog = height_fog_density *
    exp(-height_fog_falloff * max(world_position.y, 0)) *
    fog_noise;
scattering_extinction +=
    scattering_extinction_from_color_density(
    vec3(0.5), height_fog );
```

最后，从范围盒中添加密度：

```
// Add density from box
vec3 box = abs(world_position - box_position);
if (all(lessThanEqual(box, box_size))) {
    vec4 box_fog_color = unpack_color_rgba( box_color
                                            );
    scattering_extinction +=
        scattering_extinction_from_color_density(
            box_fog_color.rgb, box_fog_density *
                fog_noise);
}
```

我们最终存储了散射和消光数据，准备在下一个着色器中进行光照：

```
    imageStore(global_images_3d[froxel_data_texture_index],
        froxel_coord.xyz, scattering_extinction );
}
```

10.3.2 计算光照贡献

我们将使用已经在一般照明功能中使用的集群照明数据结构来执行照明。在这个着色器中,我们计算光的内散射。

着色器的调度与之前的着色器相同,每个 froxel 一个线程:

```
layout (local_size_x = 8, local_size_y = 8, local_size_z =
       1) in;
void main() {
    ivec3 froxel_coord = ivec3(gl_GlobalInvocationID.xyz);
    vec3 world_position = world_from_froxel(froxel_coord);
    vec3 rcp_froxel_dim = 1.0f / froxel_dimensions.xyz;
```

我们从注入着色器的结果中读取散射和消光数据:

```
vec4 scattering_extinction = texture(global_textures_3d
    [nonuniformEXT(froxel_data_texture_index)],
    froxel_coord * rcp_froxel_dim);
    float extinction = scattering_extinction.a;
```

然后,我们开始积累光线并使用集群分桶。

注意不同渲染算法之间的合作——已经实现了集群分桶后,我们可以从世界空间位置开始使用它来查询已声明体积内的光源:

```
vec3 lighting = vec3(0);
vec3 V = normalize(camera_position.xyz - world_position);
// Read clustered lighting data
// Calculate linear depth
float linear_d = froxel_coord.z * 1.0f /
    froxel_dimension_z;
linear_d = raw_depth_to_linear_depth(linear_d,
    froxel_near, froxel_far) / froxel_far;
// Select bin
int bin_index = int( linear_d / BIN_WIDTH );
uint bin_value = bins[ bin_index ];

// As in calculate_lighting method, cycle through
// lights to calculate contribution
for ( uint light_id = min_light_id;
    light_id <= max_light_id;
    ++light_id ) {

    // Same as calculate_lighting method

    // Calculate point light contribution
    // Read shadow map for current light
    float shadow = current_depth -
        bias < closest_depth ? 1 : 0;
    const vec3 L = normalize(light_position -
        world_position);
    float attenuation = attenuation_square_falloff(
        L, 1.0f / light_radius) * shadow;
```

到目前为止，代码几乎与用于照明的代码相同，但我们添加了相位函数（phase_function）来完成照明因子的确定：

```
lighting += point_light.color *
    point_light.intensity *
    phase_function(V, -L,
        phase_anisotropy_01) *
    attenuation;
            }
```

最终散射的计算和存储如下：

```
vec3 scattering = scattering_extinction.rgb * lighting;
imageStore( global_images_3d
            [light_scattering_texture_index],
            ivec3(froxel_coord.xyz), vec4(scattering,
                extinction) );
}
```

现在，我们将查看光线积分/光线行进着色器，以完成算法在体积部分工作所需的主要着色器。

10.3.3 集成散射和消光效果

这个着色器负责在 froxel 纹理中执行光线行进并在每个单元中进行中间计算。它仍然会写入一个与视锥体对齐的纹理，但每个单元都将包含从该单元开始的累积散射和透射。

请注意，我们现在使用透射而不是消光，透射是一个集成到某个空间的消光的量。调度时先读取光散射纹理，然后仅在视锥体纹理的 X 和 Y 轴上进行，因为我们将执行积分步骤并在主循环中写入每个 froxel。

最终存储的结果是散射和透射，这样可以更容易地将其应用到场景中：

```
// Dispatch with Z = 1 as we perform the integration.
layout (local_size_x = 8, local_size_y = 8, local_size_z =
    1) in;
void main() {
    ivec3 froxel_coord = ivec3(gl_GlobalInvocationID.xyz);
    vec3 integrated_scattering = vec3(0,0,0);
    float integrated_transmittance = 1.0f;
    float current_z = 0;
    vec3 rcp_froxel_dim = 1.0f / froxel_dimensions.xyz;
```

我们在 z 轴上进行积分，因为这种纹理是与视锥体对齐的。

首先，我们计算深度差，以获得消光积分所需的厚度：

```
for ( int z = 0; z < froxel_dimension_z; ++z ) {
    froxel_coord.z = z;
    float next_z = slice_to_exponential_depth(
                froxel_near, froxel_far, z + 1,
```

```
                    int(froxel_dimension_z) );
const float z_step = abs(next_z - current_z);
current_z = next_z;
```

我们将计算散射和透射,并为 z 轴上的下一个单元累积这些值:

```
// Following equations from Physically Based Sky,
    Atmosphere and Cloud Rendering by Hillaire
const vec4 sampled_scattering_extinction =
texture(global_textures_3d[
nonuniformEXT(light_scattering_texture_index)],
froxel_coord * rcp_froxel_dim);
const vec3 sampled_scattering =
    sampled_scattering_extinction.xyz;
const float sampled_extinction =
    sampled_scattering_extinction.w;
const float clamped_extinction =
    max(sampled_extinction, 0.00001f);
const float transmittance = exp(-sampled_extinction
                                * z_step);
const vec3 scattering = (sampled_scattering -
                        (sampled_scattering *
                        transmittance)) /
                        clamped_extinction;

integrated_scattering += scattering *
                        integrated_transmittance;
integrated_transmittance *= transmittance;

imageStore( global_images_3d[
    integrated_light_scattering_texture_index],
    froxel_coord.xyz,
    vec4(integrated_scattering,
        integrated_transmittance) );
    }
}
```

现在,我们有了一个包含光线行进散射和透射值的体积纹理,可以在帧中的任何位置查询这些值,以了解该点的雾量和颜色。

这标志着算法中主要的体积渲染部分的结束。接下来,我们看看将雾效应用到场景中有多简单。

10.3.4 将体积雾应用到场景

我们终于可以应用体积雾了。为此,我们使用屏幕空间坐标来计算纹理的采样坐标。这个函数将在延迟渲染路径和正向渲染路径的照明计算结束时使用。

首先,我们计算采样坐标:

```
vec3 apply_volumetric_fog( vec2 screen_uv, float raw_depth,
                           vec3 color ) {
    const float near = volumetric_fog_near;
    const float far = volumetric_fog_far;
    // Fog linear depth distribution
    float linear_depth = raw_depth_to_linear_depth(
                         raw_depth, near, far );
    // Exponential
    float depth_uv = linear_depth_to_uv( near, far,
        linear_depth, volumetric_fog_num_slices );
vec4 scattering_transmittance =
    texture(global_textures_3d
    [nonuniformEXT(volumetric_fog_texture_index)],
    froxel_uvw);
```

在读取指定位置的散射和透射之后，我们使用透射值来调制当前场景颜色，并添加雾散射颜色，如下所示：

```
color.rgb = color.rgb * scattering_transmittance.a +
            scattering_transmittance.rgb;

    return color;
}
```

这些是实现体积雾渲染所需的全部步骤。但是，仍然存在一个大问题：**条带效应**。

这是一个涉及多篇论文的大话题，然而简单来说，使用低分辨率的体积纹理会导致条带（banding）问题，但这是实现实时性能所必需的。

10.3.5 添加滤波器

为了进一步改善视觉效果，我们会添加两种不同的滤波：一个时间滤波和一个空间滤波。

时间滤波器的真正作用在于它能够让我们在算法的不同部分添加噪声，从而消除条带。空间滤波器则进一步平滑了雾效。

空间滤波

这个着色器将通过应用 Gaussian 滤波器在 X 和 Y 轴上平滑体积纹理。它将读取光散射的结果，并写入该帧此时未使用的 froxel 数据纹理中，从而避免创建临时纹理的需要。

首先，我们定义 Gaussian 函数及其代表代码：

```
#define SIGMA_FILTER 4.0
#define RADIUS 2

float gaussian(float radius, float sigma) {
    const float v = radius / sigma;
    return exp(-(v*v));
}
```

接着，我们读取光散射纹理，只有当计算出的坐标有效时，才能累积值和权重：

```
vec4 scattering_extinction =
    texture( global_textures_3d[
    nonuniformEXT(light_scattering_texture_index)],
    froxel_coord * rcp_froxel_dim );
if ( use_spatial_filtering == 1 ) {

    float accumulated_weight = 0;
    vec4 accumulated_scattering_extinction = vec4(0);

    for (int i = -RADIUS; i <= RADIUS; ++i ) {
        for (int j = -RADIUS; j <= RADIUS; ++j ) {
            ivec3 coord = froxel_coord + ivec3(i, j,
                                               0);
            // if inside
            if (all(greaterThanEqual(coord, ivec3(0)))
                && all(lessThanEqual(coord,
                ivec3(froxel_dimension_x,
                froxel_dimension_y,
                froxel_dimension_z)))) {
                const float weight =
                    gaussian(length(ivec2(i, j)),
                        SIGMA_FILTER);
                const vec4 sampled_value =
                    texture(global_textures_3d[
                    nonuniformEXT(
                        light_scattering_texture_index)],
                        coord * rcp_froxel_dim);
                accumulated_scattering_extinction.rgba +=
                    sampled_value.rgba * weight;
                accumulated_weight += weight;
            }
        }
    }

    scattering_extinction =
        accumulated_scattering_extinction /
        accumulated_weight;
}
```

我们将结果存储在 froxel 数据纹理中：

```
imageStore(global_images_3d[froxel_data_texture_index],
    froxel_coord.xyz, scattering_extinction );
}
```

下一步是时间滤波。

时间滤波

这个着色器将会取用当前计算出的三维光散射纹理，并应用一个时间滤波器。为了做到这一点，它需要两个纹理，一个用于当前帧，一个则用于前一帧。多亏了无绑定（bindless）技术，我们只需要改变索引就可以使用它们。

其调度与本章中的大多数着色器类似，每个体积纹理的 froxel 元素都对应一个线程。首先，我们从当前的光散射纹理开始读取。

这个纹理目前存储在 `froxel_data_texture`（视锥体体素数据纹理）中，它来源于空间滤波：

```
vec4 scattering_extinction =
  texture( global_textures_3d[
    nonuniformEXT(froxel_data_texture_index)],
    froxel_coord * rcp_froxel_dim );
```

我们需要计算前一帧的屏幕空间位置，以读取前一帧的纹理。

我们将计算世界位置，然后使用之前的视图投影来获取用于读取纹理的 UVW 坐标：

```
// Temporal reprojection
if (use_temporal_reprojection == 1) {
  vec3 world_position_no_jitter =
      world_from_froxel_no_jitter(froxel_coord);
  vec4 sceen_space_center_last =
      previous_view_projection *
          vec4(world_position_no_jitter, 1.0);
  vec3 ndc = sceen_space_center_last.xyz /
             sceen_space_center_last.w;

  float linear_depth = raw_depth_to_linear_depth(
                       ndc.z, froxel_near, froxel_far
                       );
  float depth_uv = linear_depth_to_uv( froxel_near,
                   froxel_far, linear_depth,
                   int(froxel_dimension_z) );
  vec3 history_uv = vec3( ndc.x * .5 + .5, ndc.y * -
                          .5 + .5, depth_uv );
```

接着，我们检查计算出的 UVW 坐标是否有效，如果有效，我们将读取之前的纹理：

```
// If history UV is outside the frustum, skip
if (all(greaterThanEqual(history_uv, vec3(0.0f)))
    && all(lessThanEqual(history_uv, vec3(1.0f)))) {
  // Fetch history sample
  vec4 history = textureLod(global_textures_3d[
      previous_light_scattering_texture_index],
      history_uv, 0.0f);
```

一旦读取了样本，我们就可以根据用户定义的百分比将当前结果与之前的结果合并：

```
            scattering_extinction.rgb = mix(history.rgb,
                scattering_extinction.rgb,
                    temporal_reprojection_percentage);
            scattering_extinction.a = mix(history.a,
                scattering_extinction.a,
                    temporal_reprojection_percentage);
        }
    }
```

我们将结果存回光散射纹理中,以便在算法的体积部分的最后一步中使用它。

```
        imageStore(global_images_3d[light_scattering_texture_in
            dex],
                froxel_coord.xyz, scattering_extinction );
    }
```

至此,我们已经看到了体积雾算法的全部步骤。

最后要介绍的是用于动画化雾效的体积噪声生成,并简要讨论用于消除条带的噪声和抖动。

10.3.6 体积噪声生成

为了使雾的密度更加有趣,我们可以采样一个体积噪声纹理来稍微修改密度。我们可以添加一个单次执行的计算着色器,它创建并存储一个三维纹理的 Perlin 噪声,然后在采样雾密度时读取它。

此外,我们可以通过动画化这种噪声来模拟风的动画效果。这个着色器很简单,使用 Perlin 噪声函数如下:

```
layout (local_size_x = 8, local_size_y = 8, local_size_z =
    1) in;
void main() {
    ivec3 pos = ivec3(gl_GlobalInvocationID.xyz);

    vec3 xyz = pos / volumetric_noise_texture_size;

    float perlin_data = get_perlin_7_octaves(xyz, 4.0);

    imageStore( global_images_3d[output_texture_index],
            pos, vec4(perlin_data, 0, 0, 0) );
}
```

结果是一个具有单一通道和 Perlin 噪声的体积纹理,用于采样。我们还使用了一种特殊的采样器,它在 U、V 和 W 轴上具有重复滤波功能。

10.3.7 蓝噪声

作为算法不同区域采样偏移中使用的额外噪声,我们使用蓝噪声(blue noise),通过从纹理中读取并添加时间成分来实现。

蓝噪声具有许多有趣的特性，关于它为何在视觉感知中表现出色，有大量的文献讨论。我们将在本章末尾提供相关链接。但目前，我们只需从一个包含两个通道的纹理中读取噪声，并将其映射到 -1 到 1 的范围内。

映射函数如下：

```
float triangular_mapping( float noise0, float noise1 ) {
    return noise0 + noise1 - 1.0f;
}
```

执行以下步骤以读取蓝噪声：

```
float generate_noise(vec2 pixel, int frame, float scale) {
    vec2 uv = vec2(pixel.xy / blue_noise_dimensions.xy);
    // Read blue noise from texture
    vec2 blue_noise = texture(global_textures[
        nonuniformEXT(blue_noise_128_rg_texture_index)],
                    uv ).rg;

    const float k_golden_ratio_conjugate = 0.61803398875;
    float blue_noise0 = fract(ToLinear1(blue_noise.r) +
        float(frame % 256) * k_golden_ratio_conjugate);
    float blue_noise1 = fract(ToLinear1(blue_noise.g) +
        float(frame % 256) * k_golden_ratio_conjugate);
    return triangular_noise(blue_noise0, blue_noise1) *
        scale;
}
```

最终的值将介于 -1 到 1 之间，可以根据需要进行缩放并广泛使用。

有一篇关于动态蓝噪声的论文承诺能提供更好的质量，但由于许可问题，我们选择使用这个免费版本。

10.4 总结

在本章中，我们介绍了体积雾渲染技术。我们在展示代码之前提供了简要的数学背景和算法概述。我们还展示了可用于改善条带效应的不同技术——这是一个需要仔细平衡噪声和时间重投影的广泛话题。

本章介绍的算法几乎是一个完整的实现，可以在许多商业游戏中找到。我们还讨论了滤波技术，特别是时间滤波器，这与下一章紧密相关，在那里我们将讨论一种使用时间重投影的抗锯齿技术。

在下一章，我们将看到时间抗锯齿与用于抖动（Jitter）采样的噪声在体积雾中的协同作用如何平滑视觉条带。我们还将展示一种使用单次计算着色器生成自定义纹理的可行方法，该着色器用于生成体积噪声。

这种技术也用于其他体积算法，例如体积云，以便存储更多自定义噪声，这些噪声用于生成云的形状。

10.5 扩展阅读

本章引用了许多不同的论文，但最重要的是关于通用 GPU 基础体积渲染的论文 *Real-Time Volumetric Rendering*：https://patapom.com/topics/Revision2013/Revision%202013%20-%20Real-time%20Volumetric%20Rendering%20Course%20Notes.pdf。

该算法仍然是基于 Bart Wronski 的开创性论文衍生出来的：https://bartwronski.files.wordpress.com/2014/08/bwronski_volumetric_fog_siggraph2014.pdf。

在以下链接中有一些演变和数学上的改进：https://www.ea.com/frostbite/news/physically-based-unified-volumetric-rendering-in-frostbite。

在深度分布的部分，我们参考了 iD Tech 6 中使用的公式：https://advances.realtimerendering.com/s2016/Siggraph2016_idTech6.pdf。

关于条带和噪声，最全面的论文来自 Playdead：
- https://loopit.dk/rendering_inside.pdf
- https://loopit.dk/banding_in_games.pdf

关于动态蓝噪声的信息，请参阅 https://blog.demofox.org/2017/10/31/animating-noise-for-integration-over-time/。

有关抖动（dithering）、蓝噪声和黄金比例序列的信息，请访问 https://bartwronski.com/2016/10/30/dithering-part-two-golden-ratio-sequence-blue-noise-and-highpass-and-remap/。

免费的蓝噪声纹理可以在这里找到：http://momentsingraphics.de/BlueNoise.html。

第三部分

高级渲染技术

在这一部分中,我们将继续向我们的渲染器中添加高级技术,并探讨如何使用光线追踪技术替换或改进之前的一些技术。本部分包括第 11~15 章。

CHAPTER 11

第11章

时间抗锯齿技术

在本章中，我们将扩展前一章提到的概念，当时我们讨论了时间重投影。提高图像质量最常见的方法之一是采样更多数据（超采样）并将其过滤到所需的采样频率。

在相关的渲染技术中，主要使用的技术是**多重采样抗锯齿**（Multi-Sample Anti-Aliasing，MSAA）。另一种超采样的技术是时间的超采样，它通过使用两个或更多个帧的样本来重构更高质量的图像。

在体积雾技术中采用了类似的方法来有效地消除由体积纹理低分辨率引起的条带效应。我们将看到如何使用**时间抗锯齿**（Temporal Anti-Aliasing，TAA）来实现更好的图像质量。

这种技术近年来已广泛应用，越来越多的游戏开始在其核心使用延迟渲染。由于在延迟渲染上应用 MSAA 存在困难，人们曾多次尝试使 MSAA 和延迟渲染协同工作，但从时间和内存性能来看，这在当时被证明是不可行的，因此开始开发替代解决方案。

后处理抗锯齿（Post-Process Anti-Aliasing，PPAA）及其众多缩写词汇开始被引入。最初广泛使用的是**形态抗锯齿**（MorphoLogical Anti-Aliasing，MLAA），由当时在 Intel 工作的 Alexander Reshetov 开发，并于 2009 年在 High-Performance Graphics 会议上展示。

该算法是为在 CPU 上使用 Intel 的**流式单指令多数据扩展**（Streaming SIMD Extension，SSE）指令集而开发的，它引入了一些有趣的解决方案来寻找和改善几何边缘渲染，这推动了后续的实现。后来，Sony 的 Santa Monica 为 *God of War Ⅲ* 采用了 MLAA，使用**协同处理单元**（Synergisic Processing Unit，SPU）来实现实时性能。

后处理抗锯齿技术最终在 2011 年由 Jorge Jimenez 等人开发出 GPU 实现，开启了一个新的渲染研究领域。各个游戏工作室开始开发定制的后处理抗锯齿技术并分享其细节。

这些技术都是基于几何边缘识别和图像增强而研发的。

另一个开始出现的方面是利用前几帧的信息来进一步提高视觉质量，例如在**锐化形态抗锯齿**（Sharp Morphological Anti-Aliasing，SMAA）中，开始增加时间成分以增强最终图像。

最常用的抗锯齿技术是时间抗锯齿，它自带一系列挑战，但能很好地融入渲染流水线，并允许其他技术（如体积雾）通过引入动态抖动来减少条带，从而提高视觉质量。

时间抗锯齿现已成为大多数游戏引擎的标准，无论是商业的还是个人的。它自带一些挑战，比如处理透明物体和图像模糊问题，但我们也将探讨如何解决这些问题。

在本章中，我们首先将概览这一算法，然后深入其实现。我们还将创建一个初步的、极其简单的实现，以展示算法的基本构建块，让你了解如何从头开始编写自定义的时间抗锯齿实现。最后，我们将探讨算法内的不同改进领域。

让我们看一个示例场景，并突出显示时间抗锯齿的改进，如图11-1所示。

如图11-2所示的是最终结果的几张屏幕截图，分别展示了未启用和启用时间抗锯齿的效果。

图 11-1　时间抗锯齿场景

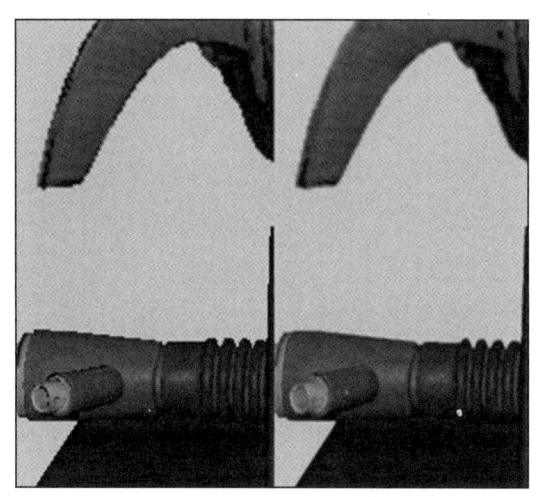

图 11-2　图 11-1 的细节，左边未启用时间抗锯齿，右边启用了时间抗锯齿

本章讨论以下主题：
- 创建最简单的时间抗锯齿实现。
- 逐步改进技术。
- 图像锐化技术概览，不包括时间抗锯齿。
- 通过噪声和时间抗锯齿解决不同图像区域的条带问题。

11.1　技术要求

本章代码可以在以下网址找到：https://github.com/PacktPublishing/Mastering-Graphics-Programming-with-Vulkan/tree/main/source/chapter11。

11.2　概述

在本节中，我们将看到TAA（时间抗锯齿）渲染技术的算法概述。

TAA技术基于对随时间变化的样本的收集，其通过对相机投影矩阵应用小的偏移并应用一些滤波器以生成最终图像来实现，如图11-3所示。

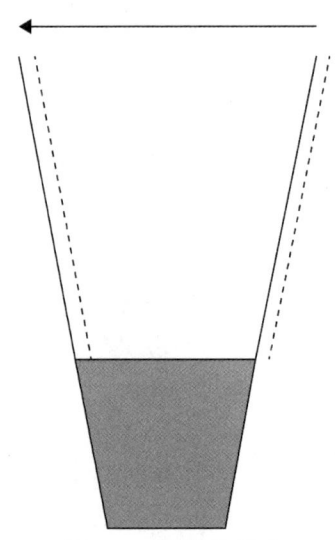

图 11-3 视锥体抖动

在实现部分,我们将看到可以用来调整相机位置的各种数值序列。移动相机被称为**抖动**(jittering),通过抖动相机,我们可以收集额外的数据来增强图像。

如图 11-4 所示是 TAA 算法概述。

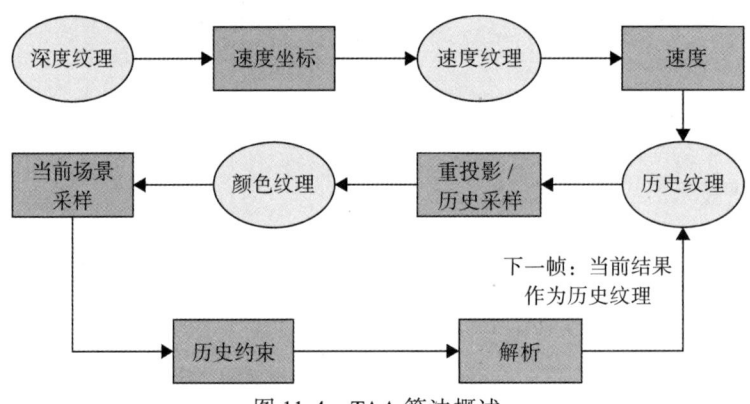

图 11-4 TAA 算法概述

根据图 11-4,我们将算法分为步骤(矩形)和纹理读取(椭圆)。

1. 我们读取速度并计算坐标,由**速度坐标**模块表示。

这通常是通过读取当前像素位置周围的 3×3 像素的邻域,并使用当前帧的**深度纹理**找到最近的像素来完成的。从 3×3 邻域读取已被证明可以减少鬼影(ghosting)并提高边缘质量。

2. 我们使用从**速度纹理**模块中找到的新坐标来读取速度,注意这里要使用线性的采样器,因为速度不仅是像素的增量,还可能处于像素之间。

3. 我们从**历史纹理**模块读取颜色信息。这实际上是上一帧的 TAA 输出。我们可以选择性地应用一个滤波器来读取纹理,以进一步提高质量。

4. 我们将读取当前场景的颜色。在这一步中，我们还将通过读取当前像素位置周围的邻域来再次缓存信息，以限制我们之前读取的历史颜色，并指导最终的解析阶段。

5. 历史约束。我们尝试将前一帧的颜色限制在当前颜色的区域内，以排除由遮挡或显现（disocclusion）引起的无效样本。如果不这样做，会产生很多鬼影。

6. 第六也是最后一步是**解析**。我们结合当前颜色和历史约束颜色，通过应用一些额外的滤波器来生成最终的像素颜色。

当前帧的 TAA 结果将成为下一帧的历史纹理，因此我们只需在每一帧切换纹理（历史和 TAA 结果），无须像某些实现那样复制结果。

现在我们已经对算法有了一个概览，可以开始实现一个初步的 TAA 着色器了。

11.3　最简单的时间抗锯齿实现

理解这项技术的最佳方式是构建一个基础实现，省略一些重要步骤，虽然这样做很容易产生模糊或抖动的渲染效果。

如果操作正确的话，这项技术的基本要素很简单，但每一步都必须精确执行。首先，我们将对相机进行抖动，以便能够渲染场景的略微不同的视角，并收集额外的数据。

接着，我们将添加运动（motion）向量，这样就可以在正确的位置读取前一帧的颜色信息。最后，我们将进行重投影，简单来说，就是读取历史帧的颜色数据并将其与当前帧数据结合。

让我们来看看不同的步骤。

11.3.1　相机抖动

此步骤的目标是在 x 轴和 y 轴上对投影相机进行少量平移。

我们在 GameCamera 类中添加了一些实用代码：

```
void GameCamera::apply_jittering( f32 x, f32 y ) {
    // Reset camera projection
    camera.calculate_projection_matrix();
    // Calculate jittering translation matrix and modify
        projection matrix
    mat4s jittering_matrix = glms_translate_make( { x, y,
                                                    0.0f } );
    camera.projection = glms_mat4_mul( jittering_matrix,
                                       camera.projection );
    camera.calculate_view_projection();
}
```

每个步骤都很重要且容易出错，所以要小心。

我们首先要重置投影矩阵，因为我们将手动修改它。然后，我们使用 x 和 y 中的抖动值构建一个平移矩阵（translation matrix），稍后将讨论如何计算这些值。

最后，我们将投影矩阵与抖动矩阵相乘，计算新的视图投影矩阵。注意乘法的顺序，如果顺序错误，即使不移动相机，你也会看到画面抖动且模糊！

有了这个工作基础，我们可以通过移除矩阵的构建和乘法来优化代码，使代码更清晰且错误更少，如下所示：

```
void GameCamera::apply_jittering( f32 x, f32 y ) {
    camera.calculate_projection_matrix();
    // Perform the same calculations as before, with the
        observation that
    // we modify only 2 elements in the projection matrix:
    camera.projection.m20 += x;
    camera.projection.m21 += y;
    camera.calculate_view_projection();
}
```

11.3.2 选择抖动序列

我们现在将构建一系列的 x 和 y 值来对相机进行抖动。通常可以使用以下不同的序列：

- Halton
- Hammersley
- Martin Robert's R2
- 交错梯度（Interleaved gradient）

代码中包含了前面序列的所有实现，每种实现都会使图像呈现略有不同的外观，因为它改变了我们随时间收集样本的方式。

关于使用不同序列的材料很多，我们将在章末提供链接；目前重要的是要知道我们有一组两个数字的序列，在几帧后重复使用这组数字来对相机进行抖动。

假设我们选择了 Halton 序列。首先，我们需要计算 x 和 y 的值：

```
f32 jitter_x = halton( jitter_index, 2 );
f32 jitter_y = halton( jitter_index, 3 );
```

这些值位于 [0,1] 范围内，但我们希望在两个方向上进行抖动，因此我们将其映射到 [-1,1] 范围：

```
f32 jitter_offset_x = jitter_x * 2 - 1.0f;
f32 jitter_offset_y = jitter_y * 2 - 1.0f;
```

现在，我们将这些值应用到 apply_jittering() 方法中，但有一个注意事项，即我们希望添加子像素级的抖动，因此我们需要通过屏幕分辨率来解除这些偏移量：

```
game_camera.apply_jittering( jitter_offset_x / gpu.swapchain_
    width, jitter_offset_y / gpu.swapchain_height );
```

最后，我们有一个抖动周期来选择在多少帧之后重复抖动数字，更新如下：

```
jitter_index = ( jitter_index + 1 ) % jitter_period;
```

通常一个好的周期是 4 帧，但在随附的代码中，可以更改这个数字并观察其对渲染图像的影响。

另一个基本的操作是缓存之前和当前的抖动值，并将它们发送到 GPU，以便运动向量能够考虑到完整的移动。

我们在场景的 uniform 变量中添加了 jitter_xy 和 previous_jitter_xy，以便在所有着色器中访问。

11.3.3 添加运动向量

现在我们已经正确地对相机进行了抖动并保存了偏移量，是时候添加运动向量来正确读取上一帧的颜色数据了。运动的来源有两个：相机运动和动态对象运动。

我们添加了一个具有 R16G16 格式的速度纹理，用以存储每个像素的速度。对于每一帧，我们将其清零，并计算不同的运动。对于相机运动，我们将计算当前和之前的屏幕空间位置，同时考虑抖动和运动向量。

我们将在计算着色器中执行此操作：

```
layout (local_size_x = 8, local_size_y = 8, local_size_z =
    1) in;
void main() {
    ivec3 pos = ivec3(gl_GlobalInvocationID.xyz);
    // Read the raw depth and reconstruct NDC coordinates.
    const float raw_depth = texelFetch(global_textures[
        nonuniformEXT(depth_texture_index)], pos.xy, 0).r;
    const vec2 screen_uv = uv_nearest(pos.xy, resolution);
    vec4 current_position_ndc = vec4(
        ndc_from_uv_raw_depth( screen_uv, raw_depth ), 1.0f
        );

    // Reconstruct world position and previous NDC position
    const vec3 pixel_world_position =
        world_position_from_depth
            (screen_uv, raw_depth, inverse_view_projection);
    vec4 previous_position_ndc = previous_view_projection *
        vec4(pixel_world_position, 1.0f);
    previous_position_ndc.xyz /= previous_position_ndc.w;
    // Calculate the jittering difference.
    vec2 jitter_difference = (jitter_xy -
                              previous_jitter_xy)* 0.5f;
    // Pixel velocity is given by the NDC [-1,1] difference
       in X and Y axis
    vec2 velocity = current_position_ndc.xy -
                    previous_position_ndc.xy;
    // Take in account jittering
    velocity -= jitter_difference;
    imageStore( motion_vectors, pos.xy, vec4(velocity, 0,
                                             0) );
```

动态网格需要在顶点或网格着色器中写入一个额外的输出，其计算方式与相机运动着色器中的类似：

```
// Mesh shader version
gl_MeshVerticesNV[ i ].gl_Position = view_projection *
    (model * vec4(position, 1));
vec4 world_position = model * vec4(position, 1.0);
vec4 previous_position_ndc = previous_view_projection *
    vec4(world_position, 1.0f);
previous_position_ndc.xyz /= previous_position_ndc.w;
vec2 jitter_difference = (jitter_xy - previous_jitter_xy) *
                        0.5f;
vec2 velocity = gl_MeshVerticesNV[ i ].gl_Position.xy -
    previous_position_ndc.xy - jitter_difference;
vTexcoord_Velocity[i] = velocity;
```

在此之后，只需将速度写入其自己的渲染目标。

现在已经有了运动向量，我们终于可以看到一个极其基础的时间抗锯齿着色器的实现了。

11.3.4 初步的实现代码

我们再次运行计算着色器来计算时间抗锯齿（TAA）。最简单的着色器的实现如下：

```
vec3 taa_simplest( ivec2 pos ) {
    const vec2 velocity = sample_motion_vector( pos );
    const vec2 screen_uv = uv_nearest(pos, resolution);
    const vec2 reprojected_uv = screen_uv - velocity;

    vec3 current_color = sample_color(screen_uv.xy).rgb;
    vec3 history_color =

        sample_history_color(reprojected_uv).rgb;
    // source_weight is normally around 0.9.
    return mix(current_color, previous_color,
            source_weight);
}
```

通过代码理解，步骤很简单：
1. 在像素位置采样速度。
2. 在像素位置采样当前颜色。
3. 使用运动向量计算并在之前的像素位置采样历史颜色。
4. 混合颜色，取当前帧颜色大约 10% 的部分。

在进行任何改进之前，首先确保这一部分运行完美至关重要。

你应该会看到一个较为模糊的图像，并且在移动相机或物体时存在一个大问题：鬼影效应。如果相机和场景保持静止，那么像素不应该有任何移动。这是确认抖动和重投影正常工作的基础。

有了这个实现的基础，我们现在准备探讨不同的改进领域，以实现更稳定的时间抗锯齿。

11.4 改进时间抗锯齿技术

有五个方面可以改进时间抗锯齿：重投影、历史采样、场景采样、历史约束和解析。

每一个方面都有不同的参数可以调整，以适应项目的渲染需求——时间抗锯齿并不精确或完美，因此从视觉角度需要额外注意。

让我们详细了解不同的领域，以便更清楚地理解随附的代码。

11.4.1 重投影

首先要做的是改进重投影，从而计算出读取速度的坐标，以驱动历史采样部分。

为了计算历史纹理像素坐标，最常见的解决方案是在当前像素周围的 3×3 像素方阵中找到最近的像素，这是 Brian Karis 的一个想法。我们将读取深度纹理，并使用深度值来确定最近的像素，并缓存该像素的位置：

```
void find_closest_fragment_3x3(ivec2 pixel, out ivec2
                               closest_position, out
                               float closest_depth) {
    closest_depth = 1.0f;
    closest_position = ivec2(0,0);

    for (int x = -1; x <= 1; ++x ) {
        for (int y = -1; y <= 1; ++y ) {
            ivec2 pixel_position = pixel + ivec2(x, y);
                pixel_position = clamp(pixel_position,
                    ivec2(0), ivec2(resolution.x - 1,
                        resolution.y - 1));
            float current_depth =
                texelFetch(global_textures[
                    nonuniformEXT(depth_texture_index)],
                        pixel_position, 0).r;
            if ( current_depth < closest_depth ) {
                closest_depth = current_depth;
                closest_position = pixel_position;
            }
        }
    }
}
```

仅使用找到的像素位置作为运动向量的读取坐标，鬼影效应将会大大减少，边缘也会更加平滑：

```
float closest_depth = 1.0f;
ivec2 closest_position = ivec2(0,0);
```

```
find_closest_fragment_3x3( pos.xy,
                           closest_position,
                           closest_depth );
const vec2 velocity = sample_motion_vector
    (closest_position.xy);
// rest of the TAA shader
```

虽然还有其他读取速度的方法,但这种方法已被证明是质量和性能之间最佳的折中方案。另一种实验方法可能是使用类似 3×3 像素邻域中的最大速度。

没有完美的解决方案,因此我们强烈建议对渲染技术进行实验和参数化。在计算出要读取的历史纹理的像素位置后,我们终于可以对其进行采样了。

11.4.2 历史采样

在这种情况下,最简单的做法就是直接在计算出的位置读取历史纹理。实际上,我们还可以应用一个滤波器来提高读取的视觉质量。

在代码中,我们添加了尝试不同滤波器的选项,标准选择是使用 CatmullRom 滤波器来增强采样:

```
// Sample motion vectors.
 const vec2 velocity = sample_motion_vector_point(
                        closest_position );
 const vec2 screen_uv = uv_nearest(pos.xy, resolution);
 const vec2 reprojected_uv = screen_uv - velocity;

// History sampling: read previous frame samples and
   optionally apply a filter to it.
vec3 history_color = vec3(0);
history_color = sample_history_color(
                reprojected_uv ).rgb;
switch (history_sampling_filter) {
    case HistorySamplingFilterSingle:
        history_color = sample_history_color(
                        reprojected_uv ).rgb;
        break;

    case HistorySamplingFilterCatmullRom:
        history_color = sample_texture_catmull_rom(
                        reprojected_uv,
                        history_color_texture_index );
        break;
}
```

在得到历史颜色后,我们将采样当前场景的颜色,并缓存历史约束和最终解析阶段都需要的信息。

如果不对历史颜色进行进一步处理,将会导致鬼影效应。

11.4.3 场景采样

在当前阶段,虽然鬼影效应的影响已经减轻,但仍然存在。因此,我们采取与寻找最近像素类似的方法,围绕当前像素搜索,以计算颜色信息并对其应用滤波器。

基本上,我们将像素视为一个信号而不仅是一个简单的颜色。这个主题可能相当长且有趣,本章末尾将提供深入了解此主题的资源。此外,在这一步骤中,我们将缓存用于历史边界的信息,这些边界用于限制来自前几帧的颜色。

需要知道的是,我们要在当前像素周围再采样一个 3×3 区域,并计算实现约束所需的信息。这个区域中最重要的信息是最小和最大颜色,而方差裁剪(variance clipping,稍后我们将详细讨论)还需要计算平均颜色和平方平均颜色(称为**矩**),以帮助历史约束。最后,我们还将对颜色采样应用一些过滤。

让我们看看代码:

```
// Current sampling: read a 3x3 neighborhood and cache
   color and other data to process history and final
   resolve.
  // Accumulate current sample and weights.
  vec3 current_sample_total = vec3(0);
  float current_sample_weight = 0.0f;
  // Min and Max used for history clipping
  vec3 neighborhood_min = vec3(10000);
  vec3 neighborhood_max = vec3(-10000);
  // Cache of moments used in the constraint phase
  vec3 m1 = vec3(0);
  vec3 m2 = vec3(0);

  for (int x = -1; x <= 1; ++x ) {
      for (int y = -1; y <= 1; ++y ) {

          ivec2 pixel_position = pos + ivec2(x, y);
          pixel_position = clamp(pixel_position,
              ivec2(0), ivec2(resolution.x - 1,
                  resolution.y - 1));
          vec3 current_sample =
          sample_current_color_point(pixel_position).rgb;
          vec2 subsample_position = vec2(x * 1.f, y *
                                          1.f);
          float subsample_distance = length(
                                  subsample_position
                                  );
          float subsample_weight = subsample_filter(
                      subsample_distance );

          current_sample_total += current_sample *
                          subsample_weight;
```

```
                current_sample_weight += subsample_weight;

                neighborhood_min = min( neighborhood_min,
                                        current_sample );
                neighborhood_max = max( neighborhood_max,
                                        current_sample );

                m1 += current_sample;
                m2 += current_sample * current_sample;
            }
        }
        vec3 current_sample = current_sample_total /
                        current_sample_weight;
```

所有这些代码的作用是采样颜色,过滤它,并缓存历史约束所需的信息,现在我们准备好进入下一阶段了。

11.4.4 历史约束

最终,我们确定了历史采样颜色的约束。基于之前的步骤,我们创建了一个我们认为有效的颜色值范围。如果将每个颜色通道视为一个值,那么我们基本上创建了一个有效颜色的区域,我们将对其进行约束。

约束是一种接受或丢弃来自历史纹理的颜色信息的方法,几乎可以消除鬼影效应。随着时间的推移,为了寻找更好的丢弃颜色的标准,人们开发了不同的方法来约束历史采样颜色。

一些实现还尝试依赖于深度或速度差异,但这似乎是更稳健的解决方案。

我们增加了四个约束来测试:

- RGB 限值(clamp)
- RGB 裁剪
- 方差裁剪
- 带 RGB 限值的方差裁剪

最佳质量是通过使用带 RGB 限值的方差裁剪得到的,但看看其他的也很有趣,因为它们是在最初的实现中使用的。

以下是代码:

```
switch (history_clipping_mode) {

    // This is the most complete and robust history
       clipping mode:
    case HistoryClippingModeVarianceClipClamp:
    default: {
        // Calculate color AABB using color moments m1
           and m2
        float rcp_sample_count = 1.0f / 9.0f;
        float gamma = 1.0f;
```

```
        vec3 mu = m1 * rcp_sample_count;
        vec3 sigma = sqrt(abs((m2 * rcp_sample_count) -
                      (mu * mu)));
        vec3 minc = mu - gamma * sigma;
        vec3 maxc = mu + gamma * sigma;
        // Clamp to new AABB
        vec3 clamped_history_color = clamp(
                                    history_color.rgb,
                                    neighborhood_min,
                                    neighborhood_max
                                    );
        history_color.rgb = clip_aabb(minc, maxc,
                            vec4(clamped_history_color,
                            1), 1.0f).rgb;

        break;
    }
}
```

`clip_aabb` 函数是一种方法，它限制采样历史颜色在最小和最大颜色值之间。

简而言之，我们尝试在颜色空间中构建一个界限（AABB），以限制历史颜色在该范围内，从而使最终颜色与当前颜色相比更为合理。

在时间抗锯齿着色器中的最后一步是解析，即结合当前颜色和历史颜色，并应用一些滤波器来生成最终的像素颜色。

11.4.5 解析

我们将再次应用一些额外的滤波器，以决定之前的像素是否可用，以及可用的程度。

默认情况下，我们仅使用当前帧像素的 10%，并依赖历史记录，因为如果没有这些滤波器，图像将会相当模糊：

```
// Resolve: combine history and current colors for final
   pixel color
   vec3 current_weight = vec3(0.1f);
   vec3 history_weight = vec3(1.0 - current_weight);
```

我们将看到的第一个滤波器是时间滤波器，它使用缓存的邻域最小和最大颜色来计算当前颜色和之前颜色的混合比例：

```
// Temporal filtering
if (use_temporal_filtering() ) {
    vec3 temporal_weight = clamp(abs(neighborhood_max -
                                neighborhood_min) /
                                current_sample,
                                vec3(0), vec3(1));
    history_weight = clamp(mix(vec3(0.25), vec3(0.85),
                          temporal_weight), vec3(0),
```

```
                    vec3(1));
    current_weight = 1.0f - history_weight;
}
```

接下来的两个滤波器是相互关联的,因此我们将它们放在一起。

这两个滤波器都处理亮度,其中一个用于抑制所谓的**萤火虫**(firefly),即在图像中存在强光源时可能出现的非常亮的单个像素,而另一个则利用亮度差异来进一步引导权重,使其倾向于当前颜色或之前的颜色:

```
// Inverse luminance filtering
if (use_inverse_luminance_filtering() ||
    use_luminance_difference_filtering() ) {
    // Calculate compressed colors and luminances
    vec3 compressed_source = current_sample /
        (max(max(current_sample.r, current_sample.g),
            current_sample.b) + 1.0f);
    vec3 compressed_history = history_color /
        (max(max(history_color.r, history_color.g),
            history_color.b) + 1.0f);
    float luminance_source = use_ycocg() ?
        compressed_source.r :
            luminance(compressed_source);
    float luminance_history = use_ycocg() ?
        compressed_history.r :
            luminance(compressed_history);

    if ( use_luminance_difference_filtering() ) {
        float unbiased_diff = abs(luminance_source -
        luminance_history) / max(luminance_source,
        max(luminance_history, 0.2));
        float unbiased_weight = 1.0 - unbiased_diff;
        float unbiased_weight_sqr = unbiased_weight *
                                    unbiased_weight;
        float k_feedback = mix(0.0f, 1.0f,
                            unbiased_weight_sqr);

        history_weight = vec3(1.0 - k_feedback);
        current_weight = vec3(k_feedback);
    }

    current_weight *= 1.0 / (1.0 + luminance_source);
    history_weight *= 1.0 / (1.0 + luminance_history);
}
```

我们使用新计算的权重来组合结果,最终输出颜色:

```
vec3 result = ( current_sample * current_weight +
                history_color * history_weight ) /
```

```
                    max( current_weight + history_weight,
                         0.00001 );
   return result;
```

到目前为止,着色器已经完成并准备使用了。在随附的演示中将有许多调整参数,以学习不同滤波器和步骤之间的差异。

关于时间抗锯齿最常见的抱怨之一是图像的模糊。接下来,我们将看到几种改善这一点的方法。

11.5 锐化图像

在最基本的实现中,可以注意到一个常与时间抗锯齿(TAA)相关的问题,那就是图像清晰度的下降。

我们已经通过在采样场景时使用滤波器来改进这一点,但我们还可以通过不同的方式在时间抗锯齿之外改善最终图像的外观。我们将简要讨论三种提高图像清晰度的方法。

11.5.1 后处理的图像锐化

提高图像清晰度的一种方法是在后处理链中添加一个简单的锐化着色器(sharpening shader)。这段代码很简单,它基于亮度来实现:

```
vec4 color = texture(global_textures[
            nonuniformEXT(texture_id)], vTexCoord.xy);
float input_luminance = luminance(color.rgb);
float average_luminance = 0.f;

// Sharpen
for (int x = -1; x <= 1; ++x ) {
    for (int y = -1; y <= 1; ++y ) {
        vec3 sampled_color = texture(global_textures[
            nonuniformEXT(texture_id)], vTexCoord.xy +
              vec2( x / resolution.x, y /
                resolution.y )).rgb;
        average_luminance += luminance( sampled_color
                                      );
    }
}
average_luminance /= 9.0f;

float sharpened_luminance = input_luminance -
                            average_luminance;
float final_luminance = input_luminance +
                        sharpened_luminance *
                        sharpening_amount;
```

```
color.rgb = color.rgb * (final_luminance /
            input_luminance);
```

根据这段代码，当锐化量为 0 时，图像不会被锐化。标准值为 1。

11.5.2　负 MIP 偏差

全局性地减少模糊的一种方法是将 `VkSamplerCreateInfo` 结构中的 `mipLodBias` 字段修改为负数，例如 -0.25，从而将**纹理 MIP**（纹理逐渐缩小的图像金字塔）向更高的值移动。

在执行此操作时，应考虑性能差异，因为我们在更高的 MIP 级别进行采样，如果级别过高，可能会重新引入锯齿问题。

设置一个全局的引擎选项来进行调整将是一个很好的解决方案。

11.5.3　消除纹理 UV 的抖动

采样更清晰纹理的另一个可能的解决方案是在相机没有任何抖动的情况下计算 UV，如下所示：

```
vec2 unjitter_uv(float uv, vec2 jitter) {
    return uv - dFdxFine(uv) * jitter.x + dFdyFine(uv) *
        jitter.y;
}
```

我个人没有尝试过这种方法，但发现它很有趣，值得一试。这种方法是由 Emilio Lopez 在他的时间抗锯齿文章中提到的，文章链接在 11.8 节，同时也提到了一个名叫 Martin Sobek 的同事，他是这个想法的提出者。

时间抗锯齿和锐化的结合显著改善了图像边缘的质量，同时保留了物体内部的细节。

我们需要关注图像的最后一个方面：条带效应（banding）。

11.6　改善条带效应

条带效应是影响帧渲染中的多个步骤的问题。例如，它会影响体积雾（如图 11-5 所示）和照明计算。

我们可以在图 11-5 中看到，如果没有实施解决方案，体积雾中就会出现这种情况。消除视觉中的条带的一个解决方案是在帧的各个过程中添加一些抖动（dithering），但这也会在图像中增加视觉噪声。

抖动被定义为为了消除条带而故意添加的噪声。可以使用不同类型的噪声，正如我们将在随附的代码中看到的。添加时间重投影可以平滑添加的噪声，因此成为改善图像视觉质量的最佳方法之一。

在第 10 章中，我们看到了一个非常简单的时间重投影方案，并且在算法的各个步骤中加入了噪声。现在，我们已经看到了一个用于增强图像的更复杂的时间重投影方案，其背后的原因应该更加清晰了：动画化抖动（animated dithering）实际上提供了更多的样本，并且得益于时间重投影，有效地使用了这些样本。抖动与其自身的时间重投影相关联，因此在体积雾步骤中，抖动的规模可能太大，无法被时间抗锯齿清理。

图 11-5　体积雾中的条带问题细节

然而，在场景中应用体积雾时，我们可以添加一个小的、动画化的抖动，这增强了雾的视觉效果，同时被时间抗锯齿清理。另一个抖动的应用是在照明着色器中，同样是在每像素级别上，因此也适合被时间抗锯齿清理。

> **注意**
> 尝试获得一个无噪声的图像是困难的，因为时间重投影使用了不止一个帧，因此在这里无法展示一个在随附应用中看起来无条带的图像。

11.7　总结

在本章中，我们介绍了时间抗锯齿渲染技术。

通过强调涉及的不同着色器步骤，我们概述了该算法。然后，我们继续创建了最简单的时间抗锯齿着色器：这是一个练习，旨在帮助我们更深入地理解这项技术本身。

在此之后，我们开始使用从当前场景中获取的滤波器和信息来增强各个步骤。我们鼓励你添加自定义滤波器，调整参数和不同场景，以便更好地理解和发展这项技术。

我的朋友 Marco Vallario 几个月前提出了一个实验性的想法，即在体积雾的时间重投影阶段应用历史约束。

在下一章中，我们将为 Raptor 引擎增加光线追踪的支持，这是一项最新的技术进步，它开启了高质量照明技术，我们将在接下来的章节中详细介绍。

11.8 扩展阅读

在本章中，我们讨论了多个话题，从后处理抗锯齿的历史到时间抗锯齿（TAA）的实现，再到条带和噪声。

感谢图形学社区分享了大量关于他们的研究成果，这使我们有可能在这个主题上深化我们的知识。

以下是一些阅读链接：

- 关于后处理抗锯齿技术演变的索引，请访问：http://www.iryoku.com/research-impact-retrospective-mlaa-from-2009-to-2017。
- 首个 MLAA（形态抗锯齿）论文：https://www.intel.com/content/dam/develop/external/us/en/documents/z-shape-arm-785403.pdf。
- MLAA 的 GPU 实现：http://www.iryoku.com/mlaa/。
- SMAA（增强型子像素形态抗锯齿），MLAA 的进化版本：http://www.iryoku.com/smaa/。
- Matt Pettineo 关于信号处理和抗锯齿的最佳文章：https://therealmjp.github.io/posts/msaa-resolve-filters/。
- 在游戏 *Inside* 中，首次完整记录了时间重投影抗锯齿技术。其中包括历史约束和 AABB 裁剪的信息：http://s3.amazonaws.com/arena-attachments/655504/c5c71c5507f0f8bf344252958254fb7d.pdf?1468341463。
- 高质量时间超采样，虚幻引擎的时间抗锯齿实现：https://de45xmedrsdbp.cloudfront.net/Resources/files/TemporalAA_small-59732822.pdf。
- 一次关于时间超采样的探索，引入了方差裁剪技术：https://developer.download.nvidia.com/gameworks/events/GDC2016/msalvi_temporal_supersampling.pdf。
- 一篇关于时间抗锯齿的文章，提供了一些技巧，比如 UV 去抖动和 MIP 偏差：https://www.elopezr.com/temporal-aa-and-the-quest-for-the-holy-trail/。
- 另一篇很棒的时间抗锯齿文章，包含了完整的实现：https://alextardif.com/TAA.html。
- 游戏中的条带问题：https://loopit.dk/banding_in_games.pdf。

CHAPTER 12

第 12 章

开始使用光线追踪

在本章中,我们将光线追踪(ray tracing)技术引入渲染流水线中。得益于现代 GPU 中对光线追踪的硬件支持,现在可以将光线追踪技术整合到实时渲染中。

光线追踪需要与传统渲染流水线不同的设置,这就是为什么我们要专门用一整章来讲解如何建立光线追踪流水线。我们将详细介绍如何设置着色器绑定表,以告诉 API 在给定光线的交叉测试成功或失败时调用哪些着色器。

接着,我们将解释如何创建**底层加速结构**(Bottom Level Acceleration Structure,BLAS)和**顶层加速结构**(Top Level Acceleration Structure,TLAS)。这些**加速结构**(AS)是加速场景光线遍历的必需品,确保光线追踪能够以交互式速度执行。

本章讨论以下主题:
- Vulkan 中光线追踪技术的简介。
- 构建 BLAS 和 TLAS。
- 定义并创建光线追踪流水线。

12.1 技术要求

本章代码可以在以下网址找到:https://github.com/PacktPublishing/Mastering-Graphics-Programming-with-Vulkan/tree/main/source/chapter12。

12.2 Vulkan 中光线追踪技术的简介

硬件对光线追踪技术的支持最初于 2018 年通过 NVidia RTX 系列引入。最初,Vulkan 中的光线追踪支持仅通过 NVidia 的扩展提供,但后来,这一功能通过 Khronos 扩展得到批准,允许多个供应商支持 Vulkan 中的光线追踪 API。我们专门用一整章来介绍光线追踪流水线的设置,因为它需要一些特定于光线追踪的新构造。

与传统渲染流水线的第一个区别是,需要将场景组织成加速结构。这些结构是加快场景遍历所必需的，因为它们允许我们跳过光线完全不可能相交的整个网格。

这些加速结构通常实现为**包围体层次结构**（Bounded Volume Hierarchy，BVH）。该层次结构将场景和单个网格细分为边界框，然后将它们组织成一棵树。这棵树的叶节点是唯一包含几何数据的节点，而父节点定义了包围子节点的体积的位置和范围。

如图 12-1 所示是一个简单的场景及其包围体层次结构表示。

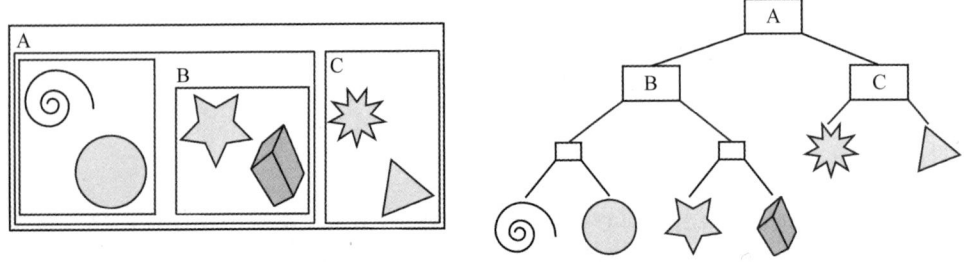

图 12-1 左边是一个场景示例，右边是其包围体层次结构表示（来源：维基百科）

Vulkan API 进一步区分了 TLAS（顶层加速结构）和 BLAS（底层加速结构）。BLAS 包含单个网格定义。这些网格可以被组合到一个 TLAS 中，在 TLAS 中，通过定义它们的变换矩阵，可以在场景中放置同一网格的多个实例。

该组织如图 12-2 所示。

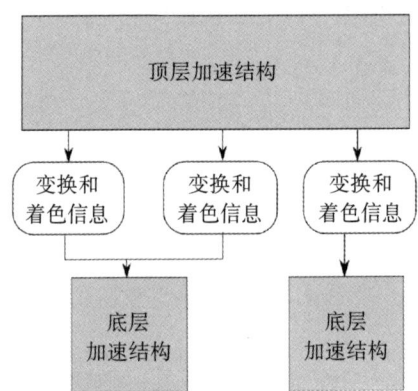

图 12-2 每个 BLAS 可以多次添加到一个 TLAS 中，并且具有不同的着色和变换细节（来源：Vulkan 规范）

现在我们已经定义了自己的加速结构，可以将注意力转向光线追踪流水线。光线追踪流水线带来的主要变化是能够在一个着色器内调用其他着色器。这是通过定义着色器绑定表来实现的。这些表中的每个槽位都定义了以下类型之一的着色器：

❏ **光线生成**（ray generation）：在传统的光线追踪流水线中，这是生成光线的起点。正如我们将在后续章节中看到的，光线也可以从片段着色器和计算着色器生成。

❏ **求交**（intersection）：这种着色器允许应用程序实现自定义的几何图元。在 Vulkan 中，我们只能定义三角形和**轴对齐的包围盒**。
- **任意命中**（any-hit）：这在触发求交着色器后执行。其主要用途是确定是否应进一步处理命中或忽略它。
- **最近命中**（closest hit）：当光线首次击中一个图元时，会触发这个着色器。
- **未命中**（miss）：如果光线没有击中任何图元，将触发这个着色器。
- **可调用**（callable）：这些着色器可以从现有的着色器中调用。

相关流程总结如图 12-3 所示。

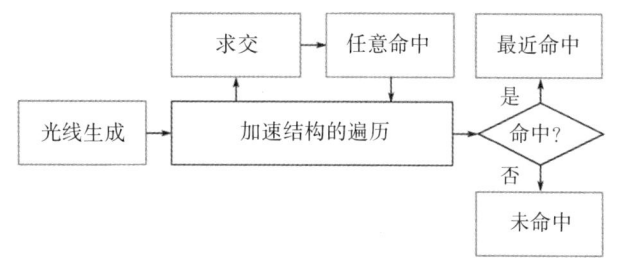

图 12-3　光线追踪流水线的着色器流程（来源：Vulkan 规范）

在本节中，我们提供了关于如何在 Vulkan API 中实现光线追踪的概述。在下一节中，我们将更详细地探讨如何创建加速结构。

12.3　构建 BLAS 和 TLAS

在上一节中，我们提到了光线追踪流水线需要将几何体组织成 AS（加速结构），以加快场景中光线的遍历速度。在本节中，我们将解释如何在 Vulkan 中实现这一点。

我们首先在解析场景时创建一个 VkAccelerationStructureGeometryKHR 的列表。对于每个网格体，这个数据结构定义如下：

```
VkAccelerationStructureGeometryKHR geometry{
    VK_STRUCTURE_TYPE_ACCELERATION_STRUCTURE_GEOMETRY_KHR };
geometry.geometryType = VK_GEOMETRY_TYPE_TRIANGLES_KHR;
geometry.flags =  mesh.is_transparent() ? 0 :
    VK_GEOMETRY_OPAQUE_BIT_KHR;
```

每个几何结构都可以定义三种类型的条目：三角形、轴对齐的包围盒和实例。在这里，我们将使用三角形，因为这是网格体的定义方式。在定义 TLAS（顶层加速结构）时，我们稍后将使用实例。

接下来的代码演示了如何使用三角形结构：

```
geometry.geometry.triangles.sType =
    VK_STRUCTURE_TYPE_ACCELERATION_STRUCTURE_GEOMETRY
        _TRIANGLES_DATA_KHR;
```

```
geometry.geometry.triangles.vertexFormat =
    VK_FORMAT_R32G32B32_SFLOAT;
geometry.geometry.triangles.vertexData.deviceAddress =
    renderer->gpu->get_buffer_device_address(
        mesh.position_buffer ) + mesh.position_offset;
geometry.geometry.triangles.vertexStride = sizeof( float )
    * 3;
geometry.geometry.triangles.maxVertex = vertex_count;
geometry.geometry.triangles.indexType = mesh.index_type;
geometry.geometry.triangles.indexData.deviceAddress =
    renderer->gpu->get_buffer_device_address(
        mesh.index_buffer );
```

几何数据的定义与传统绘制时的要求相同：我们需要提供顶点缓冲区和索引缓冲区、顶点步长以及顶点格式。图元计数在下一个结构中定义。

最后，我们还需要填充一个 `VkAccelerationStructureBuildRangeInfoKHR` 结构来存储网格体的原始定义：

```
VkAccelerationStructureBuildRangeInfoKHR build_range_info{ };
build_range_info.primitiveCount = vertex_count;
build_range_info.primitiveOffset = mesh.index_offset;
```

现在我们已经掌握了网格体的详细信息，可以开始构建 BLAS（底层加速结构）。这是一个两步过程。首先，我们需要查询 AS 需要多少内存。我们通过定义一个 `VkAccelerationStructureBuildGeometryInfoKHR` 结构体来进行查询：

```
VkAccelerationStructureBuildGeometryInfoKHR as_info{
    VK_STRUCTURE_TYPE_ACCELERATION_STRUCTURE_BUILD
        _GEOMETRY_INFO_KHR };
as_info.type =
    VK_ACCELERATION_STRUCTURE_TYPE_BOTTOM_LEVEL_KHR;
as_info.mode =
    VK_BUILD_ACCELERATION_STRUCTURE_MODE_BUILD_KHR;
as_info.geometryCount = scene->geometries.size;
as_info.pGeometries = scene->geometries.data;
```

下面的标志告诉 Vulkan API，这个 BLAS 未来可能会被更新或压缩：

```
as_info.flags =
    VK_BUILD_ACCELERATION_STRUCTURE_ALLOW_UPDATE_BIT_KHR |
        VK_BUILD_ACCELERATION_STRUCTURE_ALLOW
            _COMPACTION_BIT_KHR;
```

在查询 AS 的大小时，我们需要提供一个列表，列出每个几何体条目的最大图元数量：

```
for ( u32 range_index = 0; range_index < scene->
    geometries.size; range_index++ ) {
        max_primitives_count[ range_index ] = scene->
            build_range_infos[ range_index ].primitiveCount;
}
```

现在准备查询 AS 的大小：
```
VkAccelerationStructureBuildSizesInfoKHR as_size_info{
    VK_STRUCTURE_TYPE_ACCELERATION_STRUCTURE_BUILD
        _SIZES_INFO_KHR };
vkGetAccelerationStructureBuildSizesKHR( gpu.vulkan_device,
    VK_ACCELERATION_STRUCTURE_BUILD_TYPE_DEVICE_KHR,
     &as_info, max_primitives_count.data, &as_size_info );
```
在构建 AS 时，我们需要提供两个缓冲区：一个用于实际的 AS 数据，另一个用作构建过程中的临时缓冲区。这两个缓冲区的创建方式如下：
```
as_buffer_creation.set(
    VK_BUFFER_USAGE_ACCELERATION_STRUCTURE_STORAGE_BIT_KHR,
        ResourceUsageType::Immutable,
            as_size_info.accelerationStructureSize )
                .set_device_only( true )
                    .set_name( "blas_buffer" );
scene->blas_buffer = gpu.create_buffer(
    as_buffer_creation );
as_buffer_creation.set(
VK_BUFFER_USAGE_STORAGE_BUFFER_BIT |
    VK_BUFFER_USAGE_SHADER_DEVICE_ADDRESS_BIT_KHR,
        ResourceUsageType::Immutable,
            as_size_info.buildScratchSize )
                .set_device_only( true )
                    .set_name( "blas_scratch_buffer" );
BufferHandle blas_scratch_buffer_handle =
    gpu.create_buffer( as_buffer_creation );
```
这与我们之前多次使用的创建缓冲区的代码类似，但有两个关键的不同点需要强调：
- AS 缓冲区需要使用 VK_BUFFER_USAGE_ACCELERATION_STRUCTURE_STORAGE_ BIT_KHR 标志来创建。
- 临时缓冲区需要使用 VK_BUFFER_USAGE_SHADER_DEVICE_ADDRESS_BIT_KHR 来创建。光线追踪扩展还需要 VK_KHR_buffer_device_address 扩展。这使我们能够查询给定缓冲区的 GPU 虚拟地址，但必须使用此标志创建它。

现在我们有了创建 BLAS 所需的一切。首先，检索 AS 句柄：
```
VkAccelerationStructureCreateInfoKHR as_create_info{
    VK_STRUCTURE_TYPE_ACCELERATION_STRUCTURE
        _CREATE_INFO_KHR };
as_create_info.buffer = blas_buffer->vk_buffer;
as_create_info.offset = 0;
as_create_info.size =
    as_size_info.accelerationStructureSize;
as_create_info.type =
    VK_ACCELERATION_STRUCTURE_TYPE_BOTTOM_LEVEL_KHR;
```

```
vkCreateAccelerationStructureKHR( gpu.vulkan_device,
    &as_create_info, gpu.vulkan_allocation_callbacks,
        &scene->blas );
```

此时,scene->blas 只是一个句柄。为了构建我们的加速结构,我们填充 VkAcceler-ationStructureBuildGeometryInfoKHR 结构体的剩余字段:

```
as_info.dstAccelerationStructure = scene->blas;
as_info.scratchData.deviceAddress =
    gpu.get_buffer_device_address(
        blas_scratch_buffer_handle );
VkAccelerationStructureBuildRangeInfoKHR* blas_ranges[] = {
    scene->build_range_infos.data
};
```

最后,我们记录构建 AS 的命令:

```
vkCmdBuildAccelerationStructuresKHR( gpu_commands->
    vk_command_buffer, 1, &as_info, blas_ranges );
gpu.submit_immediate( gpu_commands );
```

请注意,我们立即提交此命令。这是必需的,因为我们不可能在同一提交中构建 BLAS 和 TLAS,TLAS 是依赖于完全构建的 BLAS 的。

下一步(也是最后一步)是构建 TLAS。这个过程与我们刚才描述的 BLAS 的过程类似,我们将强调其中的不同之处。TLAS 是通过指定多个 BLAS 的实例来定义的,其中每个 BLAS 都可以有自己的变换。这与传统的实例化非常相似:我们定义自己的几何体一次,通过简单更改其变换,就可以多次渲染。

首先,我们定义一个 VkAccelerationStructureInstanceKHR 结构:

```
VkAccelerationStructureInstanceKHR tlas_structure{ };
tlas_structure.transform.matrix[ 0 ][ 0 ] = 1.0f;
tlas_structure.transform.matrix[ 1 ][ 1 ] = 1.0f;
tlas_structure.transform.matrix[ 2 ][ 2 ] = 1.0f;
tlas_structure.mask = 0xff;
tlas_structure.flags = VK_GEOMETRY_INSTANCE_TRIANGLE_FACING_
CULL_DISABLE_BIT_KHR;
tlas_structure.accelerationStructureReference =
    blas_address;
```

如前所述,我们提供了一个 BLAS 的引用及其变换。接下来,我们需要创建一个缓冲区来存储这些数据:

```
as_buffer_creation.reset().set(
    VK_BUFFER_USAGE_ACCELERATION_STRUCTURE
    _BUILD_INPUT_READ_ONLY_BIT_KHR | VK_BUFFER_USAGE_
    SHADER_DEVICE_ADDRESS_BIT,
    ResourceUsageType::Immutable, sizeof(
    VkAccelerationStructureInstanceKHR ) )
        .set_data( &tlas_structure )
```

```
        .set_name( "tlas_instance_buffer" );
BufferHandle tlas_instance_buffer_handle =
    gpu.create_buffer( as_buffer_creation );
```

注意 VK_BUFFER_USAGE_ACCELERATION_STRUCTURE_BUILD_INPUT_READ_ONLY_BIT_KHR 标志是必需的，可用于在加速结构构建过程中将要使用的缓冲区。

接下来，我们定义一个 VkAccelerationStructureGeometryKHR 结构：

```
VkAccelerationStructureGeometryKHR tlas_geometry{
    VK_STRUCTURE_TYPE_ACCELERATION_STRUCTURE_GEOMETRY_KHR };
tlas_geometry.geometryType =
    VK_GEOMETRY_TYPE_INSTANCES_KHR;
tlas_geometry.geometry.instances.sType =
    VK_STRUCTURE_TYPE_ACCELERATION_STRUCTURE
        _GEOMETRY_INSTANCES_DATA_KHR;
tlas_geometry.geometry.instances.arrayOfPointers = false;
tlas_geometry.geometry.instances.data.deviceAddress =
    gpu.get_buffer_device_address(
        tlas_instance_buffer_handle );
```

现在我们已经定义了自己的 TLAS 的结构，我们需要查询它的大小。我们不会重复完整的代码，但这里有一些与创建 BLAS 时使用的 VkAccelerationStructureBuildGeometryInfoKHR 结构的不同之处：

```
as_info.type =
    VK_ACCELERATION_STRUCTURE_TYPE_TOP_LEVEL_KHR;
as_info.geometryCount = 1;
as_info.pGeometries = &tlas_geometry;
```

在为 TLAS 创建了数据和临时缓冲区后，我们准备获取 TLAS 句柄：

```
as_create_info.buffer = tlas_buffer->vk_buffer;
as_create_info.offset = 0;
as_create_info.size =
    as_size_info.accelerationStructureSize;
as_create_info.type =
    VK_ACCELERATION_STRUCTURE_TYPE_TOP_LEVEL_KHR;

vkCreateAccelerationStructureKHR( gpu.vulkan_device,
                                  &as_create_info,
                                  gpu.vulkan_allocation_
                                      callbacks,
                                  &scene->tlas );
```

最后，我们可以构建自己的 TLAS：

```
as_info.dstAccelerationStructure = scene->tlas;
as_info.scratchData.deviceAddress =
    gpu.get_buffer_device_address(
        tlas_scratch_buffer_handle );
```

```
VkAccelerationStructureBuildRangeInfoKHR tlas_range_info{ };
    tlas_range_info.primitiveCount = 1;

VkAccelerationStructureBuildRangeInfoKHR* tlas_ranges[] = {
    &tlas_range_info
};
vkCmdBuildAccelerationStructuresKHR( gpu_commands->
    vk_command_buffer, 1, &as_info, tlas_ranges );
```

如前所述,我们立即提交这个命令,以便在开始渲染时 TLAS 已经准备就绪。虽然不能在同一提交中构建 BLAS 和 TLAS,但我们可以并行创建多个 BLAS 和 TLAS。

现在,我们的加速结构已经准备好用于光线追踪了!

在本节中,我们详细介绍了创建 BLAS 和 TLAS 所需的步骤。首先,我们记录了几何体的三角形图元数据。然后,我们使用这些数据创建了一个 BLAS 实例,该实例随后被用作 TLAS 的一部分。

在下一节中,我们将定义一个利用这些加速结构的光线追踪流水线。

12.4 定义并创建光线追踪流水线

现在我们已经定义了加速结构,接下来可以关注光线追踪流水线。正如我们之前提到的,光线追踪着色器与传统的图形和计算着色器的工作方式不同。光线追踪着色器被设置为根据着色器绑定表的设置来调用其他着色器。

如果你熟悉 C++,可以将这种设置视为一种简单的多态形式:光线追踪流水线的接口总是相同的,但我们可以动态地覆盖在运行时调用哪些着色器(方法)。不过,我们不必定义所有的入口点。

例如,在这个例子中,我们只定义了一个光线生成、最近命中和未命中着色器。我们暂时忽略任意命中和求交着色器。

正如其名称所示,着色器绑定表可以用表格形式表示。这是我们在示例中将要构建的绑定表:

光线生成
最近命中
未命中

表中的顺序很重要,因为这是驱动程序用来告诉 GPU 根据被触发的阶段调用哪个着色器的顺序。

在开始构建流水线之前,让我们来看看将要使用的三个示例着色器。我们从光线生成着色器开始,这个着色器负责生成遍历我们场景的光线。首先,启用光线追踪的 GLSL 扩展:

```
#extension GL_EXT_ray_tracing : enable
```

接着,定义一个变量,这个变量将由其他着色器填充:

```
layout( location = 0 ) rayPayloadEXT vec4 payload;
```

然后定义一个 uniform 变量，这个变量将包含对加速结构的引用：

```
layout( binding = 1, set = MATERIAL_SET ) uniform
    accelerationStructureEXT as;
```

最后，定义光线生成调用的参数：

```
layout( binding = 2, set = MATERIAL_SET ) uniform rayParams
{
    uint sbt_offset;
    uint sbt_stride;
    uint miss_index;
    uint out_image_index;
};
```

sbt_offset 是着色器绑定表中的偏移量，如果在一个着色器绑定表中定义了多个同类型的着色器，那么可以使用这个偏移量。此时它是 0，因为我们每种着色器都只有一个条目。

sbt_stride 是绑定表中每个条目的大小。这个值的获取需要通过传递 VkPhysicalDeviceRayTracingPipelinePropertiesKHR 结构体给 vkGetPhysicalDeviceProperties2 来查询每个设备。

miss_index 用于计算未命中着色器的索引。如果在绑定表中存在多个未命中着色器，这将是有用的。在我们的使用案例中，它是 0。

最后，out_image_index 是我们无绑定图像数组中将要写入的图像的索引。

现在我们已经定义了自己的光线生成着色器的输入和输出，可以调用函数来追踪场景中的光线了：

```
traceRayEXT( as, // top level acceleration structure
             gl_RayFlagsOpaqueEXT, // rayFlags
             0xff, // cullMask
             sbt_offset,
             sbt_stride,
             miss_index,
             camera_position.xyz, // origin
             0.0, // Tmin
             compute_ray_dir( gl_LaunchIDEXT,
             gl_LaunchSizeEXT ),
             100.0, // Tmax
             0 // payload
           );
```

第一个参数是我们想要遍历的顶层加速结构。由于这是 traceRayEXT 函数的一个参数，我们可以在同一个着色器中向多个加速结构投射光线。

rayFlags 是一个位掩码，用于确定哪些几何体将触发对着色器的回调。在这种情况下，我们只对具有不透明标志的几何体感兴趣。

cullMask 用于匹配加速结构中具有相同掩码值的条目。这使我们能够定义一个可用于多种用途的单一加速结构。

最后，payload 决定了我们在这里定义的光线追踪负载数据的位置索引。这使我们能够多次调用 traceRayEXT，每次调用都使用不同的负载数据值。

其他字段是不言自明的，或者之前已经解释过。接下来，我们将更好地了解光线方向是如何计算的：

```
vec3 compute_ray_dir( uvec3 launchID, uvec3 launchSize ) {
```

光线追踪着色器与计算着色器非常相似，每次调用都有一个 ID。对于光线追踪着色器，这个 ID 在 gl_LaunchIDEXT 变量中定义。同样，gl_LaunchSizeEXT 定义了总的调用大小，这类似于计算着色器的工作组大小。

在我们的案例中，图像中的每个像素都有一次调用。我们按照如下方式计算 x 和 y，这些坐标是在**归一化设备坐标**（NDC）中定义的：

```
float x = ( 2 * ( float( launchID.x ) + 0.5 ) / float(
    launchSize.x ) - 1.0 );
float y = ( 1.0 - 2 * ( float( launchID.y ) + 0.5 ) /
    float( launchSize.y ) );
```

注意，我们必须对 y 进行反转，否则最终的图像将会是倒置的。

首先，我们通过将坐标乘以 inverse_view_projection（逆视图投影）矩阵来计算我们的世界空间方向：

```
vec4 dir = inverse_view_projection * vec4( x, y, 1, 1 );
dir = normalize( dir );

return dir.xyz;
}
```

一旦 traceRayEXT 返回，payload 中将包含通过其他着色器计算出的值。而光线生成的最后一步是保存这个像素的颜色：

```
imageStore( global_images_2d[ out_image_index ], ivec2(
    gl_LaunchIDEXT.xy ), payload );
```

现在我们将看一个最近命中着色器的例子：

```
layout( location = 0 ) rayPayloadInEXT vec4 payload;

void main() {
    payload = vec4( 1.0, 0.0, 0.0, 1.0 );
}
```

它与光线生成着色器的主要区别在于，现在使用 rayPayloadInEXT 限定符来定义 payload 负载数据了。同样重要的是，它的位置必须与光线生成着色器中定义的位置相匹配。

未命中着色器也是相同的，除了我们使用不同的颜色来区分这两者。

现在我们已经定义了自己的着色器代码，可以开始构建流水线了。编译光线追踪着色器模块的工作方式与其他着色器相同。主要区别在于着色器类型。对于光线追踪，已经添加了

这些枚举:
- VK_SHADER_STAGE_RAYGEN_BIT_KHR
- VK_SHADER_STAGE_ANY_HIT_BIT_KHR
- VK_SHADER_STAGE_CLOSEST_HIT_BIT_KHR
- VK_SHADER_STAGE_MISS_BIT_KHR
- VK_SHADER_STAGE_INTERSECTION_BIT_KHR
- VK_SHADER_STAGE_CALLABLE_BIT_KHR

在光线追踪流水线中,我们需要填充一个新的VkRayTracingShaderGroupCreateInfoKHR结构体:

```
shader_group_info.sType =
    VK_STRUCTURE_TYPE_RAY_TRACING_SHADER
        _GROUP_CREATE_INFO_KHR;
shader_group_info.type =
    VK_RAY_TRACING_SHADER_GROUP_TYPE_GENERAL_KHR;
shader_group_info.generalShader = stage_index;
shader_group_info.closestHitShader = VK_SHADER_UNUSED_KHR;
shader_group_info.anyHitShader = VK_SHADER_UNUSED_KHR;
shader_group_info.intersectionShader =
    VK_SHADER_UNUSED_KHR;
```

在这个例子中,我们定义了一个通用着色器,它可以是光线生成、未命中或可调用着色器。在我们的案例中给它定义的是光线生成着色器。如你所见,你也可以在同一个组条目中定义其他类型的着色器。我们决定为每种着色器类型设置单独的条目,因为这样可以在构建着色器绑定表时提供更多的灵活性。

其他类型的着色器定义方式类似,这里不再重复。作为一个快速示例,这里展示了如何定义一个最近命中着色器:

```
shader_group_info.type =
    VK_RAY_TRACING_SHADER_GROUP_TYPE
        _TRIANGLES_HIT_GROUP_KHR;
shader_group_info.closestHitShader = stage_index;
```

现在我们已经定义了着色器组,接下来创建流水线对象:

```
VkRayTracingPipelineCreateInfoKHR pipeline_info{
    VK_STRUCTURE_TYPE_RAY_TRACING_PIPELINE_CREATE_INFO_KHR };
pipeline_info.stageCount = shader_state_data->
    active_shaders;
pipeline_info.pStages = shader_state_data->
    shader_stage_info;
pipeline_info.groupCount = shader_state_data->
    active_shaders;
pipeline_info.pGroups = shader_state_data->
    shader_group_info;
pipeline_info.maxPipelineRayRecursionDepth = 1;
```

```
pipeline_info.layout = pipeline_layout;

vkCreateRayTracingPipelinesKHR( vulkan_device,
    VK_NULL_HANDLE, pipeline_cache, 1, &pipeline_info,
        vulkan_allocation_callbacks, &pipeline->vk_pipeline );
pipeline->vk_bind_point =
    VkPipelineBindPoint::VK_PIPELINE
        _BIND_POINT_RAY_TRACING_KHR;
```

请注意 maxPipelineRayRecursionDepth 字段。它决定了在我们对 rayTraceEXT 函数进行递归调用时，调用栈的最大数量。这是编译器在运行时确定这个流水线可能使用的内存量所必需的。

我们省略了 pLibraryInfo 和 pLibraryInterface 字段，因为没有使用它们。多个光线追踪流水线可以组合成一个更大的程序，类似于在 C++ 中链接多个对象。这可以帮助减少光线追踪流水线的编译时间，因为各个组件只需要编译一次。

最后一步是创建着色器绑定表。我们首先计算表所需的大小：

```
u32 group_handle_size =
    ray_tracing_pipeline_properties.shaderGroupHandleSize;
sizet shader_binding_table_size = group_handle_size *
    shader_state_data->active_shaders;
```

我们只需将句柄大小乘以表中的条目数量。

接下来，我们调用 vkGetRayTracingShaderGroupHandlesKHR 来获取光线追踪流水线中组的句柄：

```
Array<u8> shader_binding_table_data{ };
shader_binding_table_data.init( allocator,
    shader_binding_table_size, shader_binding_table_size );

vkGetRayTracingShaderGroupHandlesKHR( vulkan_device,
    pipeline->vk_pipeline, 0, shader_state_data->
        active_shaders, shader_binding_table_size,
            shader_binding_table_data.data );
```

一旦获得了着色器组句柄，我们就可以将它们组合起来为每种着色器类型创建单独的表。这些表被存储在不同的缓冲区中：

```
BufferCreation shader_binding_table_creation{ };
shader_binding_table_creation.set(
    VK_BUFFER_USAGE_SHADER_BINDING_TABLE_BIT_KHR |
    VK_BUFFER_USAGE_SHADER_DEVICE_ADDRESS_BIT_KHR,
    ResourceUsageType::Immutable, group_handle_size
    ).set_data( shader_binding_table_data.data
    ).set_name( "shader_binding_table_raygen" );
pipeline->shader_binding_table_raygen = create_buffer(
    shader_binding_table_creation );
```

```
shader_binding_table_creation.set_data(
    shader_binding_table_data.data + group_handle_size )
        .set_name( "shader_binding_table_hit" );
pipeline->shader_binding_table_hit = create_buffer(
    shader_binding_table_creation );

shader_binding_table_creation.set_data(
    shader_binding_table_data.data + ( group_handle_size *
        2 ) ).set_name( "shader_binding_table_miss" );
pipeline->shader_binding_table_miss = create_buffer(
    shader_binding_table_creation );
```

每个表格只有一个条目，因此我们只需将每个组句柄复制到其对应的缓冲区中。注意，创建缓冲区时必须使用VK_BUFFER_USAGE_SHADER_BINDING_TABLE_BIT_KHR标志。

这标志着光线追踪流水线的创建工作已经完成。接下来的任务就是实际使用它来生成图像！具体实现代码如下：

```
u32 shader_group_handle_size = gpu_device->
    ray_tracing_pipeline_properties.shaderGroupHandleSize;

VkStridedDeviceAddressRegionKHR raygen_table{ };
raygen_table.deviceAddress = gpu_device->
    get_buffer_device_address( pipeline->
        shader_binding_table_raygen );
raygen_table.stride = shader_group_handle_size;
raygen_table.size = shader_group_handle_size;

VkStridedDeviceAddressRegionKHR hit_table{ };
hit_table.deviceAddress = gpu_device->
    get_buffer_device_address( pipeline->
        shader_binding_table_hit );

VkStridedDeviceAddressRegionKHR miss_table{ };
miss_table.deviceAddress = gpu_device->
    get_buffer_device_address( pipeline->
        shader_binding_table_miss );

VkStridedDeviceAddressRegionKHR callable_table{ };

vkCmdTraceRaysKHR( vk_command_buffer, &raygen_table,
    &miss_table, &hit_table, &callable_table, width,
        height, depth );
```

我们为每个着色器绑定表定义了VkStridedDeviceAddressRegionKHR结构。我们使用之前创建的表缓冲区。请注意，即使没有使用可调用着色器，我们仍然需要为其定义一个表。width（宽度）、height（高度）和depth（深度）参数决定了光线追踪着色器的调用大小。

在本节中，我们展示了如何创建和使用光线追踪流水线。我们首先定义了着色器绑定表的组织结构。接着，我们查看了基本的光线生成和最近命中着色器。然后，我们展示了如何创建光线追踪流水线对象以及如何检索着色器组句柄。

这些句柄随后被用来填充着色器绑定表的缓冲区。最后，我们展示了如何结合所有这些组件来调用光线追踪流水线。

12.5 总结

在本章中，我们提供了如何在 Vulkan 中使用光线追踪的详细信息。我们从解释两个基本概念开始：

- **加速结构**（acceleration structure）：这些结构是加速场景遍历所需要的。这对于实现实时结果至关重要。
- **着色器绑定表**（shader binding table）：光线追踪流水线可以调用多个着色器，这些表用于告诉 API 在哪个阶段使用哪个着色器。

接着，我们提供了创建 TLAS 和 BLAS 的实现细节。我们记录了组成网格的几何体列表，并且使用这个列表来创建一个 BLAS。每个 BLAS 都可以在 TLAS 中被多次实例化，因为每个 BLAS 实例都定义了自己的变换。有了这些数据，我们就可以创建 TLAS。

然后，我们解释了如何创建一个光线追踪流水线。我们从创建单个着色器类型开始，演示了如何将这些单个着色器组合成一个光线追踪流水线，以及如何从给定的流水线生成着色器绑定表。

此外，我们还展示了如何编写一个简单的光线生成着色器，并将其与最近命中着色器和未命中着色器结合使用。最后，我们演示了如何结合所有这些部分在场景中追踪光线。

在下一章，我们将利用本章的所有知识来实现光线追踪阴影！

12.6 扩展阅读

一如既往，我们只提供了使用 Vulkan API 的最相关细节。我们建议你阅读 Vulkan 规范以获取更多细节。以下是最相关章节的列表：

- https://registry.khronos.org/vulkan/specs/1.3-extensions/html/vkspec.html#pipelines-ray-tracing
- https://registry.khronos.org/vulkan/specs/1.3-extensions/html/vkspec.html#interfaces-raypipeline
- https://registry.khronos.org/vulkan/specs/1.3-extensions/html/vkspec.html#acceleration-structure
- https://registry.khronos.org/vulkan/specs/1.3-extensions/html/vkspec.html#ray-tracing

这个网站提供了更多关于加速结构的详细信息：https://www.scratchapixel.com/lessons/3d-basic-rendering/introduction-acceleration-structure/introduction。

网络上有许多关于实时光线追踪的资源。这仍然是一个新颖的领域，其相关研究正在进行中。这两本免费提供的书籍是一个很好的起点：

- http://www.realtimerendering.com/raytracinggems/rtg/index.html
- http://www.realtimerendering.com/raytracinggems/rtg2/index.html

CHAPTER 13

第 13 章

基于光线追踪重新审视阴影

在本章中，我们将使用**光线追踪**（ray tracing）技术来实现阴影的渲染。在第 8 章中，我们采用了传统的阴影映射技术来获取每个光源的可见性，并利用这些信息来计算最终图像的阴影项。使用光线追踪来渲染阴影可以让我们获得更详细的结果，并且可以根据每个光源的距离和强度，更细致地控制结果的质量。

我们将实现两种技术。第一种类似于离线渲染中使用的方法，我们向每个光源发射光线来确定其可见性。虽然这种方法可以获得最好的结果，但根据场景中光源的数量，它可能相当耗费资源。

第二种技术基于 *Ray Tracing Gems* 中的一篇最新文章。我们使用一些启发式方法来确定每个光源需要投射多少光线，并将结果与空间和时间滤波器结合起来，使结果更稳定。

本章讨论以下主题：
- 实现简单的光线追踪阴影。
- 实现高级光线追踪阴影技术。

13.1 技术要求

通过本章的学习，你将掌握如何实现基本的光线追踪阴影。你还将熟悉一种更高级的技术，能够渲染出多个光源的柔和阴影。

本章代码可以在以下网址找到：https://github.com/PacktPublishing/Mastering-Graphics-Programming-with-Vulkan/tree/main/source/chapter13。

13.2 实现简单的光线追踪阴影

正如本章开头提到的，阴影映射技术已经是实时渲染多年的基本技术。在 GPU 中引入光线追踪功能之前，使用其他技术的成本简直太高了。

这并没有阻止图形社区提出巧妙的解决方案以在保持低成本的同时提高结果的质量。传统技术的主要问题在于，它们基于从每个光源的视角捕捉深度缓冲区。这对于靠近光源和相机的物体效果很好，但随着我们远离光源，深度的不连续性会在最终结果中导致画面伪影问题。

解决这个问题的方法包括滤波，例如使用**百分比渐近滤波**（Percentage Closer Filtering，PCF）或**级联阴影图**（Cascade Shadow Map，CSM）。这种技术需要随着我们逐渐远离光源而捕捉多个深度切片，即级联，以保持足够的分辨率。这通常只用于阳光，因为它可能需要大量的内存和时间来多次重新渲染场景。在级联之间的边界上获得好的结果也可能相当困难。

阴影映射的另一个主要问题是，由于深度缓冲区的分辨率和它引入的不连续性，很难获得硬阴影。我们可以通过光线追踪来缓解这些问题。离线渲染多年来一直使用光线追踪和路径追踪（path tracing）来实现包括阴影在内的逼真效果。

它们当然可以等待数小时或数天来完成一个画面，但我们可以实时获得类似的结果。在前一章中，我们使用了 vkCmdTraceRaysKHR 命令来向场景中投射光线。

在这次实现中，我们引入光线查询，这使我们能够遍历从片段着色器和计算着色器设置的加速结构。

我们将修改我们照明通道中的 `calculate_point_light_contribution` 方法，以确定每个片段可以看到哪些光源，并确定最终的阴影项。

首先，我们需要启用 VK_KHR_ray_query 设备扩展。我们还需要启用相关的着色器扩展：

```
#extension GL_EXT_ray_query : enable
```

然后，我们不再从每个光源的视角计算立方体贴图，而是直接从片段的世界位置向每个光源投射一条光线。

我们从初始化一个 rayQueryEXT 对象开始：

```
rayQueryEXT rayQuery;
rayQueryInitializeEXT(rayQuery, as, gl_RayFlagsOpaqueEXT |
    gl_RayFlagsTerminateOnFirstHitEXT, 0xff,
        world_position, 0.001, l, d);
```

请注意参数 gl_RayFlagsTerminateOnFirstHitEXT，因为我们只对这个光线的第一次命中感兴趣。l 是从世界位置（world_position）到光源的方向，我们在光线起点使用一个小偏移量来避免相交。

最后一个参数 d 是从世界位置到光源位置的距离。指定这个值很重要，因为（否则）光线查询可能会报告超过光源位置的交点，我们可能会错误地标记一个片段处于阴影中。

现在我们已经初始化了光线查询对象，接下来调用以下方法开始场景遍历：

```
rayQueryProceedEXT( rayQuery );
```

当光线找到目标或终止时，这个过程就会返回结果。在使用光线查询时，我们不需要指定着色器绑定表。为了确定光线遍历的结果，我们可以使用几种方法来查询结果。在我们的案例中，我们只想知道光线是否命中了任何几何体：

```
if ( rayQueryGetIntersectionTypeEXT( rayQuery, true ) ==
    gl_RayQueryCommittedIntersectionNoneEXT ) {
        shadow = 1.0;
}
```

如果没有命中，这意味着我们可以从这个片段中看到我们正在处理的光源，并且可以在最终计算中考虑这个光源的贡献。我们对每个光源重复这个过程，以获得整体的阴影项。

虽然这种实现非常简单，但它主要适用于点光源（point light）。对于其他类型的光源，比如面光源（area light），我们需要投射多条光线来确定可见性。随着光源数量的增加，使用这种简单技术可能变得过于昂贵。

在本节中，我们展示了一个简单的实现方法，用于开始实时光线追踪阴影的应用。在下一节，我们将介绍一种新技术，这种技术具有更好的扩展性，并且可以支持多种类型的光源。

13.3 改进光线追踪阴影

在前一节中，我们描述了一个简单的算法，用于计算我们场景中的可见性。正如我们提到的，这种方法对于大量光源的情况并不具有很好的扩展性，并且可能需要为不同类型的光源大量采样。

在本节中，我们将实现一种受到 *Ray Tracing Gems* 一书中 *Ray Traced Shadows* 文章启发的不同算法。正如本章及后续章节中常见的，主要思想是将计算成本分散到不同的时间点上。

这种方法仍然可能导致结果噪点较多，因为我们使用的样本数量较少。为了达到我们追求的质量，我们将使用空间和时间滤波，类似于我们在第 11 章中所做的。

这项技术将通过三个通道实现，我们还将利用运动向量（motion vector）。现在我们将详细解释每个通道。

13.3.1 运动向量

正如我们在第 11 章中看到的，运动向量是用来确定一个给定片段的对象在帧之间移动了多远的必要信息。我们需要这些信息来决定在计算中哪些信息应该保留，哪些应该丢弃。这有助于我们在最终图像中避免鬼影效应。

对于本章中的技术，我们需要以不同于**时间抗锯齿**（TAA）的方式来计算运动向量。我们首先计算两帧之间深度的比例差异：

```
float depth_diff = abs( 1.0 - ( previous_position_ndc.z /
    current_position_ndc.z ) );
```

接着，我们计算一个用于确定深度中的可接受变化的 epsilon 值：

```
float c1 = 0.003;
float c2 = 0.017;
float eps = c1 + c2 * abs( view_normal.z );
```

最后，我们使用这两个值来判断重投影是否成功：

```
vec2 visibility_motion = depth_diff < eps ? vec2(
    current_position_ndc.xy - previous_position_ndc.xy ) :
        vec2( -1, -1 );
```

图 13-1 展示了这一计算的结果。

图 13-1 运动向量的纹理

我们将把这个值存储在一个纹理中以供后续使用。下一步是计算过去四帧中可见性的变化。

13.3.2 计算可见性方差

这项技术利用过去四帧的数据来确定每个片段的每个光源需要多少样本。我们将可见性（visibility）值存储在一个 3D RGBA16 纹理中，其中每个通道是前几帧的可见性值。每一层存储了单个光源的可见性历史记录。

这是我们在计算着色器中第一次用到了三维的调度尺寸。值得强调的是 dispatch（调度）调用：

```
gpu_commands->dispatch( x, y, render_scene->active_lights );
```

在这个通道中，我们简单地计算过去四帧中最小值和最大值之间的差异：

```
vec4 last_visibility_values = texelFetch(
    global_textures_3d[ visibility_cache_texture_index ],
        tex_coord, 0 );

float max_v = max( max( max( last_visibility_values.x,
    last_visibility_values.y ), last_visibility_values.z ),
        last_visibility_values.w );
float min_v = min( min( min( last_visibility_values.x,
    last_visibility_values.y ), last_visibility_values.z ),
        last_visibility_values.w );

float delta = max_v - min_v;
```

在第一帧中，历史值被设置为 0。我们将差值存储在另一个三维纹理中，以便在下一通道中使用。图 13-2 显示了这一通道的结果。

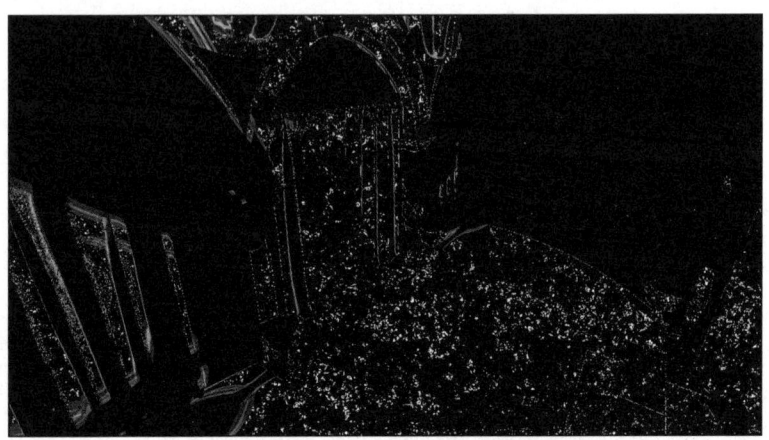

图 13-2　过去四帧的可见性方差

13.3.3　计算可见性

这个过程负责根据每个光源在过去四帧中的方差，计算发射多少光线。

这个过程需要从不同的纹理中读取大量数据。我们将使用**本地数据存储**（Local Data Storage，LDS）来缓存着色器调用中所有线程的值：

```
local_image_data[ local_index.y ][ local_index.x ] =
    texelFetch( global_textures_3d[ variation_texture_index
    ], global_index, 0 ).r;
```

正如我们在第 9 章中解释的，在访问存储在 `local_image_data` 中的数据之前，我们需要放置一个屏障（barrier）来小心地同步这些写入操作。同样，我们需要填充矩阵边缘的值。代码与之前相同，在这里不再重复。

接下来，我们将对这些数据进行过滤，使其在时间上更加稳定。首先，计算一个 5×5 区域内的最大值，并将结果存储在另一个 LDS 矩阵中：

```
local_max_image_data[ local_index.y ][ local_index.x ] =
    max_filter( local_index );
```

最大值滤波（`max_filter`）的实现如下：

```
for ( int y = -2; y <= 2; ++y   ) {
    for ( int x = -2; x <= 2; ++x ) {
        ivec2 xy = index.xy + ivec2( x, y );

        float v = local_image_data[ xy.y ][ xy.x ];
        max_v = max( max_v, v );
    }
}
```

在计算出最大值后，将它们通过一个 13×13 的 tent 滤波器以进行处理：

```
float spatial_filtered_value = 0.0;
for ( int y = -6; y <= 6; ++y ) {
    for ( int x = -6; x <= 6; ++x ) {
        ivec2 index = local_index.xy + ivec2( x, y );
        float v = local_max_image_data[ index.y ][ index.x
        ];
        float f = tent_kernel[ y + 6 ][ x + 6 ];

        spatial_filtered_value += v * f;
    }
}
```

为了平滑相邻片段之间的差异，同时还要更多地考虑我们正在处理的片段，我们将这个值与时间数据结合起来：

```
vec4 last_variation_values = texelFetch(
    global_textures_3d[ variation_cache_texture_index ],
        global_index, 0 );

float filtered_value = 0.5 * ( spatial_filtered_value +
    0.25 * ( last_variation_values.x +
        last_variation_values.y +
        last_variation_values.z +
        last_variation_values.w ) );
```

在继续之前，我们更新下一帧的方差缓存：

```
last_variation_values.w = last_variation_values.z;
last_variation_values.z = last_variation_values.y;
last_variation_values.y = last_variation_values.x;
last_variation_values.x = texelFetch( global_textures_3d[
    variation_texture_index ], global_index, 0 ).r;
```

现在，我们利用刚获得的数据来计算可见性项。首先，我们需要确定样本数量。如果之前的重投影失败了，我们就简单地使用最大样本数量：

```
uint sample_count = MAX_SHADOW_VISIBILITY_SAMPLE_COUNT;
if ( motion_vectors_value.r != -1.0 ) {
```

如果重投影成功，我们会获取上一帧的样本数量，并确定过去四帧中样本数量是否稳定：

```
sample_count = sample_count_history.x;

bool stable_sample_count =
    ( sample_count_history.x == sample_count_history.y ) &&
    ( sample_count_history.x == sample_count_history.z ) &&
    ( sample_count_history.x == sample_count_history.w );
```

然后，我们将这些信息与之前计算的过滤值结合起来，以确定这一帧的样本数量：

```
float delta = 0.2;
if ( filtered_value > delta && sample_count <
    MAX_SHADOW_VISIBILITY_SAMPLE_COUNT ) {
        sample_count += 1;
} else if ( stable_sample_count &&
    sample_count >= 1 ) {
        sample_count -= 1;
}
```

如果过滤值超过了给定的阈值,我们将增加样本数量。这意味着我们在过去四帧中识别出了一个高方差值,我们需要更多的样本来收敛到更好的结果。

如果在过去四帧中样本数量保持稳定,我们就会减少样本数量。

虽然这在实际中效果不错,但如果场景稳定——例如当相机没有移动时——样本数量可能会降至 0。这将导致场景未被照亮。因此,如果过去四帧的样本数量也为 0,我们会强制将样本数量设为 1:

```
bvec4 hasSampleHistory = lessThan(
    sample_count_history, uvec4( 1 ) );
bool zeroSampleHistory = all( hasSampleHistory );
if ( sample_count == 0 && zeroSampleHistory ) {
    sample_count = 1;
}
```

一个样本数量缓存纹理的示例如图 13-3 所示。

图 13-3 样本数量缓存纹理

注意,那些能看到光源的片段往往需要更多的样本,这是符合预期的。

既然已经知道需要多少样本,我们可以继续计算可见性(visibility)值:

```
float visibility = 0.0;
if ( sample_count > 0 ) {
```

```
    // world position and normal are computed the same as
       before
    visibility = get_light_visibility(
       gl_GlobalInvocationID.z, sample_count,
       pixel_world_position, normal, frame_index );
}
```

`get_light_visibility` 是一个通过场景追踪光线的方法。其实现如下：

```
const vec3 position_to_light = light.world_position -
    world_position;
const vec3 l = normalize( position_to_light );
const float NoL = clamp(dot(normal, l), 0.0, 1.0);
float d = sqrt( dot( position_to_light, position_to_light ) );
```

我们首先计算一些参数，就像之前在照明实现中所做的。此外，我们还计算了 d，即这个片段的世界位置与我们正在处理的光源之间的距离。

接下来，只有当这个光源足够近且在这个片段的几何体后面没有遮挡时，我们才通过场景追踪光线。这是通过以下代码实现的：

```
float visiblity = 0.0;
float attenuation =
    attenuation_square_falloff(position_to_light,
        1.0f / light.radius);
const float scaled_distance = r / d;

if ( ( NoL > 0.001f ) && ( d <= r ) && ( attenuation >
    0.001f ) ) {
```

然后，我们为每个样本追踪一条光线。为了确保结果随时间收敛，我们使用预先计算的 Poisson disk 来计算光线方向：

```
for ( uint s = 0; s < sample_count; ++s ) {
    vec2 poisson_sample = POISSON_SAMPLES[ s *
        FRAME_HISTORY_COUNT + frame_index ];
    vec3 random_dir = normalize( vec3( l.x +
        poisson_sample.x, l.y + poisson_sample.y, l.z )
        );
    vec3 random_x = x_axis * poisson_sample.x *
        (scaled_distance) * 0.01;
    vec3 random_y = y_axis * poisson_sample.y *
        (scaled_distance) * 0.01;
    vec3 random_dir = normalize(l + random_x +
        random_y);
```

现在我们已经计算出了光线方向，可以开始光线遍历了：

```
rayQueryEXT rayQuery;
rayQueryInitializeEXT(rayQuery, as,
    gl_RayFlagsOpaqueEXT |
```

```
        gl_RayFlagsTerminateOnFirstHitEXT,
        0xff, world_position, 0.001,
        random_dir, d);
rayQueryProceedEXT( rayQuery );
```

这段代码与我们在 13.2 节介绍的代码非常相似，但在这种情况下，我们会累积每个方向上光线可见时的可见性值：

```
        if (rayQueryGetIntersectionTypeEXT(rayQuery, true)
            != gl_RayQueryCommittedIntersectionNoneEXT) {
                visibility +=
                    rayQueryGetIntersectionTEXT(rayQuery,
                        true) < d ? 0.0f : 1.0f;
        }
        else {
            visiblity += 1.0f;
        }
    }
}
```

最后，我们返回计算出的可见性值的平均值：

```
return visiblity / float( sample_count );
```

现在我们已经得到了这一帧的可见性值，我们需要更新自己的可见性历史缓存。如果重投影成功，我们只需添加新的值：

```
vec4 last_visibility_values = vec4(0);
if ( motion_vectors_value.r != -1.0 ) {
    last_visibility_values = texelFetch(
        global_textures_3d[ visibility_cache_texture_index
            ], global_index, 0 );

    last_visibility_values.w = last_visibility_values.z;
    last_visibility_values.z = last_visibility_values.y;
    last_visibility_values.y = last_visibility_values.x;
```

如果重投影失败了，我们将用新的可见性值覆盖所有历史（history）条目：

```
} else {
    last_visibility_values.w = visibility;
    last_visibility_values.z = visibility;
    last_visibility_values.y = visibility;
}
last_visibility_values.x = visibility;
```

最后一步是更新样本数量缓存：

```
sample_count_history.w = sample_count_history.z;
sample_count_history.z = sample_count_history.y;
sample_count_history.y = sample_count_history.x;
sample_count_history.x = sample_count;
```

现在我们已经更新了这一帧的可见性项并更新了所有缓存，我们可以进行最后一步，即计算将在我们照明计算中使用的滤波后的可见性。

13.3.4 计算滤波后的可见性

如果我们直接使用上一节计算得出的可见性值，输出结果将非常嘈杂。每一帧的样本数量和样本位置可能都会有所不同，尤其是当相机或物体移动时。

因此，我们需要在使用结果之前对其进行清理。一种常见的方法是使用去噪器（denoiser）。去噪器通常是通过一系列计算过程来实现的，顾名思义，它将尽可能地减少噪声。去噪器可能需要较长的时间，特别是当分辨率提高时。

在我们的案例中，我们将使用一个简单的时间和空间滤波器来减少这项技术所需的时间。与之前的步骤一样，我们首先需要将数据读入 LDS（本地数据存储）。这可以通过以下两行代码完成：

```
local_image_data[ local_index.y ][ local_index.x ] =
    visibility_temporal_filter( global_index );
local_normal_data[ local_index.y ][ local_index.x ] =
    get_normal( global_index );
```

`visibility_temporal_filter` 方法的实现如下：

```
vec4 last_visibility_values = texelFetch(
    global_textures_3d[ visibility_cache_texture_index ],
        ivec3( xy, index.z ), 0 );

float filtered_visibility = 0.25 * (
    last_visibility_values.x + last_visibility_values.y +
    last_visibility_values.z + last_visibility_values.w );
```

我们首先读取给定光源在此片段的历史可见性数据，然后简单计算平均值。这就是我们的时间滤波器。根据具体情况，你可能会使用不同的加权函数，给予较近值更多的重视。

在空间滤波中，我们将使用 Gaussian 核。原始文章中根据可见性方差使用了不同大小的核。在我们的实现中，我们决定使用固定的 5×5 Gaussian 核，因为它已经能提供足够好的结果。

计算滤波值的循环实现如下：

```
vec3 p_normal = local_normal_data[ local_index.y ][
    local_index.x ];
```

首先，在我们的片段位置存储法线。然后遍历核的大小来计算最终项：

```
for ( int y = -2; y <= 2; ++y ) {
    for ( int x = -2; x <= 2; ++x ) {
        ivec2 index = local_index.xy + ivec2( x, y );

        vec3 q_normal = local_normal_data[ local_index.y +
            y ][ local_index.x + x ];
```

```
        if ( dot( p_normal, q_normal ) <= 0.9 ) {
            continue;
        }
```

正如文章中所述，如果相邻片段的法线发散，我们将忽略这个数据点。这样做是为了防止阴影泄露。

最后，我们将已经通过时间滤波器处理的值与核值结合：

```
        float v = local_image_data[ index.y ][ index.x ];
        float k = gaussian_kernel[ y + 2 ][ x + 2 ];

        spatial_filtered_value += v * k;
    }
}
```

图 13-4 展示了滤波后的可见性纹理。

图 13-4　滤波后的可见性纹理

至此，每个光源的可见性值计算完成。我们现在可以在照明通道使用这些信息了，具体内容将在下一节描述。

13.3.5　使用滤波后的可见性

使用我们的可见性项非常简单。在 calculate_point_light_contribution（计算点光源贡献）方法中，我们只需读取之前计算得到的可见性值：

```
float shadow = texelFetch( global_textures_3d[
    shadow_visibility_texture_index ], ivec3( screen_uv,
        shadow_light_index ), 0 ).r;
float attenuation =
    attenuation_square_falloff(position_to_light, 1.0f /
        light.radius) * shadow;
if ( attenuation > 0.0001f && NoL > 0.0001f ) {
// same code as before
```

我们可以将传统的阴影图与光线追踪实现（类似于我们在这里所描述的）相结合。这完全取决于技术要求的帧资源限制、场景中的光源类型以及所需的质量。

在本节中，我们介绍了一种不同的光线追踪阴影实现方法。首先，计算并存储过去四帧中的可见性方差。接着，使用 max 滤波器与 tent 滤波器计算每个片段和每个光源的样本数量。

然后，我们使用这个样本数量追踪场景中的光线，以确定一个原始的可见性值。在最后一个通道中，我们通过时间和空间滤波器处理这个可见性值以减少噪声。最后，我们在照明计算中使用了这个滤波后的值。

13.4 总结

在本章中，我们介绍了两种实现光线追踪阴影的方法。首先，我们提供了一个类似于离线渲染器中可能找到的简单实现。我们简单地针对每个片段向每个光源发射一条光线，以确定它是否从那个位置可见。

尽管这种方法对点光源效果很好，但它需要发射许多光线才能支持其他类型的光源并渲染柔和阴影（soft shadow）。因此，我们还提供了一种替代方法，该方法利用空间和时间信息来确定每个光源需要使用多少样本。

我们从计算过去四帧的可见性方差开始。然后过滤这个值，以确定每个片段对每个光源需要发射多少条光线。我们使用这个数量来遍历场景，并确定每个片段的可见性值。最后，我们对获得的可见性结果进行滤波以减少噪声。然后，使用滤波后的可见性在照明计算中确定最终的阴影项。

在下一章，我们将继续通过实现全局照明来进行光线追踪之旅！

13.5 扩展阅读

我们在本章中实现的技术详细描述在 *Ray Tracing Gems* 的第 13 章。该书可在以下链接免费获取：http://www.realtimerendering.com/raytracinggems/rtg/index.html。

我们只使用了光线追踪的 GLSL API 中的一小部分。我们建议阅读 GLSL 扩展规范，以查看所有可用的选项：

- https://github.com/KhronosGroup/GLSL/blob/master/extensions/ext/GLSL_EXT_ray_tracing.txt
- https://github.com/KhronosGroup/GLSL/blob/master/extensions/ext/GLSL_EXT_ray_query.txt

在本章中，我们使用了一些滤波器。信号处理是一个广阔而精彩的领域，在图形编程中的影响比人们想象的要大。为了帮助你入门，我们推荐 Bart Wronski 的这篇文章：https://bartwronski.com/2021/02/15/bilinear-down-upsampling-pixel-grids-and-that-half-pixel-offset/。

CHAPTER 14

第 14 章

基于光线追踪增加动态漫反射全局照明

到目前为止，在本书中，照明主要基于来自点光源的直接照明。在本章中，我们将通过增加间接照明来增强照明效果，这在视频游戏中通常被称为全局照明（global illumination）。

这种照明方式是通过模仿光的行为来实现的。不深入量子物理和光学，我们需要考虑的信息是光会在表面反射几次，直到其能量变为零。

在电影和视频游戏中，全局照明一直是照明的重要方面，但在实时执行中往往是不可能的。在电影中，通常需要几分钟（甚至几小时）来渲染单一帧，直到全局照明技术的出现。视频游戏受此启发，现在也在其照明中包含了这一技术。

本章通过讨论以下主题来了解如何实现实时全局照明：

❑ 间接照明简介。

❑ **动态漫反射全局照明**（Dynamic Diffuse Global Illumination，DDGI）简介。

❑ 实现动态漫反射全局照明。

每个主题都将包含几个小节，以便你可以扩展所提供的知识。

图 14-1 展示了本章代码如何帮助实现间接照明。

图 14-1　间接照明输出

在图 14-1 中，场景左侧有一个点光源。我们可以看到从左侧窗帘反射到地板、右侧柱子和窗帘上的绿色光线。

在远处的地板上，我们可以看到天空的颜色给墙壁带来了色彩。由于可见性给出的遮挡，这些颜色对拱门的光照贡献非常低。

14.1 技术要求

本章代码可以在以下网址找到：https://github.com/PacktPublishing/Mastering-Graphics-Programming-with-Vulkan/tree/main/source/chapter14。

14.2 间接照明简介

回顾直接照明和间接照明，直接照明仅展示了光与物质的第一次交互，但光会继续在空间中传播，有时会发生反射。

从渲染的角度来看，我们使用 G-Buffer 信息来计算视点可见的表面与第一束光的交互，但我们对视线外的情况了解甚少。

图 14-2 展示了直接照明。

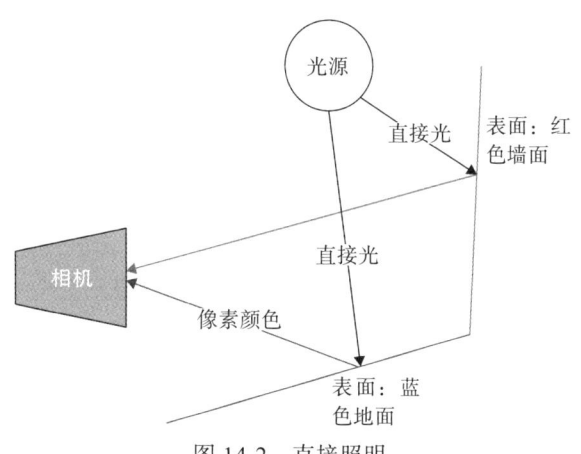

图 14-2 直接照明

图 14-2 描述了当前的照明设置。场景中存在发光的光线，这些光线与表面发生互动。光线从这些表面反射，被相机捕捉，最终成为像素颜色。这是对现象极为简化的视角，但它包含了我们需要的所有基础知识。

对于间接照明，仅依靠相机的视角是不够的，因为我们需要计算其他光源和几何体如何贡献并仍然影响场景的可见部分，即使这些部分位于视野之外的可见表面上。

在这方面，**光线追踪**是最佳工具：它是一种查询场景空间的方式，我们可以利用它来计算不同光线反弹如何贡献给特定片段的最终值。

一个展示间接照明的图表如图14-3所示。

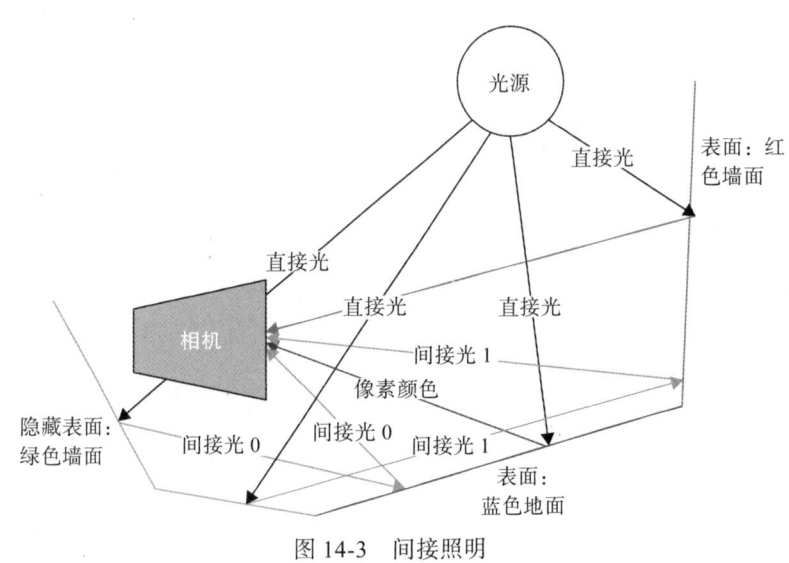

图14-3 间接照明

图14-3展示了间接光线在多个表面反射后再次击中相机的过程。这幅图中突出显示了两条光线：

- **间接光0**，从一个隐藏的表面反射到蓝色地面，最后进入相机。
- **间接光1**，从另一个表面反射，再从红色墙面反射，最后进入相机。

在间接照明中，我们希望捕捉到光线在各种表面上反弹的现象，无论这些表面是否可见。

例如，在这种设置中，红色和蓝色表面之间的一些光线会在彼此之间反弹，使接近的表面部分呈现相应的颜色。

增加间接照明可以提高图像的真实感和视觉质量，但我们如何实现这一点呢？

在后续内容中，我们将讨论我们选择的实现方法：**动态漫反射全局照明**（DDGI）。这一技术主要由Nvidia的研究人员开发，但它迅速成为AAA级游戏中使用最广泛的解决方案之一。

14.3 动态漫反射全局照明简介

在本节中，我们将解释动态漫反射全局照明背后的算法。其基于两个主要工具：光探针（light probe）和辐照度体积（irradiance volume）。

- **光探针**是空间中的点，以球体的形式表示，用于编码光线信息。
- **辐照度体积**被定义为包含有固定间距的三维光探针栅格的空间。

当布局规则时，采样更加容易，尽管我们稍后会看到一些放置的改进。探针使用八面体映射（octahedral mapping）进行编码，这是一种将正方形映射到球体的便捷方式。关于八面体映射背后的数学的链接已在14.6节提供。

动态漫反射全局照明的核心思想是使用光线追踪动态更新探针：对于每个探针，我们将投射一些光线，并在三角形交点计算辐照度。辐照度是根据引擎中存在的动态光源计算的，能实时响应任何光源或几何形状的变化。

鉴于栅格的分辨率相对于屏幕上的像素较低，唯一可能的照明现象是漫反射光照。图14-4提供了该算法的概览，展示了着色器（矩形）和纹理（椭圆）之间的关系和序列：

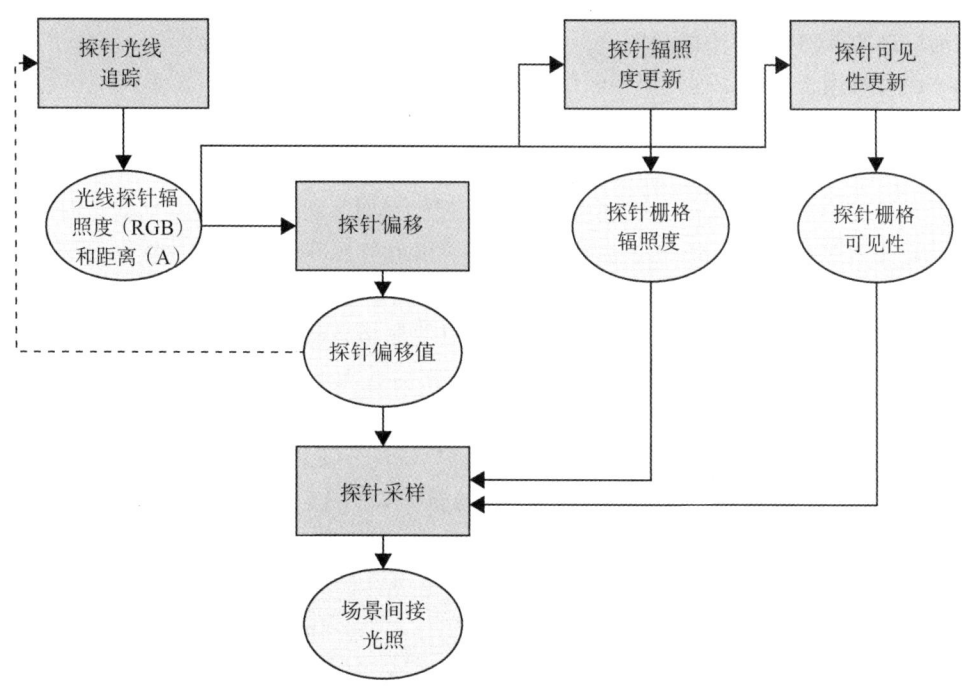

图14-4 算法概览

首先，我们来快速概述一下算法，然后再详细查看每个步骤：

1. 对每个探针执行光线追踪，并计算辐照度和距离。
2. 使用计算出的辐照度更新所有探针的辐照度，并应用一些滞后效应（hysteresis）。
3. 更新所有探针的可见性数据，使用在光线追踪过程中计算出的距离，并再次应用一些滞后效应。
4. （可选）使用光线追踪的距离计算每个探针的偏移位置。
5. 通过读取更新后的辐照度、可见性和探针偏移来计算间接照明。

在接下来的小节中，我们将逐一介绍算法的每个步骤。

14.3.1 对每个探针执行光线追踪

这是算法的第一步。对于每个需要更新的探针的每条光线，我们都必须使用动态光照对场景进行光线追踪。

在光线追踪命中着色器中，我们计算命中三角形的世界位置和法线，并执行简化的漫反射照明计算。可选但成本更高的方法是，我们可以读取其他辐照度探针（irradiance probe），为照明计算添加无限次数的反弹，使其看起来更加真实。

这里特别重要的是纹理布局：每一行代表一个探针的光线。因此，如果我们每个探针都有 128 条光线，我们将设置一行 128 个纹素（texel），而每一列代表一个探针。

因此，配置为 128 条光线和 24 个探针的情况将产生 128 × 24 的纹理尺寸。我们将照明计算存储为纹理的 RGB 通道中的辐照度，并在 Alpha 通道中存储命中距离。

命中距离将用于帮助处理光泄漏和计算探针偏移。

14.3.2 探针偏移

探针偏移是在辐照度体积加载到世界中或其属性（如间距或位置）发生变化时进行的步骤。使用光线追踪步骤中得到的命中距离，我们可以计算探头是否直接放置在表面上，然后为其创建一个偏移。

偏移量不能大于到其他探针的距离的一半，以便栅格在栅格索引和它们的位置之间仍然保持一定的连贯性。这个步骤只进行几次（通常，大约五次是合适的数字），因为如果持续进行，将会无限地移动探针，从而导致光线闪烁。

一旦计算出偏移量，每个探针都将拥有最终的世界位置，极大地提高了间接照明的视觉质量。在这里，我们可以看到计算这些偏移量后的改进，如图 14-5 所示。

图 14-5　全局照明，左图显示有探针偏移，右图显示无探针偏移

如你所见，位于几何体内部的探针不仅不会对采样提供照明贡献，还可能产生视觉上的失真。多亏了探针偏移技术，我们可以将探针放置在更佳的位置。

14.3.3 探针辐照度和可见性更新

我们现在已经得到了每个探针在动态光照下追踪每条光线的结果。我们如何编码这些信息呢？正如在本节开头所见，一种方法是使用八面体映射，它将一个球体展开成一个矩形。

鉴于我们将每个探针的辐照度存储为一个三维体积，我们需要一个纹理，其中包含每个探针的一个矩形。我们将选择创建一个单一的纹理,每一行包含一层尺寸为 $M \times N$ 的探针,而高度参数则是总的层数。

例如,如果我们有一个 $3 \times 2 \times 4$ 的探针栅格,每行包含 6 个探针(3×2),最终的纹理有 4 行。我们将执行这一步骤两次,一次是更新来自辐射的辐照度,另一次是根据每个探针的距离更新可见性。

可见性对于最小化光泄漏至关重要,辐照度和可见性被存储在不同的纹理中,并且可以有不同的大小。

需要注意的一点是,为了添加对双线性过滤的支持,我们需要在每个矩形周围存储额外的 1 像素边界;这里也将进行更新。

着色器将读取计算出的新的辐照度和距离,以及前一帧的辐照度和可见性纹理,使用简单的滞后效应(hysteresis)进行值混合,以避免闪烁,就像体积雾使用时间重投影技术一样。

如果照明条件发生剧烈变化,可以动态改变滞后效应,以抵消使用滞后效应导致的更新缓慢。结果通常对光线移动的反应会更慢,但这是为了避免闪烁而必须接受的缺点。

着色器的最后部分涉及更新用于双线性过滤(bilinear filtering)的边界。双线性过滤要求按特定顺序读取样本,如图 14-6 所示。

6,6	6,1	5,1	4,1	3,1	2,1	1,1	1,6
1,6	1,1	2,1	3,1	4,1	5,1	6,1	6,6
1,5	1,2	2,2	3,2	4,2	5,2	6,2	6,5
1,4	1,3	2,3	3,3	4,3	5,3	6,3	6,4
1,3	1,4	2,4	3,4	4,4	5,4	6,4	6,3
1,2	1,5	2,5	3,5	4,5	5,5	6,5	6,2
1,1	1,6	6,6	3,6	4,6	5,6	6,6	6,1
6,1	6,6	5,6	4,6	3,6	1,6	1,6	1,1

图 14-6 双线性过滤采样。外部栅格从每个矩形内部已写入的像素位置复制像素

图 14-6 展示了复制像素的坐标计算:中心区域是进行了完整的辐照度/可见性更新的区域,而边界则从指定坐标的像素处复制值。

我们将运行两种不同的着色器:一种用于更新探针的辐照度,另一种用于更新探针的可见性。

在着色器代码中,我们将看到执行此操作的实际代码。现在,我们准备好采样探针的辐照度,如下一小节所示。

14.3.4 探针采样

这一步涉及读取辐照度探针并计算间接照明的贡献。我们将从主相机的视角进行渲染，并根据世界位置和方向采样最近的 8 个探针。可见性纹理被用来最小化泄漏并柔化照明结果。

鉴于漫反射间接光分量的柔和光照特性，为了获得更好的性能，我们选择以四分之一的分辨率对其进行采样，因此我们需要格外注意采样位置，以避免像素不准确。

在探讨探针光线追踪、辐照度更新、可见性更新、探针偏移和探针采样时，我们描述了实现动态漫反射全局照明（DDGI）所需的所有基本步骤。

我们还可以包括其他步骤来使渲染更快，例如使用距离来计算不活跃的探针。还可以包括其他扩展，例如包含多级体积和手动放置的体积，这些扩展为动态漫反射全局照明提供了在视频游戏中所需的最佳灵活性，不同的硬件配置可以决定算法选择。

在下一节，我们将学习如何实现动态漫反射全局照明。

14.4 实现动态漫反射全局照明

首先，我们将讨论的是光线追踪着色器。正如我们在第 12 章中看到的，这些着色器是一个捆绑包，包括光线生成着色器、光线命中着色器和光线未命中着色器。

这里将使用一系列不同的方法，这些方法可以将世界空间转换为栅格索引，反之亦然；这些方法已包含在代码中。

首先，我们需要定义光线有效负载，也就是在执行光线追踪查询后缓存的信息：

```
struct RayPayload {
    vec3 radiance;
    float distance;
};
```

14.4.1 光线生成着色器

第一个着色器被称为光线生成着声器。它使用球形斐波那契序列（spherical Fibonacci sequence）在球体上的随机方向发射光线，从探针的位置开始。

就像对时间抗锯齿（TAA）和体积雾进行抖动一样，使用随机方向和时间累积（这在探针更新着色器中进行）使我们能够获取更多关于场景的信息，从而增强视觉效果：

```
layout( location = 0 ) rayPayloadEXT RayPayload payload;
void main() {
const ivec2 pixel_coord = ivec2(gl_LaunchIDEXT.xy);
    const int probe_index = pixel_coord.y;
    const int ray_index = pixel_coord.x;
    // Convert from linear probe index to grid probe
       indices and then position:
    ivec3 probe_grid_indices = probe_index_to_grid_indices(
      probe_index );
```

```
    vec3 ray_origin = grid_indices_to_world(
      probe_grid_indices probe_index );
    vec3 direction = normalize( mat3(random_rotation) *
      spherical_fibonacci(ray_index, probe_rays) );
    payload.radiance = vec3(0);
    payload.distance = 0;
    traceRayEXT(as, gl_RayFlagsOpaqueEXT, 0xff, 0, 0, 0,
      ray_origin, 0.0, direction, 100.0, 0);

    // Store the result coming from Hit or Miss shaders
    imageStore(global_images_2d[ radiance_output_index ],
    pixel_coord, vec4(payload.radiance, payload.distance));
}
```

14.4.2 光线命中着色器

这里是所有繁重工作的发生地。

首先，我们必须声明有效负载和重心坐标，以计算正确的三角形数据：

```
layout( location = 0 ) rayPayloadInEXT RayPayload payload;
hitAttributeEXT vec2 barycentric_weights;
```

然后，检查背面三角形，仅存储距离，因为不需要照明：

```
void main() {
    vec3 radiance = vec3(0);
    float distance = 0.0f;
    if (gl_HitKindEXT == gl_HitKindBackFacingTriangleEXT) {
        // Track backfacing rays with negative distance
        distance = gl_RayTminEXT + gl_HitTEXT;
        distance *= -0.2;
    }
```

否则，计算三角形数据并执行照明：

```
else {
```

接着，读取网格实例数据和索引缓冲区：

```
uint mesh_index = mesh_instance_draws[
  gl_GeometryIndexEXT ].mesh_draw_index;
MeshDraw mesh = mesh_draws[ mesh_index ];

int_array_type index_buffer = int_array_type(
  mesh.index_buffer );
int i0 = index_buffer[ gl_PrimitiveID * 3 ].v;
int i1 = index_buffer[ gl_PrimitiveID * 3 + 1 ].v;
int i2 = index_buffer[ gl_PrimitiveID * 3 + 2 ].v;
```

现在，我们可以从网格缓冲区读取顶点并计算世界空间位置：

```
float_array_type vertex_buffer = float_array_type(
  mesh.position_buffer );
vec4 p0 = vec4(vertex_buffer[ i0 * 3 + 0 ].v,
  vertex_buffer[ i0 * 3 + 1 ].v,
  vertex_buffer[ i0 * 3 + 2 ].v, 1.0 );
// Calculate p1 and p2 using i1 and i2 in the same
   way.
```

计算世界位置：

```
const mat4 transform = mesh_instance_draws[
  gl_GeometryIndexEXT ].model;
vec4 p0_world = transform * p0;
// calculate as well p1_world and p2_world
```

正如我们对顶点位置所做的，读取 UV 缓冲区并计算三角形的最终 UV 坐标：

```
float_array_type uv_buffer = float_array_type(
  mesh.uv_buffer );
vec2 uv0 = vec2(uv_buffer[ i0 * 2 ].v, uv_buffer[
  i0 * 2 + 1].v);
// Read uv1 and uv2 using i1 and i2
float b = barycentric_weights.x;
float c = barycentric_weights.y;
float a = 1 - b - c;

vec2 uv = ( a * uv0 + b * uv1 + c * uv2 );
```

读取漫反射纹理。我们也可以读取一个较低的 MIP 等级以提高性能：

```
    vec3 diffuse = texture( global_textures[
      nonuniformEXT( mesh.textures.x ) ], uv ).rgb;
```

读取三角形的法线并计算最终的法线。你不需要读取法线纹理，因为缓存的结果非常小，那些细节已经丢失：

```
    float_array_type normals_buffer =
      float_array_type( mesh.normals_buffer );
    vec3 n0 = vec3(normals_buffer[ i0 * 3 + 0 ].v,
      normals_buffer[ i0 * 3 + 1 ].v,
      normals_buffer[ i0 * 3 + 2 ].v );
    // Similar calculations for n1 and n2 using i1 and
       i2
    vec3 normal = a * n0 + b * n1 + c * n2;
    const mat3 normal_transform = mat3(mesh_instance_draws
      [gl_GeometryIndexEXT ].model_inverse);
    normal = normal_transform * normal;
```

我们可以计算世界位置和法线，然后计算直接照明：

```
const vec3 world_position = a * p0_world.xyz + b *
  p1_world.xyz + c * p2_world.xyz;
```

```
    vec3 diffuse = albedo * direct_lighting(world_position,
      normal);
    // Optional: infinite bounces by samplying previous
        frame Irradiance:
    diffuse += albedo * sample_irradiance( world_position,
      normal, camera_position.xyz ) *
      infinite_bounces_multiplier;
```

最后，我们可以缓存辐照度和距离：

```
    radiance = diffuse;
    distance = gl_RayTminEXT + gl_HitTEXT;
    }
```

现在，让我们将结果写入有效负载：

```
    payload.radiance = radiance;
    payload.distance = distance;
}
```

14.4.3　光线未命中着色器

在这个着色器中，我们只返回天空的颜色。或者，如果存在的话，可以添加一个环境立方体贴图：

```
layout( location = 0 ) rayPayloadInEXT RayPayload payload;
void main() {
payload.radiance = vec3( 0.529, 0.807, 0.921 );
payload.distance = 1000.0f;
}
```

14.4.4　探针辐照度和可见性更新着色器

这个计算着色器将读取前一帧的辐照度 / 可见性和当前帧的辐照度 / 距离，然后更新每个探针的八面体表示。这个着色器将执行两次——一次更新辐照度，一次更新可见性。它还将更新边界以支持双线性过滤。

首先，我们必须检查当前像素是否为边界。如果是，我们必须改变模式：

```
layout (local_size_x = 8, local_size_y = 8, local_size_z =
      1) in;
void main() {
    ivec3 coords = ivec3(gl_GlobalInvocationID.xyz);
    const uint probe_with_border_side = probe_side_length +
                                        2;
    const uint probe_last_pixel = probe_side_length + 1;
    int probe_index = get_probe_index_from_pixels
      (coords.xy, int(probe_with_border_side),
      probe_texture_width);
    // Check if thread is a border pixel
    bool border_pixel = ((gl_GlobalInvocationID.x %
```

```
      probe_with_border_side) == 0) ||
    ((gl_GlobalInvocationID.x % probe_with_border_side )
      == probe_last_pixel );
  border_pixel = border_pixel ||
    ((gl_GlobalInvocationID.y % probe_with_border_side)
      == 0) || ((gl_GlobalInvocationID.y %
      probe_with_border_side ) == probe_last_pixel );
```

对于非边界像素，根据光线方向和用八面体坐标编码的球体方向计算权重，并计算辐照度作为辐照度的加权总和：

```
if ( !border_pixel ) {
  vec4 result = vec4(0);
  uint backfaces = 0;
  uint max_backfaces = uint(probe_rays * 0.1f);
```

将每条光线的贡献相加：

```
for ( int ray_index = 0; ray_index < probe_rays;
    ++ray_index ) {
  ivec2 sample_position = ivec2( ray_index,
    probe_index );
  vec3 ray_direction = normalize(
    mat3(random_rotation) *
    spherical_fibonacci(ray_index, probe_rays) );
  vec3 texel_direction = oct_decode
    (normalized_oct_coord(coords.xy));
  float weight = max(0.0, dot(texel_direction,
    ray_direction));
```

读取这条光线的距离，如果背面太多则提前退出：

```
float distance = texelFetch(global_textures
  [nonuniformEXT(radiance_output_index)],
  sample_position,
  0).w;
if ( distance < 0.0f &&
    use_backfacing_blending() ) {
  ++backfaces;
  // Early out: only blend ray radiance into
     the probe if the backface threshold
     hasn't been exceeded
  if (backfaces >= max_backfaces) {
      return;
  }
  continue;
}
```

在这一点上，根据我们是在更新辐照度还是可见性，我们执行不同的计算。

对于**辐照度**，我们必须执行以下操作：

```
if (weight >= EPSILON) {
    vec3 radiance = texelFetch(global_textures
      [nonuniformEXT(radiance_output_index)],
      sample_position, 0).rgb;
    radiance.rgb *= energy_conservation;

    // Storing the sum of the weights in alpha
        temporarily
    result += vec4(radiance * weight, weight);
}
```

对于**可见性**，我们必须读取并限制距离：

```
float probe_max_ray_distance = 1.0f * 1.5f;
if (weight >= EPSILON) {
    float distance = texelFetch(global_textures
      [nonuniformEXT(radiance_output_index)],
      sample_position, 0).w;
    // Limit distance
    distance = min(abs(distance),
      probe_max_ray_distance);
        vec3 value = vec3(distance, distance *
          distance, 0);
        // Storing the sum of the weights in alpha
            temporarily
        result += vec4(value * weight, weight);
    }
}
```

最后，应用权重：

```
if (result.w > EPSILON) {
    result.xyz /= result.w;
    result.w = 1.0f;
}
```

现在，我们可以读取前一帧的辐照度或可见性，并使用滞后效应进行混合。

对于**辐照度**，我们必须执行以下操作：

```
vec4 previous_value = imageLoad( irradiance_image,
  coords.xy );
result = mix( result, previous_value, hysteresis );
imageStore(irradiance_image, coords.xy, result);
```

对于**可见性**，我们必须执行以下操作：

```
vec2 previous_value = imageLoad( visibility_image,
  coords.xy ).rg;
result.rg = mix( result.rg, previous_value,
  hysteresis );
```

```
imageStore(visibility_image, coords.xy,
    vec4(result.rg, 0, 1));
```

到此为止，我们结束了非边界像素的着色器处理。我们将等待本地组完成后，再将像素复制到边界：

```
    // NOTE: returning here.
    return;
}
```

接下来，我们必须处理边界像素。

鉴于我们在一个与每个方块一样大的本地线程组上工作，当一个组完成后，我们可以复制带有当前更新数据的边界像素。这是一个优化过程，它帮助我们避免派发另外两个着色器并增加屏障来等待更新完成。

在实现了前面的代码之后，我们必须等待该组完成：

```
groupMemoryBarrier();
barrier();
```

一旦这些屏障被加入着色器代码中，它便会等待所有组完成。

我们已经将最终的辐照度/可见性存储在纹理中，因此我们可以复制边界像素以增加双线性采样支持。如图14-6所示，我们需要按照特定的顺序读取像素，以确保双线性过滤采样能够正确工作。

首先，我们必须计算源像素坐标：

```
const uint probe_pixel_x = gl_GlobalInvocationID.x %
    probe_with_border_side;
const uint probe_pixel_y = gl_GlobalInvocationID.y %
    probe_with_border_side;
bool corner_pixel = (probe_pixel_x == 0 ||
    probe_pixel_x == probe_last_pixel) && (probe_pixel_y
    == 0 || probe_pixel_y == probe_last_pixel);
bool row_pixel = (probe_pixel_x > 0 && probe_pixel_x <
    probe_last_pixel);
ivec2 source_pixel_coordinate = coords.xy;
if ( corner_pixel ) {
    source_pixel_coordinate.x += probe_pixel_x == 0 ?
        probe_side_length : -probe_side_length;
    source_pixel_coordinate.y += probe_pixel_y == 0 ?
        probe_side_length : -probe_side_length;
}
else if ( row_pixel ) {
    source_pixel_coordinate.x +=
        k_read_table[probe_pixel_x - 1];
    source_pixel_coordinate.y += (probe_pixel_y > 0) ?
        -1 : 1;
}
```

```
    else {
        source_pixel_coordinate.x += (probe_pixel_x > 0) ?
            -1 : 1;
        source_pixel_coordinate.y +=
            k_read_table[probe_pixel_y - 1];
    }
```

接着，我们必须将源像素复制到当前边界。

对于**辐照度**，我们必须执行以下操作：

```
vec4 copied_data = imageLoad( irradiance_image,
    source_pixel_coordinate );
imageStore( irradiance_image, coords.xy, copied_data );
```

对于**可见性**，我们必须执行以下操作：

```
    vec4 copied_data = imageLoad( visibility_image,
        source_pixel_coordinate );
    imageStore( visibility_image, coords.xy, copied_data );
}
```

我们现在已经更新了辐照度和可见性，已准备好被场景采样。

14.4.5　间接照明采样

这个计算着色器负责读取间接辐照度，以便它可以被照明使用。它使用了一个名为 sample_irradiance 的实用方法，该方法也在光线命中着色器内部使用，以模拟无限次反弹。

首先，让我们来看看计算着色器。在使用四分之一分辨率时，遍历一个包含 2×2 像素的邻域，获取最近的深度，并保存像素索引：

```
layout (local_size_x = 8, local_size_y = 8, local_size_z =
    1) in;
void main() {
    ivec3 coords = ivec3(gl_GlobalInvocationID.xyz);
    int resolution_divider = output_resolution_half == 1 ?
        2 : 1;
    vec2 screen_uv = uv_nearest(coords.xy, resolution /
        resolution_divider);

    float raw_depth = 1.0f;
    int chosen_hiresolution_sample_index = 0;
    if (output_resolution_half == 1) {
        float closer_depth = 0.f;
        for ( int i = 0; i < 4; ++i ) {
            float depth = texelFetch(global_textures
                [nonuniformEXT(depth_fullscreen_texture_index)
                ], (coords.xy) * 2 + pixel_offsets[i], 0).r;
            if ( closer_depth < depth ) {
                closer_depth = depth;
```

```
            chosen_hiresolution_sample_index = i;
        }
    }

    raw_depth = closer_depth;
}
```

有了最近深度的缓存索引，开始读取法线：

```
vec3 normal = vec3(0);
if (output_resolution_half == 1) {
    vec2 encoded_normal = texelFetch(global_textures
        [nonuniformEXT(normal_texture_index)],
        (coords.xy) * 2 + pixel_offsets
        [chosen_hiresolution_sample_index], 0).rg;
    normal = normalize(octahedral_decode(encoded_normal)
    );
}
```

现在我们已经计算出了深度和法线，可以收集世界位置，并使用法线来采样辐照度：

```
    const vec3 pixel_world_position =
        world_position_from_depth(screen_uv, raw_depth,
        inverse_view_projection)
    vec3 irradiance = sample_irradiance(
        pixel_world_position, normal, camera_position.xyz );
    imageStore(global_images_2d[ indirect_output_index ],
        coords.xy, vec4(irradiance,1));
}
```

这个着色器的第二部分是关于 `sample_irradiance` 函数，这个函数负责实际的重要计算工作。

它首先计算一个偏差向量，将采样点稍微移动到几何体的前面，以帮助防止泄漏：

```
vec3 sample_irradiance( vec3 world_position, vec3 normal,
    vec3 camera_position ) {
        const vec3 V = normalize(camera_position.xyz -
            world_position);
        // Bias vector to offset probe sampling based on normal
            and view vector.
        const float minimum_distance_between_probes = 1.0f;
        vec3 bias_vector = (normal * 0.2f + V * 0.8f) *
            (0.75f  minimum_distance_between_probes) *
            self_shadow_bias;
        vec3 biased_world_position = world_position +
            bias_vector;

        // Sample at world position + probe offset reduces
            shadow leaking.
        ivec3 base_grid_indices =
```

```
    world_to_grid_indices(biased_world_position);
  vec3 base_probe_world_position =
    grid_indices_to_world_no_offsets( base_grid_indices
    );
```

现在我们得到了栅格世界位置和在采样世界位置（加上偏差）的索引。

现在，我们必须计算采样位置在单元格内各轴上的值：

```
// alpha is how far from the floor(currentVertex)
   position. on [0, 1] for each axis.
vec3 alpha = clamp((biased_world_position -
  base_probe_world_position) , vec3(0.0f), vec3(1.0f));
```

此时，我们可以对采样点周围的 8 个相邻探针进行采样：

```
vec3  sum_irradiance = vec3(0.0f);
float sum_weight = 0.0f;
```

对于每个探针，我们必须根据索引计算其在世界空间中的位置：

```
// Iterate over adjacent probe cage
for (int i = 0; i < 8; ++i) {
    // Compute the offset grid coord and clamp to the
       probe grid boundary
    // Offset = 0 or 1 along each axis
    ivec3  offset = ivec3(i, i >> 1, i >> 2) &
      ivec3(1);
    ivec3  probe_grid_coord = clamp(base_grid_indices +
      offset, ivec3(0), probe_counts - ivec3(1));
    int probe_index =
      probe_indices_to_index(probe_grid_coord);
    vec3 probe_pos =
      grid_indices_to_world(probe_grid_coord,
      probe_index);
```

计算基于栅格单元顶点的三线性权重，以平滑地在探针之间过渡：

```
vec3 trilinear = mix(1.0 - alpha, alpha, offset);
float weight = 1.0;
```

现在，我们可以看到可见性纹理的用途。它存储了深度和深度平方的值，极大地帮助减少了光泄漏。

这个测试是基于方差完成的，例如方差阴影图：

```
 vec3 probe_to_biased_point_direction =
   biased_world_position - probe_pos;
 float distance_to_biased_point =
   length(probe_to_biased_point_direction);
 probe_to_biased_point_direction *= 1.0 /
   distance_to_biased_point;
 {
```

```
vec2 uv = get_probe_uv
  (probe_to_biased_point_direction,
  probe_index, probe_texture_width,
  probe_texture_height,
  probe_side_length );
vec2 visibility = textureLod(global_textures
[nonuniformEXT(grid_visibility_texture_index)],
uv, 0).rg;
float mean_distance_to_occluder = visibility.x;
float chebyshev_weight = 1.0;
```

检查采样探针是否处于"阴影"状态，并计算 Chebyshev 权重：

```
    if (distance_to_biased_point >
      mean_distance_to_occluder) {
      float variance = abs((visibility.x *
        visibility.x) - visibility.y);
      const float distance_diff =
        distance_to_biased_point -
        mean_distance_to_occluder;
      chebyshev_weight = variance / (variance +
        (distance_diff * distance_diff));
      // Increase contrast in the weight
      chebyshev_weight = max((chebyshev_weight *
        chebyshev_weight * chebyshev_weight),
          0.0f);
    }

    // Avoid visibility weights ever going all of
      the way to zero
   chebyshev_weight = max(0.05f, chebyshev_weight);
   weight *= chebyshev_weight;
}
```

利用这个探针计算出的权重，我们可以应用三线性偏移，读取辐照度，并计算其贡献：

```
    vec2 uv = get_probe_uv(normal, probe_index,
      probe_texture_width, probe_texture_height,
      probe_side_length );
    vec3 probe_irradiance =
      textureLod(global_textures
      [nonuniformEXT(grid_irradiance_output_index)],
      uv, 0).rgb;
    // Trilinear weights
   weight *= trilinear.x * trilinear.y * trilinear.z +
      0.001f;
   sum_irradiance += weight * probe_irradiance;
   sum_weight += weight;
}
```

在所有探针采样完成后，最终的辐照度按比例缩放并返回：

```
vec3 irradiance = 0.5f * PI * sum_irradiance /
    sum_weight;
return irradiance;
}
```

至此，我们已经完成了对辐照度采样计算着色器和实用功能的探讨。

我们可以应用更多的滤波器对采样进行处理，以进一步平滑图像，但这是最基本的版本，通过可见性数据进行了增强。

现在，让我们学习如何修改 `calculate_lighting` 方法以添加漫反射间接光。

14.4.6 对 `calculate_lighting` 方法的修改

在我们的照明着色器文件 `lighting.h` 中，在完成直接照明计算后添加以下几行代码：

```
vec3 F = fresnel_schlick_roughness(max(dot(normal, V),
    0.0), F0, roughness);
vec3 kS = F;
vec3 kD = 1.0 - kS;
kD *= 1.0 - metallic;
vec3 indirect_irradiance = textureLod(global_textures
    [nonuniformEXT(indirect_lighting_texture_index)],
    screen_uv, 0).rgb;
vec3 indirect_diffuse = indirect_irradiance *
    base_colour.rgb;
const float ao = 1.0f;
final_color.rgb += (kD * indirect_diffuse) * ao;
```

这里，`base_colour` 是来自 G-Buffer 的反照率，`final_color` 是计算了所有直接照明贡献后的像素颜色。

基本算法已经完成，但还有一个着色器需要检查：探针偏移着色器。它计算每个探针在世界空间中的偏移量，以避免探针与几何体相交。

14.4.7 探针偏移着色器

这个计算着色器巧妙地使用来自光线追踪阶段的每条光线的距离来计算偏移量，这个计算是基于背面和正面的计数。

首先，我们必须检查无效的探针索引，以避免写入错误的内存：

```
layout (local_size_x = 32, local_size_y = 1, local_size_z =
        1) in;
void main() {
    ivec3 coords = ivec3(gl_GlobalInvocationID.xyz);
    // Invoke this shader for each probe
    int probe_index = coords.x;
    const int total_probes = probe_counts.x *
```

```
        probe_counts.y * probe_counts.z;
    // Early out if index is not valid
    if (probe_index >= total_probes) {
        return;
    }
```

接着,我们需要根据已计算的光线追踪距离,搜索正面和背面的碰撞点。

首先,声明所有必要的变量:

```
int closest_backface_index = -1;
float closest_backface_distance = 100000000.f;
int closest_frontface_index = -1;
float closest_frontface_distance = 100000000.f;
int farthest_frontface_index = -1;
float farthest_frontface_distance = 0;
int backfaces_count = 0;
```

对于这个探针的每一条光线,读取距离并计算它是正面还是背面。在命中着色器中,我们存储背面的负距离:

```
// For each ray cache front/backfaces index and
    distances.
for (int ray_index = 0; ray_index < probe_rays;
    ++ray_index) {
    ivec2 ray_tex_coord = ivec2(ray_index,
      probe_index);
    float ray_distance = texelFetch(global_textures
      [nonuniformEXT(radiance_output_index)],
      ray_tex_coord, 0).w;
    // Negative distance is stored for backface hits in
       the Ray Tracing Hit shader.
    if ( ray_distance <= 0.0f ) {
        ++backfaces_count;
        // Distance is a positive value, thus negate
           ray_distance as it is negative already if
        // we are inside this branch.
        if ( (-ray_distance) <
            closest_backface_distance ) {
            closest_backface_distance = ray_distance;
            closest_backface_index = ray_index;
        }
    }
    else {
        // Cache either closest or farther distance and
           indices for this ray.
        if (ray_distance < closest_frontface_distance)
        {
            closest_frontface_distance = ray_distance;
            closest_frontface_index = ray_index;
```

```
        } else if (ray_distance >
                  farthest_frontface_distance) {
            farthest_frontface_distance = ray_distance;
            farthest_frontface_index = ray_index;
        }
    }
}
```

我们知道这个探针的正面和背面索引及其距离。考虑到我们逐步移动探针，读取前一帧的偏移量：

```
    vec4 current_offset = vec4(0);
// Read previous offset after the first frame.
if ( first_frame == 0 ) {
    const int probe_counts_xy = probe_counts.x *
        probe_counts.y;
    ivec2 probe_offset_sampling_coordinates =
        ivec2(probe_index % probe_counts_xy, probe_index
        / probe_counts_xy);
    current_offset.rgb = texelFetch(global_textures
        [nonuniformEXT(probe_offset_texture_index)],
        probe_offset_sampling_coordinates, 0).rgb;
}
```

现在，我们必须检查探针是否可以被认为在几何体内部，并计算一个远离其方向的偏移量，但依然在探针间距限制内。我们可以称之为一个单元（cell）：

```
vec3 full_offset = vec3(10000.f);
vec3 cell_offset_limit = max_probe_offset *
    probe_spacing;
// Check if a fourth of the rays was a backface, we can
    assume the probe is inside a geometry.
const bool inside_geometry = (float(backfaces_count) /
    probe_rays) > 0.25f;
if (inside_geometry && (closest_backface_index != -1))
{
    // Calculate the backface direction.
    const vec3 closest_backface_direction =
        closest_backface_distance * normalize(
        mat3(random_rotation) *
        spherical_fibonacci(closest_backface_index,
        probe_rays) );
```

找到探针在单元内移动的最大偏移量：

```
    const vec3 positive_offset = (current_offset.xyz +
        cell_offset_limit) / closest_backface_direction;
    const vec3 negative_offset = (current_offset.xyz -
        cell_offset_limit) / closest_backface_direction;
    const vec3 maximum_offset = vec3(max
```

```
        (positive_offset.x, negative_offset.x),
      max(positive_offset.y, negative_offset.y),
      max(positive_offset.z, negative_offset.z));
    // Get the smallest of the offsets to scale the
      direction
    const float direction_scale_factor = min(min
      (maximum_offset.x, maximum_offset.y),
      maximum_offset.z) - 0.001f;
    // Move the offset in the opposite direction of the
      backface one.
    full_offset = current_offset.xyz -
      closest_backface_direction *
      direction_scale_factor;
}
```

如果没有命中背面，我们必须稍微移动探针，使其处于静止位置：

```
else if (closest_frontface_distance < 0.05f) {
    // In this case we have a very small hit distance.
    // Ensure that we never move through the farthest
      frontface
    // Move minimum distance to ensure not moving on a
      future iteration.
    const vec3 farthest_direction = min(0.2f,
      farthest_frontface_distance) * normalize(
      mat3(random_rotation) *
      spherical_fibonacci(farthest_frontface_index,
      probe_rays) );
    const vec3 closest_direction = normalize(mat3
      (random_rotation) * spherical_fibonacci
      (closest_frontface_index, probe_rays));
    // The farthest frontface may also be the closest
      if the probe can only
    // see one surface. If this is the case, don't move
      the probe.
    if (dot(farthest_direction, closest_direction) <
       0.5f) {
      full_offset = current_offset.xyz +
         farthest_direction;
    }
}
```

只有当偏移量在间隔内或在单元限制内时才更新偏移量。然后，将该值存储在相应的纹理中：

```
        if (all(lessThan(abs(full_offset), cell_offset_limit)))
        {
            current_offset.xyz = full_offset;
        }
```

```
        const int probe_counts_xy = probe_counts.x *
            probe_counts.y;
        const int probe_texel_x = (probe_index %
            probe_counts_xy);
        const int probe_texel_y = probe_index /
            probe_counts_xy;
        imageStore(global_images_2d[ probe_offset_texture_index
            ], ivec2(probe_texel_x, probe_texel_y),
            current_offset);
}
```

我们已经计算了探针的偏移。

这个着色器展示了如何巧妙地利用你已有的信息——这里指的是每个光线探测到的距离——将探针移出相交的几何体。

我们展示了一个功能完整的动态漫反射全局照明版本，但还可以进行一些改进，并且这项技术可以向不同方向扩展。改进的一些例子包括一个分类系统，用于禁用没有贡献的探针，或者添加一个围绕相机中心、具有不同栅格间距的移动栅格。结合手动放置的体积，可以创建一个完整的漫反射全局照明系统。

虽然使用这项技术需要具备光线追踪功能的 GPU，但我们可以为静态场景部分预计算辐照度和可见性，并在旧版 GPU 上使用它们。另一个改进是根据探针亮度变化调整滞后，或者根据距离和重要性添加分阶段的探针更新。

所有这些想法都展示了动态漫反射全局照明的强大和可配置性，我们鼓励读者进行实验并创造其他改进。

14.5 总结

在本章中，我们介绍了（DDGI）动态漫反射全局照明技术。我们首先讨论了全局照明，这是 DDGI 实现的照明技术。然后，我们概述了算法，详细解释了每个步骤。

最后，我们编写并注释了实现中的所有着色器。DDGI 已经增强了渲染帧的照明效果，但仍有改进和优化的空间。

DDGI 的一个有用之处在于其可配置性：你可以更改辐照度和可见性纹理的分辨率，改变光线数量、探针数量以及探针间的间距，以支持低端且已启用光线追踪的 GPU。

在下一章，我们将添加另一个元素来帮助我们提高照明解决方案的准确性：反射！

14.6 扩展阅读

全局照明是一个非常广泛的主题，在所有渲染文献中都有详细的讨论，但我们想要突出那些与 DDGI（动态漫反射全局照明）实现更相关的链接。

DDGI 本身主要是由 Nvidia 的一个团队在 2017 年提出的想法，其核心思想在以下网址有详细描述：https://morgan3d.github.io/articles/2019-04-01-ddgi/index.html。

关于 DDGI 及其发展的原始文章如下所示（它们还包含了在实现这一技术时非常有帮助的补充代码）：

❑ https://casual-effects.com/research/McGuire2017LightField/index.html
❑ https://www.jcgt.org/published/0008/02/01/
❑ https://jcgt.org/published/0010/02/01/

以下是关于带有球形谐波（spherical harmonics）支持的 DDGI 的绝佳概述，它是唯一一个复制边界像素用于双线性插值的图表。它还描述了其他一些有趣的话题：https://handmade.network/p/75/monter/blog/p/7288-engine_work_global_illumination_with_irradiance_probes。

Nvidia 关于 DDGI 的介绍可以在以下链接找到：https://developer.download.nvidia.com/video/gputechconf/gtc/2019/presentation/s9900-irradiance-fields-rtx-diffuse-global-illumination-for-local-and-cloud-graphics.pdf。

以下是对全局照明的直观介绍：https://www.scratchapixel.com/lessons/3d-basic-rendering/global-illumination-path-tracing。

Global Illumination Compendium：https://people.cs.kuleuven.be/~philip.dutre/GI/。

最后，这里是实时渲染的最佳网站：https://www.realtimerendering.com/。

CHAPTER 15

第15章

基于光线追踪增加反射效果

在本章中，我们将使用光线追踪（ray tracing）技术实现反射（reflection）效果。在光线追踪硬件出现之前，应用程序通常使用屏幕空间技术来实现反射。然而，这种技术有一个缺点，它只能使用屏幕上可见的信息。如果某个光线超出了屏幕上可见的几何形状，我们通常会退回到环境图（environment map）。由于这一限制，渲染出的反射效果可能会因相机位置的不同而不一致。

通过引入光线追踪硬件，我们可以克服这一限制，因为我们现在可以访问屏幕上不可见的几何形状。不过，这样做的缺点是我们可能需要进行一些昂贵的照明计算。如果反射的几何形状在屏幕外，这意味着我们没有来自 G-Buffer 的数据，需要从头开始计算颜色、光线和阴影数据。

为了降低这种技术的成本，开发者通常会以半分辨率追踪反射，或者只在屏幕空间反射失败时使用光线追踪。另一种方法是在光线追踪路径中使用低分辨率的几何体，以降低光线遍历的成本。在本章中，我们将实现一个仅限光线追踪的解决方案，因为这能提供最高质量的结果。然后，在此基础上实现前面提到的优化将会很容易。

本章讨论以下主题：

- 屏幕空间反射的工作原理。
- 实现光线追踪反射。
- 实现去噪器（denoiser）以使光线追踪输出可用。

15.1 技术要求

在本章结束时，你将对反射的不同解决方案有一个很好的理解。你还将学习如何实现光线追踪反射，并了解如何借助去噪器改善最终结果。

本章代码可以在以下网址找到：https://github.com/PacktPublishing/Mastering-Graphics-Programming-with-Vulkan/tree/main/source/chapter15。

15.2 屏幕空间反射的工作原理

反射是一种重要的渲染元素，能够在场景中提供更好的沉浸感。因此，开发者们多年来开发了一些技术来包含这种效果，甚至在光线追踪硬件可用之前就已经实现了。

其中一种最常见的方法是在 G-Buffer 数据可用后对场景进行光线行进（ray-march）。一个表面是否会产生反射取决于材质的粗糙度。只有粗糙度低的材质才会产生反射。这也有助于降低这种技术的成本，因为通常只有少数表面会满足这一要求。

光线行进是一种与光线追踪类似的技术，它在第 10 章中介绍过。作为一个简单的回顾，光线行进的工作原理与光线追踪相似。不同于通过遍历场景来确定光线是否命中任何几何体，我们会沿着光线的方向以小的增量移动，持续固定次数的迭代。

这种技术既有优点也有缺点。优点是，由于每条光线的最大迭代次数是预先确定的，这种技术的成本与场景的复杂度无关。缺点是，结果的质量取决于步长和迭代次数。

为了获得最佳质量，我们希望迭代次数多且步长小，但这会使技术成本过高。一种折中的方法是使用一个能够得到足够好结果的步长，然后通过去噪滤波器（denoising filter）处理结果，尝试减少由低频采样引入的伪影。

正如其名称所示，这种技术在屏幕空间中工作，类似于其他技术，如**屏幕空间环境光遮蔽**（Screen Space Ambient Occlusion，SSAO）。对于给定的片段，我们首先确定它是否产生反射。如果产生反射，我们根据表面法线和视线方向确定反射光线的方向。

接下来，我们沿着反射光线的方向移动给定的迭代次数和步长。在每一步中，我们检查深度缓冲区以确定是否碰到任何几何体。由于深度缓冲区的分辨率有限，通常我们定义一个增量值，用来决定是否将给定的迭代视为碰撞。

如果光线深度与深度缓冲区中存储的值之间的差异小于这个增量，我们可以退出循环；否则，我们必须继续。这个增量的大小可以根据场景的复杂性而变化，通常需要手动调整。

如果光线行进循环碰到可见的几何体，我们会查找该片段的颜色值，并将其用作反射颜色。否则，我们要么返回黑色，要么使用环境图确定反射颜色。

在这里我们跳过了一些实现细节，因为它们与本章内容无关。我们在 15.6 节提供了更详细的资源。

如前所述，这种技术仅限于屏幕上可见的信息。主要的缺点是，当反射的几何体不再在屏幕上渲染时，反射会随着相机的移动而消失。另一个缺点来自光线行进，因为我们在可以采取的步数和步长大小方面受到了分辨率限制。

这可能会在反射中引入空洞，通常通过强力过滤来解决。这可能导致反射模糊，并且根据场景和视点的不同，难以获得清晰的反射。

在本节中，我们介绍了屏幕空间反射。我们解释了这项技术背后的主要思想及一些缺点。在下一节，我们将实现光线追踪反射，这可以减少这项技术的一些限制。

15.3 实现基于光线追踪的反射

在本节中，我们将利用硬件光线追踪功能来实现反射效果。在深入代码之前，先来概述一下算法：

1. 我们从 G-Buffer 开始。检查给定片段的粗糙度是否低于某个阈值。如果是，我们继续下一步；否则，我们不再处理这个片段。

2. 为了使这项技术在实时环境中可行，我们每个片段只投射一个反射光线。我们将展示两种选择反射光线方向的方法：一种模拟镜面般的表面，另一种是为给定片段采样 GGX 分布。

3. 如果反射光线击中了某个几何体，我们需要计算其表面颜色。我们会向通过重要性采样选定的光源发射另一条光线。如果选定的光源可见，我们将使用标准照明模型来计算表面的颜色。

4. 由于我们每个片段只使用一个样本，最终输出将会有噪声，尤其是因为我们在每一帧都随机选择反射方向。因此，光线追踪步骤的输出将通过去噪器处理。我们实现了一种称为**时空方差引导滤波**（Spatiotemporal Variance-Guided Filtering，SVGF）的技术，这种技术专门为此用途开发。该算法将利用空间和时间数据产生只包含少量噪声的结果。

5. 最后，我们在照明计算中使用去噪后的数据来获取镜面颜色。

现在你已经对涉及的步骤有了一个很好的概览，让我们开始吧！第一步是检查给定片段的粗糙度是否低于某个阈值：

```
if ( roughness <= 0.3 ) {
```

我们选择了 0.3，因为它能带来我们想要的结果，不过你也可以尝试其他值。如果这个片段参与到反射计算中，我们就初始化我们的随机数生成器，并计算采样 GGX 分布所需的两个值：

```
rng_state = seed( gl_LaunchIDEXT.xy ) + current_frame;
float U1 = rand_pcg() * rnd_normalizer;
float U2 = rand_pcg() * rnd_normalizer;
```

这两个随机函数可以按照以下方式实现：

```
uint seed(uvec2 p) {
    return 19u * p.x + 47u * p.y + 101u;
}
uint rand_pcg() {
    uint state = rng_state;
    rng_state = rng_state * 747796405u + 2891336453u;
    uint word = ((state >> ((state >> 28u) + 4u)) ^ state)
                277803737u;
    return (word >> 22u) ^ word;
}
```

这两个函数取自非常出色的论文 *Hash Functions for GPU Rendering*，我们强烈推荐这篇论文。论文中还包含许多其他你可以尝试的函数。我们选择这个种子函数，以便可以使用片段的位置。

接下来,我们需要选择我们的反射向量。如前所述,我们实现了两种技术。对于第一种技术,我们简单地将视线向量绕表面法线反射,以创建镜面般的表面。这可以按照以下方式计算:

```
vec3 reflected_ray = normalize( reflect( incoming, normal ) );
```

在使用这种方法时,我们得到如图 15-1 所示的输出。

图 15-1 镜面反射

另一种方法通过随机采样 GGX 分布来计算法线:

```
vec3 normal = sampleGGXVNDF( incoming, roughness, roughness,
                             U1, U2 );
vec3 reflected_ray = normalize( reflect( incoming, normal ) );
```

sampleGGXVNDF 函数源自 *Sampling the GGX Distribution of Visible Normals* 这篇论文。该论文清晰地描述了其实现方法;我们建议你阅读该论文以获取更多细节。

简而言之,这种方法根据材质的双向反射分布函数(BRDF)和观察方向计算一个随机法线。这个过程是必需的,以确保计算出的反射在物理上更加精确。

接下来,我们必须在场景中追踪一条光线:

```
traceRayEXT( as, // topLevel
             gl_RayFlagsOpaqueEXT, // rayFlags
             0xff, // cullMask
             sbt_offset, // sbtRecordOffset
             sbt_stride, // sbtRecordStride
             miss_index, // missIndex
             world_pos, // origin
             0.05, // Tmin
             reflected_ray, // direction
```

```
            100.0, // Tmax
            0 // payload index
        );
```

如果光线有命中目标，我们将使用重要性采样来选择一个光源进行最终颜色的计算。重要性采样的主要思想是根据给定的概率分布确定哪个元素（即我们案例中的哪个光源）更有可能被选中。

我们采用了 Ray Tracing Gems 一书中 Importance Sampling of Many Lights on the GPU 章节描述的重要性值。

我们开始遍历场景中的所有光源：

```
for ( uint l = 0; l < active_lights; ++l ) {
    Light light = lights[ l ];
```

接着，我们计算光线与被命中三角形的法线之间的角度：

```
vec3 p_to_light = light.world_position - p_world.xyz;
float point_light_angle = dot( normalize( p_to_light ),
                               triangle_normal );
float theta_i = acos( point_light_angle );
```

然后，我们计算光源与世界空间中片段位置的距离：

```
float distance_sq = dot( p_to_light, p_to_light );
float r_sq = light.radius * light.radius;
```

之后，我们使用这两个值来确定是否应该考虑这束光照射到这个片段上：

```
bool light_active = ( point_light_angle > 1e-4 ) && (
                      distance_sq <= r_sq );
```

下一步是计算一个方向参数。这将告诉我们光线是直接照射在片段上，还是以一个角度照射：

```
float theta_u = asin( light.radius / sqrt( distance_sq
) );
float theta_prime = max( 0, theta_i - theta_u );
float orientation = abs( cos( theta_prime ) );
```

最后，我们还必须通过考虑光线的强度来计算重要性值：

```
float importance = ( light.intensity * orientation ) /
                     distance_sq;
float final_value = light_active ? importance : 0.0;
lights_importance[ l ] = final_value;
```

如果对于这个片段，这个光源不被认为是活跃的，那么它的重要性值将为 0。最后，我们必须累积这个光源的重要性值：

```
        total_importance += final_value;
}
```

现在我们已经得到了重要性值，需要对它们进行归一化。就像任何其他概率分布函数一样，我们的值需要汇总到 1：

```
for ( uint l = 0; l < active_lights; ++l ) {
    lights_importance[ l ] /= total_importance;
}
```

现在我们可以选择用于这一帧的光源了。首先，我们必须生成一个新的随机值：

```
float rnd_value = rand_pcg() * rnd_normalizer;
```

接着，我们必须遍历所有光源，并累积每个光源的重要性值。一旦累积值超过我们的随机值，我们就找到了要使用的光源：

```
for ( ; light_index < active_lights; ++light_index ) {
    accum_probability += lights_importance[ light_index ];
    if ( accum_probability > rnd_value ) {
        break;
    }
}
```

现在我们已经选定了光源，接下来需要向该光源发射一条光线，以确定它是否可见。如果可见，我们将使用我们的照明模型计算反射表面的最终颜色。

我们按照第 13 章所描述的方法计算阴影因子，颜色的计算方式与第 14 章中的方法相同。结果如图 15-2 所示。

图 15-2　光线追踪步骤的噪声输出

在本节中，我们展示了光线追踪反射的实现方法。首先，我们描述了选择光线方向的两种方法。接着，我们演示了如何使用重要性采样来选择用于计算的光源。最后，我们描述了如何使用选定的光源来确定反射表面的最终颜色。

这一步的结果将会有噪声，不能直接用于我们的照明计算。在下一节，我们将实现一个去噪器，帮助我们去除大部分噪声。

15.4 实现去噪器

为了使我们反射通道的输出适用于照明计算，需要通过一个去噪器来处理它。我们已经实现了一个名为 SVGF（时空方差引导滤波）的算法，该算法被开发用于重构路径追踪的颜色数据。

SVGF 包括三个主要步骤：

1. 首先，我们计算集成颜色和亮度的矩。这是算法的时间步骤。我们将前一帧的数据与当前帧的结果结合起来。

2. 接着，我们计算方差的估计值。这是通过使用我们在第一步中计算的一阶和二阶矩值来完成的。

3. 最后，我们执行了五次小波滤波器的处理。这是算法的空间步骤。在每次迭代中，我们都会应用一个 5×5 的滤波器，以尽可能减少剩余噪声。

现在你已经了解了主要算法，我们可以继续讨论代码的细节。我们从计算当前帧的矩开始：

```
float u_1 = luminance( reflections_color );
float u_2 = u_1 * u_1;
vec2 moments = vec2( u_1, u_2 );
```

接着，我们使用运动向量的值——与我们在第 11 章计算的值相同——来确定是否可以将当前帧的数据与前一帧的数据结合。

首先，我们计算上一帧在屏幕上的位置：

```
bool check_temporal_consistency( uvec2 frag_coord ) {
    vec2 frag_coord_center = vec2( frag_coord ) + 0.5;
    vec2 motion_vector = texelFetch( global_textures[
                         motion_vectors_texture_index ],
                         ivec2( frag_coord ), 0 ).rg;
    vec2 prev_frag_coord = frag_coord_center +
                           motion_vector;
```

接着，我们检查旧的片段坐标是否有效：

```
if ( any( lessThan( prev_frag_coord, vec2( 0 ) ) ) ||
     any( greaterThanEqual( prev_frag_coord,
                            resolution ) ) ) {
        return false;
}
```

然后，我们检查网格体 ID 是否与上一帧一致：

```
uint mesh_id = texelFetch( global_utextures[
                   mesh_id_texture_index ],
                   ivec2( frag_coord ), 0 ).r;
uint prev_mesh_id = texelFetch( global_utextures[
                   history_mesh_id_texture_index ],
                   ivec2( prev_frag_coord ), 0 ).r;
```

```
if ( mesh_id != prev_mesh_id ) {
    return false;
}
```

接下来，我们检查大的深度不连续性，这可能是由来自前一帧的显现（disocclusion）引起的。我们利用当前帧与前一帧深度之间的差异，以及当前帧深度的屏幕空间导数：

```
        float z = texelFetch( global_textures[
                              depth_texture_index ],
                              ivec2( frag_coord ), 0 ).r;
        float prev_z = texelFetch( global_textures[
                                  history_depth_texture ],
                                  ivec2( prev_frag_coord ), 0
                                  ).r;

vec2 depth_normal_dd = texelFetch( global_textures[
                          depth_normal_dd_texture_index ],
                          ivec2( frag_coord ), 0 ).rg;
    float depth_diff = abs( z - prev_z ) / (
                       depth_normal_dd.x + 1e-2 );

if ( depth_diff > 10 ) {
    return false;
}
```

最后的一致性检查是通过使用法线值来完成的：

```
float normal_diff = distance( normal, prev_normal ) / (
                              depth_normal_dd.y + 1e-2
                              );
if ( normal_diff > 16.0 ) {
    return false;
}
```

如果所有这些测试都通过，这意味着可以使用前一帧的值进行时间累积：

```
if ( is_consistent ) {
    vec3 history_reflections_color = texelFetch(
    global_textures[ history_reflections_texture_index ],
    ivec2( frag_coord ), 0 ).rgb;
    vec2 history_moments = texelFetch( global_textures[
                          history_moments_texture_index ],
                          ivec2( frag_coord ), 0 ).rg;

    float alpha = 0.2;
    integrated_color_out = reflections_color * alpha +
    ( 1 - alpha ) * history_reflections_color;
    integrated_moments_out = moments * alpha + ( 1 - alpha
    ) * moments;
```

如果一致性检查失败，我们将只使用当前帧的数据：

```
} else {
    integrated_color_out = reflections_color;
    integrated_moments_out = moments;
}
```

这标志着累积过程的结束。我们得到的输出如图 15-3 所示。

图 15-3　累积步骤后的颜色输出

下一步是计算方差。可以通过以下简单的方法来完成：

```
float variance = moments.y - pow( moments.x, 2 );
```

现在我们已经得到了累积值，可以开始实现小波滤波器了。如前所述，这是一个交叉双边滤波器（cross-bilateral filter）。我们从熟悉的双重循环开始，注意不要访问越界的值：

```
for ( int y = -2; y <= 2; ++y) {
    for( int x = -2; x <= 2; ++x ) {
        ivec2 offset = ivec2( x, y );
        ivec2 q = frag_coord + offset;

        if ( any( lessThan( q, ivec2( 0 ) ) ) || any(
            greaterThanEqual( q, ivec2( resolution ) ) ) )
            {
                continue;
        }
```

接着，我们计算滤波器核的值和权重值，w：

```
float h_q = h[ x + 2 ] * h[ y + 2 ];
float w_pq = compute_w( frag_coord, q );
float sample_weight = h_q * w_pq;
```

我们将在稍后解释权重函数的实现。接下来，我们加载给定片段的集成颜色和方差：

```
vec3 c_q = texelFetch( global_textures[
    integrated_color_texture_index ], q, 0 ).rgb;
float prev_variance = texelFetch( global_textures[
    variance_texture_index ], q, 0 ).r;
```

最后,我们累积新的颜色和方差值:

```
        new_filtered_color += h_q * w_pq * c_q;
        color_weight += sample_weight;

        new_variance += pow( h_q, 2 ) * pow( w_pq, 2 ) *
                        prev_variance;
        variance_weight += pow( sample_weight, 2 );
    }
}
```

在存储新计算出的数值之前,我们需要将它们除以累积的权重:

```
new_filtered_color /= color_weight;
new_variance /= variance_weight;
```

我们重复这个过程五次。得到的颜色输出将用于我们对镜面颜色的照明计算。

正如所承诺的,我们现在将查看权重的计算。权重有三个元素:法线(normal)、深度(depth)和亮度(luminance)。在代码中,我们尝试遵循论文中的命名,以便更容易与我们对公式的实现相匹配。

我们从法线开始:

```
vec2 encoded_normal_p = texelFetch( global_textures[
                        normals_texture_index ], p, 0 ).rg;
vec3 n_p = octahedral_decode( encoded_normal_p );

vec2 encoded_normal_q = texelFetch( global_textures[
                        normals_texture_index ], q, 0 ).rg;
vec3 n_q = octahedral_decode( encoded_normal_q );

float w_n = pow( max( 0, dot( n_p, n_q ) ), sigma_n );
```

我们计算当前片段的法线与滤波器中片段的法线之间的余弦值,以确定法线成分的权重。

接下来我们考察深度:

```
float z_dd = texelFetch( global_textures[ depth_normal_dd_
                         texture_index ], p, 0 ).r;
float z_p = texelFetch( global_textures[ depth_texture_index ],
                        p, 0 ).r;
float z_q = texelFetch( global_textures[ depth_texture_index ],
                        q, 0 ).r;

float w_z = exp( -( abs( z_p - z_q ) / ( sigma_z * abs(
            z_dd ) + 1e-8 ) ) );
```

在类似于累积步骤的过程中,我们利用两个片段之间深度值的差异。其同样包括了屏幕空间导数。与之前一样,我们希望对大的深度不连续性进行惩罚。

最后一个权重元素是亮度。我们首先计算正在处理的片段的亮度:

```
vec3 c_p = texelFetch( global_textures[ integrated_color_
                      texture_index ], p, 0 ).rgb;
vec3 c_q = texelFetch( global_textures[ integrated_color_
                      texture_index ], q, 0 ).rgb;

float l_p = luminance( c_p );
float l_q = luminance( c_q );
```

接着,我们通过 Gaussian 滤波器处理方差值,以减少不稳定性:

```
float g = 0.0;
const int radius = 1;
for ( int yy = -radius; yy <= radius; yy++ ) {
    for ( int xx = -radius; xx <= radius; xx++ ) {
        ivec2 s = p + ivec2( xx, yy );
        float k = kernel[ abs( xx ) ][ abs( yy ) ];
        float v = texelFetch( global_textures[
                  variance_texture_index ], s, 0 ).r;
        g += v * k;
    }
}
```

最后,我们计算亮度权重并将其与其他两个权重值结合:

```
float w_l = exp( -( abs( l_p - l_q ) / ( sigma_l * sqrt
            ( g ) + 1e-8 ) ) );

return w_z * w_n * w_l;
```

这标志着我们对 SVGF 算法的实现的结束。经过五次处理后,我们得到了如图 15-4 所示的输出。

图 15-4 去噪步骤结束时的输出结果

在本节中，我们描述了如何实现一种常见的去噪算法。该算法包括三个步骤：一个是累积颜色和亮度矩的阶段，一个是计算亮度方差的步骤，还有一个是重复五次的小波滤波步骤。

15.5 总结

在本章中，我们描述了如何实现光线追踪反射。我们从屏幕空间反射技术的概述开始，这是一种在有光线追踪硬件之前使用了许多年的技术。我们解释了它的工作原理及一些限制。

接着，我们描述了我们的光线追踪实现，以确定反射值。我们提供了两种确定反射光线方向的方法，并解释了如果返回命中结果，如何计算反射颜色。

由于我们每个片段只使用一个样本，因此这一步骤的结果是嘈杂的。为了尽可能减少这种噪声，我们实现了基于 SVGF 的去噪器。这项技术包括三个步骤。首先，有一个时间累积步骤来计算颜色和亮度矩。然后，我们计算亮度方差。最后，我们通过五次迭代的小波滤波器处理颜色输出。

本章也标志着本书内容的结束！我们希望你能像我们编写它时一样享受阅读它。当涉及现代图形技术时，单一书籍能覆盖的内容是有限的。我们纳入了一些我们认为最有趣的特性和技术，特别是在 Vulkan 中实现它们时。我们的目标是为你提供一套起始工具，你可以在此基础上进行构建和扩展。我们祝愿你在掌握图形编程的道路上有一个精彩的旅程！

我们非常欢迎你的反馈和更正，请随时与我们联系。

15.6 扩展阅读

我们仅提供了关于屏幕空间反射的简短介绍。以下文章将更详细地讨论它们的实现、局限性以及如何改进最终结果：

- `https://lettier.github.io/3d-game-shaders-for-beginners/screen-space-reflection.html`
- `https://bartwronski.com/2014/01/25/the-future-of-screenspace-reflections/`
- `https://bartwronski.com/2014/03/23/gdc-follow-up-screenspace-reflections-filtering-and-up-sampling/`

我们在论文 *Hash Functions for GPU Rendering* 中只使用了众多哈希技术中的一种，详见 `https://jcgt.org/published/0009/03/02/`。

这个链接包含了更多关于我们用来确定反射向量的采样技术的细节，通过采样双向反射分布函数（BRDF）——采样可见法线的 GGX 分布：`https://jcgt.org/published/0007/04/01/`。

关于我们介绍的 SVGF（时空方差引导滤波）算法的更多细节，我们推荐阅读原始论文和支持材料：`https://research.nvidia.com/publication/2017-07_spatiotemporal-`

variance-guided-filtering-real-time-reconstruction-path-traced。

我们使用重要性采样来确定每一帧使用哪个光源。在过去几年中另一种变得流行的技术是**储备时空重要性重采样**（Reservoir Spatio-Temporal Importance Resampling，ReSTIR）。我们强烈推荐阅读原始论文，并查找受其启发的其他技术：https://research.nvidia.com/publication/2020-07_spatiotemporal-reservoir-resampling-real-time-Ray-Tracing-dynamic-direct。

在本章中，我们出于教学目的从头开始实现了 SVGF 算法。我们的实现是一个很好的起点，但我们也建议查看 AMD 和 Nvidia 的生产级去噪器，以比较结果：

- https://gpuopen.com/fidelityfx-denoiser/
- https://developer.nvidia.com/rtx/Ray-Tracing/rt-denoisers

推荐阅读

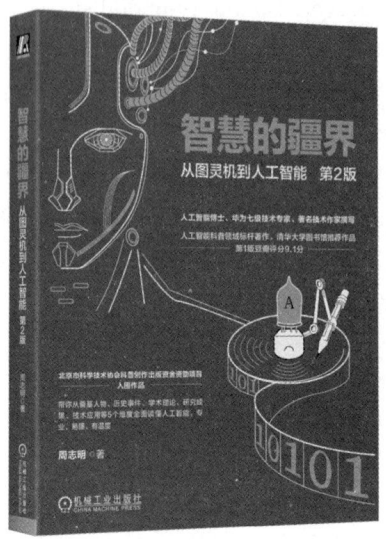

智慧的疆界：从图灵机到人工智能（第2版）

作者：周志明 ISBN：978-7-111-77800-4 定价：99.00元

北京市科学技术协会科普创作出版资金资助项目入围作品

人工智能博士、华为七级技术专家、著名技术作家周志明撰写

人工智能科普领域标杆著作，清华大学图书馆推荐作品，第1版豆瓣评分9.1分

带你从奠基人物、历史事件、学术理论、研究成果、技术应用等5个维度全面读懂人工智能，专业、易懂、有温度

这是一部对人工智能充满敬畏之心的匠心之作，也是被市场高度认可的人工智能科普著作，曾荣获北京市科学技术协会等机构颁发的各种奖项。

本书从人工智能的奠基人物、历史事件、学术理论、研究成果、技术应用等5个维度全面展开，以时间为主线，用专业的知识、通俗的语言、巧妙的内容组织方式，详细讲解了人工智能能解决什么问题、面临怎样的困难、做过哪些努力、取得过哪些成绩、未来将向何方发展，尽可能消除人工智能的神秘感，把人工智能从科学的殿堂推到公众面前。

推荐阅读

图数据实战：用图思维和图技术解决复杂问题

作者：（美）丹妮丝·柯斯勒·戈斯内尔（Denise Koessler Gosnell）马蒂亚斯·布罗谢勒（Matthias Broecheler）
译者：田夏 梁越 陈思聪 ISBN：978-7-111-73628-8 定价：139.00元

本书是所有程序员必备的参考书。两位作者都是图论、架构和原理方面的大师。

本书是一本探索如何应用图思维和图技术解决复杂问题的书籍，涵盖了与图数据相关的广泛主题，包括图思维、图数据模型和查询语言，讨论了如何将图数据应用于社交网络、物流和网络安全等领域的问题解决方案。此外，本书还提供了实践指导，包括工具和框架的推荐、设计有效图数据模型的建议，以及使用图数据生成洞见和做出明智决策的建议。对于任何希望学习使用图数据解决复杂问题和获得新的洞见的人来说，本书都是难得的优质资源。本书适合有兴趣学习如何使用图数据提升工作水平、解决困难问题的实战从业者阅读。

推荐阅读